姜定维 蔡巍 著

奔跑的蜈蚣
以考核促进成长

BEN PAO
DE
WU GONG

当代世界出版社
THE CONTEMPORARY WORLD PRESS

图书在版编目（CIP）数据

奔跑的蜈蚣：以考核促进成长 / 姜定维，蔡巍著．—北京：当代世界出版社，2018.5

ISBN 978-7-5090-1375-5

Ⅰ．①奔…　Ⅱ．①姜…②蔡…　Ⅲ．①企业绩效 – 企业管理 – 研究 – 中国　Ⅳ．① F279.23

中国版本图书馆 CIP 数据核字（2018）第 073273 号

奔跑的蜈蚣：以考核促进成长

作　　者：	姜定维　蔡　巍
出版发行：	当代世界出版社
地　　址：	北京市复兴路 4 号（100860）
网　　址：	http://www.worldpress.org.cn
编务电话：	（010）83908456
发行电话：	（010）83908409
	（010）83908377
	（010）83908423（邮购）
	（010）83908410（传真）
经　　销：	新华书店
印　　刷：	三河市腾飞印务有限公司
开　　本：	710mm×1000mm　1/16
印　　张：	18
字　　数：	260 千字
版　　次：	2018 年 6 月第 3 版
印　　次：	2018 年 6 月第 1 次
书　　号：	ISBN 978-7-5090-1375-5
定　　价：	49.80 元

如发现印装质量问题，请与承印厂联系调换。
版权所有，翻印必究；未经许可，不得转载！

再版序

时间过得真快,《奔跑的蜈蚣》第一版从 2002 年出版,到现在已有 12 年了。想当年我还 30 岁不到,每天不停地工作,工作就是一切,白天给企业做咨询,晚上写方案。每天只有晚 10 点之后才有时间写作,基本上每天睡觉的时间只有 4 个小时,身体还不觉得疲倦。现在如果还这样,肯定是吃不消了。

从 2002 年《奔跑的蜈蚣》开始,到 2007 年,我基本每年写一本书。最近几年来除了对原来的作品做些修订外,没有发表新的作品。一是因为工作过于忙碌,二是因为我在边实践、边思考、总结——绩效到底该怎么操作才好?

这些年,我走访过很多形形色色的企业,从几万人的集团企业,到几个人的小商贸公司,涵盖各行各业:石油、金融、航空、机场、汽车、电力、家电、媒体……这其中看了很多不同的绩效方案,感觉虽然行业各不相同,规模差异很大,但大多数经理人所困惑的问题和 10 年前差不多。看来时代虽然在变化,人性的变化并不大。

这 10 多年来,我一直在做人力资源方面的咨询与培训,尤其是在绩效领域。绩效里面存在两个层面的问题——"道"与"术"。所谓"道",就是要不要做的

问题；所谓"术"，就是怎么做的问题。我的工作主要涉及具体工作，就是怎么做的问题，也就是"术"的层面。这也是大多数人力资源工作者所关心的问题。

有人就会问，这能有什么问题呢？下面我列举几个有代表性的问题。

考核的结果该如何运用

在规模稍微大点的企业做培训，这个问题被问到的概率接近100%。

所谓考核结果怎么运用，就是指在推行绩效的企业中，绩效排名的问题。大多数企业推行绩效考核制度的时候，都会将最后的考核等级分为：A（卓越）、B（优秀）、C（良好）、D（待改进）、E（差），而且往往还硬性规定了每个等级的比例。而矛盾也往往从这个排名开始。那么，要不要排名？不排名可以吗？如果要排名，按照什么比例才好？分几个档才好？谁和谁排名？按照什么标准排名？如何既做到激励最好的，同时也能激励大多数？考核看似简单，在实际操作中稍有不慎，就会引来方方面面的问题。

到底是拍脑袋打分，还是按照业绩标准打分

也许有人会认为这问题很浅显：当然是按照业绩标准打分了。但是，这在理论上是正确的，现实当中却不一定正确。

比如，你有两头牛，一头力气大，一头力气小，假设两头牛吃的一样多。你有一天去拉货，一车货很重，一车货很轻。我相信，你会毫不犹豫地让力气大的牛拉更重的货，力气小的牛拉轻的货。好了，拉重的货，可能走不快，而拉轻的货，容易走得快。如果你按照拉货的快慢来考核这两头牛，搞不好，拉货最多的牛反而速度慢，考核分数低，而拉得轻松的反而分数高。这样考核下来，你心里肯定感觉不对劲，对吧？

这里按照拉货的速度考核，就是按照业绩标准打分；而你内心的感觉，就是拍脑袋。到底哪个才是合理的？包括我所走访的很多企业高层，也在为这个问题苦恼。如果按照业绩标准考核，干得最好、干得最多的一些人，往往分数会比较低。是考核标准出了问题？还是自己的看法有偏颇？

职能部门到底该如何考核

大多数企业，业务部门的考核指标容易找，而职能部门很难有这么多的量化指标，其中，我也见过为了量化而量化的考核。比如，上次去一个国有企业，给企业管理部设置一个量化指标——制度建设计划达成率，计算方式就是：已经完成的/计划完成的。我问部门经理，什么是完成？如何界定？他说不出来。既然这样，这个考核标准也只是个模棱两可的标准。那么，职能部门考核应该如何操作呢？

目标应该如何制订

定目标是大多数企业在每年年初都要做的一件重要工作。定目标，简单看是定一个数字指标，其实里面有非常多的问题值得思考。比如，猪圈里有两头猪，一头吃得快，长肉快，另外一头吃得慢，长肉慢。从养殖户的角度来说，肯定喜欢那头长肉快的猪，因为，长肉越快，也就意味着这头猪可以更快地变现。但从猪的角度来说，情况就完全不一样了。长肉越快，也就意味着死得越快。这就是一个典型的定目标的问题，大多数人，即使能超过目标，也不愿意过于超额。如何让大家愿意多做、甚至超额完成目标呢？

平衡问题

这里所谓的平衡，有几类情况。例如，职能部门和业务部门的平衡。推行

绩效考核的时候，一般会发现，大多数业务部门目标刚性强，职能部门目标弹性大，这样考核的结果，往往职能部门分数比较高，而业务部门分数比较低。比如，一个蜂窝里，蜜蜂是有分工的，有些负责采蜜，有些负责照顾幼蜂，有些负责警卫。采蜜的容易考核——采蜜的量；而负责警卫的，考核指标就不好找，如果要找，也能找出来——安全事故次数。结果，你会发现，采蜜的量，当然是越多越好，但蜂王会年年加码，要求越高，成绩也就容易差。而安全事故的次数，只要不出意外，这样的事情不容易出现。两者的成绩放在一起，按照分数的高低排名，一般都会是警卫的分数高，采蜜的分数低，这该如何平衡？

多干多错的问题

这是我经常听到推行了绩效考核的企业里员工所说的话。本来推行绩效，应该干得越多越好，但是实际情况往往不是这样。比如，你有两匹马，都帮你拉游客赚钱。但是，一匹马很俊美，另一匹比较瘦弱。俊美的马，被游客骑的次数就多。次数多，将游客摔下来的次数就多，这该如何平衡？

问题还不止如此，这里先罗列一些。有问题并不可怕，大多数问题都是有办法解决的。

本次修订《奔跑的蜈蚣》，我增加了几个新的章节，这样，既可以保证原书的原汁原味，同时还可以给读者带来一些新的启示。希望能给您的工作带来一些帮助。祝大家事业进步！

前言

小时候，我经常参加学校运动会。其中有个项目是"两人三腿赛跑"，每两人一组，将两个人的各一条腿绑在一起，先跑到终点的小组就是胜利者。这是一个需要协作的项目，两个人之间如果缺乏默契，不要说跑了，连走都很难。每年运动会我都报名参加这个项目，从来也没得过名次。

从学校毕业后，我先在企业工作，而后出国留学，再到顾问公司，不知不觉已经过去了好多年。在这些年里，遇到了很多人，也遇到了很多事。与朋友交流，与经理人交流，与企业管理人员交流，我发现大家最关心的一个问题就是**如何发展、如何评估，或者说如何以评价促进发展这个问题**。每当这个时候，我就会想起儿时的运动会，两个人合作要想取得好成绩都不容易，更不要说企业的运作了。如何使大家都能够默契配合，最终实现企业的目标，其实是一个复杂的问题。

工作闲暇之余，我经常和几个要好的朋友到茶楼聚会，谈话的内容涉及范围很广，从电子商务到企业信息化，从竞争情报到人力资源管理，从创业到资本运营。话题虽然广泛，但每次最后都不约而同地落到一个问题——绩效，因为绩效存在于一切活动中。然而大家都有一个共同的感觉，目前关于绩效管理的学说派别林立，

虽然各有长处和优点,但在实际管理过程中,这些理论学说都有缺憾之处。

作为企业管理顾问,笔者在工作中感触最深的一个问题是没有一套很好的方法对企业的绩效管理进行评估。目标管理、KPI、绩效循环、BSC 这些方法在具体的运用中,都存在一些局限性。

本书的初衷就是为了设计一套比较适合企业,尤其是在中国市场环境中生存的企业所运用的绩效评价、管理的体系和方法。

笔者在本书每个章节前都加了一个小小的寓言故事,并以讨论的形式进行叙述,以期能够深入浅出地解释这些复杂而又枯燥的理念。另外,绩效的问题不仅是存在于工作和企业的运作中,在生活中也同样存在。所以,我们尽可能地多列举了一些在生活、学习中的例子,希望能让更多的读者理解、接受,乃至应用。

至于这个怪怪的书名,是因为蜈蚣号称"千足虫",如果蜈蚣奔跑起来,那么,它每一条腿的行动需要多么协调,才能达到"奔跑"的效果。试想,一只正在"努力前行"的蜈蚣,如果有两只脚的"鞋带"松了,它怎么能跑得快呢?这和企业一样,如果我们企业的每一个人、每一个部门都能默契配合,创造出良好的绩效,企业也就能够实现其目标,飞快地成长了。

在写作过程中,笔者得到了很多朋友的帮助。在此要特别感谢在深圳荔枝公园一起聚会的朋友们,因为很多智慧的火花是在交谈的过程中碰撞出来的。同时,还要感谢东方智库的陈董与郑总,他们提了很多非常有建设性的意见。最后,感谢那些不知名的、没有见过面的朋友,他们参与了本书的试读,在文稿的修改过程中起了关键的作用。

引子
每个人都可以更快一步

新的世纪，人们渴望有效的交流，特别是在竞争愈来愈激烈的今天。

以蔡巍顾问、姜定维老师为主的几十个人渐渐形成了自己的专业论坛。他们利用周六或周日休息时间，共同研讨企业管理问题。在最近一段时间内，绩效问题成为大家讨论的热点。

每个企业和个人都会面对绩效问题。飞速变化的市场，使每个人都想更快一步。我们的合作伙伴和竞争对手，同样也在琢磨如何更快地发展。因此论坛成员希望利用共同的智慧，一起研讨如何以考核促进发展，包括企业和个人的发展。

王经理首先发言："我觉得可以从三个方面入手：制订计划目标，进行考核，督促辅导。"

"好，"蔡顾问应声道："让我们看看这三个方面，哪个最能说明问题？要进行考核，就得制订考核内容。知道上司要检查我这些工作内容，当然会努力

做好喽，我会为做好这些工作设定目标、做计划。上司也知道该在哪些方面给以指导。这就是考核的作用。"

"所以，如何提高绩效，首先要讨论的就是绩效考核，包括考核内容和方式，探讨整个绩效管理体系。同时，绩效问题不仅仅存在于企业，它还有更多的应用。绩效还可能在哪里出现呢？"蔡顾问接着说。

生活中也存在绩效问题

"我正在复习准备考研。如何提高效率，尽快达到学习目的，就存在绩效问题。还有，我的小孩快上学了，如何引导他学知识，也是个绩效问题。"林经理抢先发言，引来了一阵笑声。

"对，对，大家不要笑。"蔡顾问说："每个人都可以说说身边的绩效问题，它的确存在。"

"吃饭也存在绩效问题，要少花钱又吃得好，就要知道哪家饭馆好，要赶时间你还得知道哪些菜做得快，这样你才能既吃得好，又吃得快。"王经理笑着说。

"生活中确实存在许多绩效问题，比方说人际交往，熟人朋友经常通个电话，花不了多少时间，节假日聚一下，关系就很铁。锻炼身体也存在绩效，我过去只知道早晨跑跑步，每天早晨的大好光阴都浪费了，而且一有事情就不能坚持。现在每周去一趟健身房，有教练，还有各种器械，练哪个部位很清楚。有时约朋友一块儿去，又能联络感情，真是一举两得呢。"陈总很有感触。

大柱说："据说国外有位教授做了一项很有意思的社会调查，分析人的第一需求。总共列了100多项，你们猜最后结果怎么着，第一需求是'要使自己进步'。进步意味着什么，就是提高绩效，所以人生就是提高绩效的过程!"

绩效伴随人的一生

 总结

"非常好。"蔡顾问总结道:"我们发现,绩效存在于生活的各个角落,只要我们有需求、有目标、有喜好,就存在绩效!绩效问题始终伴随我们左右:个人发展存在绩效,孩子教育存在绩效,人际交往存在绩效,国家建设存在绩效……一年又一年,一代又一代,绩效问题却始终存在。

"我们选择了一个非常好的主题。绩效贯穿于我们每个人的一生,也存在于和我们相关的各种组织、团体、家庭等其他方面。我们现在从企业经营、工作上讨论绩效,研究出一些理念、方法和工具,便大家可以举一反三,从各方面降低成本提高效率,使我们生活得更有意义。"

"我们首先讲解一下我们讨论的顺序吧。"

"绩效管理存在三个方面的问题需要我们讨论,这三个问题就是'是什么'、'为什么'和'怎么办'。大家都关心如何进行绩效管理,如何操作,就是'怎么办'的问题,但是要知道'怎么办'就必须知道'为什么',要知道'为什么',就必须知道'是什么'。这几个问题看似简单,实际并不简单。在很多绩效管理的过程中,没有搞清楚为什么和是什么,于是就出现了很多问题。"

"对,那我们就首先讨论'是什么'的问题吧。绩效到底是什么呢?"姜老师说。

目录

第一部分　用绩效促进企业成长

第 一 章　绩效到底是什么

动物选美 / 003

角度不同，对绩效的看法不一样 / 004

是最终的成果吗 / 006

是对付出的褒奖吗 / 008

是体现了员工的能力和态度吗 / 009

是感觉，或是关系 / 010

绩效可以是所有的事情 / 012

第 二 章　绩效能给你带来什么好处

更合理的报酬 / 016

更快的进步 / 017

清楚自己到什么程度了 / 018

第 三 章　如何找到正确的考核方法

谁也别想偷懒 / 023

绩效评价方法有哪些 / 025

组织考核模式 / 027

老板凭感觉，红包越包越多 / 029

标准模糊，谁都拿不准 / 031

绝对考核，扼杀创新 / 032

指标数字化，想说爱你不容易 / 035

强行排序法与末位淘汰法 / 038

这才是我们真正需要的绩效考评方法 / 043

第四章　目标管理——可以层层负责到位

白兔得到马拉松冠军的秘密 / 046

为什么经常满足不了订单 / 047

以成败论英雄是目标管理吗 / 051

把目标和过程放在一起考核是目标管理吗 / 053

关键绩效指标（KPI）体系是目标管理吗 / 054

只对结果考核是目标管理吗 / 056

目标管理练习，谁该签这个字 / 058

目标与权责范围 / 061

第五章　短板管理——快速提高业绩

蜈蚣为什么跑不起来 / 069

找到工作中的短板 / 071

顾此失彼的分销渠道改造 / 073

不断寻找，不断解决 / 075

是短板就要进行管理吗 / 079

"鸟粪"问题的本质 / 083

第六章　分清职责——才能共同负责

三只老鼠偷油吃 / 091

井水不犯河水 / 093

推脱责任的例会 / 094

重建流程，分清责任 / 096

指标的分解 / 100

分不开的责任 / 103

员工离职率应该由谁负责 / 104

轮流负责，谁也别想跑 / 106

到底什么是共同负责 / 109

第七章　态度评价——让员工们都愿意往前走一步

老鹰、猎狗、马这个狩猎团队怎么了 / 114

量化考评的困惑 / 117

大企业病是这样产生的 / 117

管它呢，反正有人负责 / 119

考核不可能全部量化 / 121

重新激发主动性 / 127

第八章　主基二元法——既要出色又要完美

谁更适合做龙宫的接班人 / 131

临门一脚的价值 / 133

安全出问题怎么办 / 135

突出，有个性就是好吗 / 137

完美就是好吗 / 138

怎样才算表现出色 / 139

将出色与完美结合起来 / 141

既要产量，也要安全 / 148

第九章　战略发展——需要引进战略绩效测评

让鸬鹚长期抓大鱼的诀窍 / 151

路为什么越走越窄 / 153

怎么评价子公司 / 155

员工为什么对公司不忠诚 / 157

保持公司战略发展——战略绩效管理 / 159

第 十 章　平衡计分卡——一个部门都不能少

聪明的狼王 / 170

人力资源能用平衡计分卡吗 / 171

总经理办公室的绩效问题 / 173

财务部的平衡计分卡 / 174

个人的平衡计分卡 / 175

部门平衡计分卡应该是怎样的 / 177

部门与企业平衡计分卡的关联 / 180

岗位平衡计分卡 / 181

贯通平衡计分卡 / 185

第十一章　绩效与薪酬——确保有效激励

给猎狗分骨头的最佳方案 / 189

企业一般的薪酬规律 / 191

程序员为什么不认同公司 / 192

考核与薪酬多长时间挂一次钩 / 194

为什么绩效工资的作用失效了 / 195

按什么原则发工资更有效 / 196

绩效与薪酬的不完全关联 / 199

薪酬的其余问题 / 200

确保薪酬与绩效相配合 / 201

第十二章　整体绩效管理——让每个员工都跑起来

绩效论坛的回顾 / 206

专题讨论的作用 / 208

我们的创新 / 209

企业整体绩效管理的复杂性 / 210

整体绩效管理体系 / 213

整体绩效管理通用程序 / 218

对考评要求的回复 / 219

第二部分　外三篇

第 一 章　理解绩效排名

到底要不要做绩效排名 / 227

如何排名 / 232

谁和谁排名 / 235

第 二 章　绩效排名存在的问题

你好我好大家好——轮流坐庄怎么办 / 239

干得好反而评分少——排名的平衡问题 / 242

先打分，还是先排名——按事实还是按感觉来评价 / 245

第 三 章　绩效合约

考核标准怎么制订 / 255

标准少就可以了吗 / 260

什么是 KPI / 263

第一部分

用绩效促进企业成长

BEN
PAO
DE
WU
GONG

第一章　绩效到底是什么

动物选美

森林里的动物们准备进行选美大赛,很多动物都报名参赛,熙熙攘攘非常热闹。由北极熊、麻雀、老鹰、蚂蚁、猫头鹰组成了评委会,森林之王——老虎召集动物评委们,讨论这次选美比赛的评选标准。

老虎说:"要选美了,咱们首先要制定出选美的标准——什么是美。北极熊,先谈谈你的看法。"

北极熊说:"这个问题我已经想了很久了,选美是一件重要的事情,必须慎重。我们评选的标准首先应该是身体健壮。身体健壮才是美,就像我们熊的家族,个个都是动物界的大力士,我们有一种力量美。"

图 1-1

麻雀说:"我不同意北极熊的看法。美丽的动物一定要有漂亮的外表,比如我们鸟类家族中的孔雀,它的羽毛多美丽,气质多优雅呀!"

老鹰说:"你们说的都不对,最美丽的动物应该是有一双锐利的眼睛,那才叫迷人。我们鹰的眼睛是最锐利的。"

蚂蚁说:"我不同意你们的看法,内在的美,才是最美。我们昆虫世界里的蜜蜂,天天不辞辛劳地工作,那才叫美呢。"

猫头鹰说:"你们的理解都有偏差,最美丽的动物应该是对森林最有贡献的动物。比如说啄木鸟,天天忙着捉虫子,没有他们的努力森林里就会到处是虫子,我们生活的环境就会很糟糕。"

动物们你一言我一语,各执己见,争执不休。

老虎看大家争了半天也没有一个统一的意见,就说:"我看大家对美的认识各有看法。咱们能不能综合一下,把选美的标准定为:要有熊一样的力量、孔雀般漂亮的外表、鹰一样锐利的眼睛、像蜜蜂那样勤勤恳恳,还要有啄木鸟的奉献精神。按照这样的标准来评选,一定能选出最美的动物。"

老虎说完后,动物们面面相觑,不知道说什么好,能有完全符合这些标准的动物吗?到底该制订什么样的选美标准呢?

这就涉及绩效的考核标准问题了。那么,绩效到底是什么?

角度不同,对绩效的看法不一样

陈总好像有了新的发现:"依我看,绩效的因素可以是指令,就是你先前定好的工作方案。你有什么指令,就会有什么结果。比如说,上次我叫员工办事,没说清楚,就耽误了时间;再比如,年初的计划一定要做好,否则肯定会影响当年的绩效。"

"对,你要达到什么目的,就必须先规划好。把你的意思传达准确,你就会得到你想要的结果,否则,一切全白搭。"李总说。

第一章 绩效到底是什么

小赵接茬道:"嘿,这倒有意思,你是说要得到好的结果,就必须注意产生结果的起因。有了最初的方向、目标、计划,才能有好的绩效。也对,好的开始是成功的一半。"

张总道:"我认为绩效就是产出。产出了多少就是多少绩效。比如工厂,我们说它的绩效,实际上是说它生产了多少东西。"

小王说了自己的高见:"你说的绩效还是结果,只不过这是一个随工厂的生产结果变化的一个量。但有另一种情形,你没有达到一定的量,你就没有绩效。比如体育比赛,你没有拿到奖牌,那不管你是第几名,都可以说你没有绩效。"

图 1-2

大柱说:"是啊,上次看到电视上有个科学家说,科学发明没有第二名,第二名和以后的多少名都是一样。我觉得外界用一个标准来看待体育比赛或科学发明,在标准之上就有绩效,标准之下就无绩效;而对于参加比赛的运动员或科学家自己,他们每次努力的成果就是绩效,每次都会有绩效。"

蔡顾问说:"这就是以不同的角度去要求绩效,进行绩效管理。我们今天就是把各种情况的绩效含义找出来进行比较,或者说把达成绩效的因素找出来,看看绩效到底是什么,也算我们有结果喽,这样我们也有绩效啦。"

"哇噻,我们也在绩效之中,太有意思了。"大柱一脸兴奋。

"那当然,干什么事都会有绩效,绩效存在于所有情况下。只要你对做事有要求、有目标、有说法,就一定存在绩效。"姜老师说道。

"绩效是什么的问题之所以重要,是因为如果你不知道什么是绩效,就不知道该考核什么。大家知道现在很多企业的考核内容五花八门的,有的考核业绩,有的考核态度,有的考核能力,有的考核知识技能。"蔡顾问又说。

"是呀,我们企业每换一个 HR 经理就换一套搞法,而且往往把前任的方法批驳得一无是处,好像这样才能显现自己高明,呵呵!"王副总说。

是最终的成果吗

"'绩效'其实是研究管理的学者所创造的名词。"李总解释道:"我们平常只是说,这个人怎么样,干得好不好等。如果硬要拿出来单独说绩效的话,可以说绩效是最终的成果,也就是说你是否赢利,赢利多少;你要是亏损的话,就没有绩效可言了。"

丁总附和道:"对,绩效是最终成果。我要求你做什么,无论你采取什么方法,只要把它做好,达到我的要求,就是有绩效。我听说有一个企业的老总,为了宣传和扬名,不计成本,上电视、发新闻,钱花海了,不过只要能成功,就值,就算是有绩效。"

大柱接着李总的话问:"如果绩效的含义是说一个企业的最终成果,那么一般企业员工的绩效是什么呢?"

李总说道:"员工没什么,非常简单,他们按照上司的吩咐好好干就是绩效。"

大柱问:"人不是机器,不同的人,让干什么就都能干得那么到位吗?即使是同一个人,在不同的时间,干同一种活,他可以多出力,也可以少出力,但工作结果,也就是工作绩效是不一样的。"

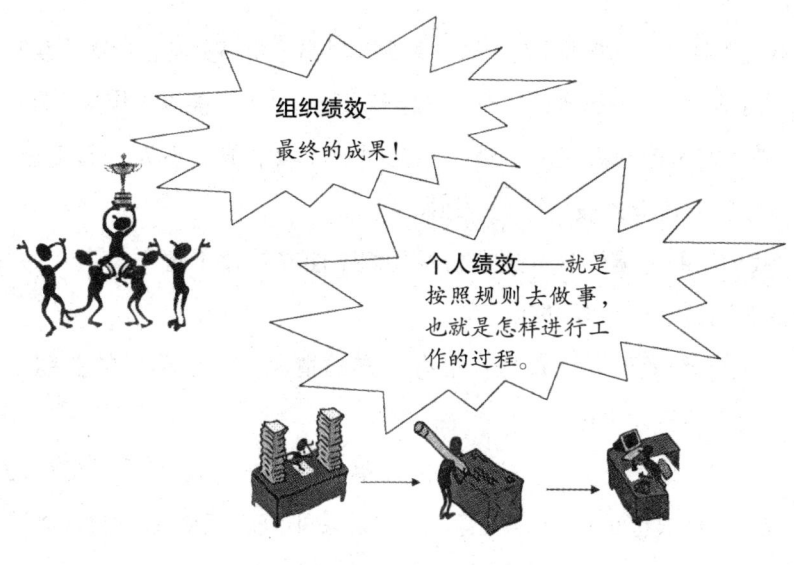

图1-3

丁总接过话:"你要是这么说就复杂了。我才不管那么多呢,只要大家按要求把事情做好就行了。"

小赵问:"那你认为把事情做好的标准是什么呢?或者说你怎样要求才能达到你所希望的绩效呢?"

李总答:"那是我的问题,底下员工的职责就是把事情做好。嗯,这是两方面的绩效。"

蔡顾问说:"好,李总说了两个绩效含义,一个是组织绩效,或者说是集体绩效,等于是最终成果;另一个是个人绩效,就是按照规则去做事,也就是怎样进行工作的过程。我们就是要这样讨论,把各位的意见、见识、经验都说出来大家分享。"

是对付出的褒奖吗

大柱说:"我看绩效就是辛勤劳动。比如蜜蜂,有一分耕耘就有一分收获。"

林经理摇摇头:"那要是方法不对呢?付出了很多劳动,反而收获甚微。要是方向不对,干得越多,反而浪费越多。我看绩效不能以工作量为标准。"

"总要对辛苦的人表示一下吧。在同一环境下那么多人一起工作,对勤劳工作的人就应该表扬。"大柱说。

"我们谈的是绩效,不是表扬。我们不能支持傻干蛮干,现在的社会需要用头脑做事。"林经理说。

"对了,绩效可以是管理。常有这样的情况,一个单位的业绩不好,我们会说它们管理不行。"丁总说。

"可以这么说,这是在衡量和比较单位之间的效益差异时常说的话。这样说来,绩效也可以说是环境,工作环境不好,绩效也不会好到哪去。就拿我来说吧,和旁边的小张个性不合,老互相较劲,工作没情绪,最后不得不同别人换了位置。"一个年轻人说。

"对,绩效还可以是工具、方法,这些方面不好,绩效就好不了。"

"你说的是一些条件下的绩效,不是直接绩效。"

……

讨论进入了白热化状态。

"不要反对别人,头脑风暴是让人们说出各种观点。"蔡顾问出来维持谈话秩序:"我看绩效可分为个人绩效和单位绩效两类,两者互相关联又有区别。单位绩效注重团结、协调、组织、管理,个人绩效注重个人的一些特质和对个人绩效的管理。"

"单位绩效好,个人绩效不一定都好。个人绩效都好,单位绩效也不一定好。"

是体现了员工的能力和态度吗

"我认为,绩效是按规则或纪律办事。生产线上的工人,流水线速度是一定的,只需按流程工作就可以了;而办公室的行政人员按制度办事就行。"

"你说的是一个方面,规定是死的,事情是活的,环境也在不断地变化。人人都按规则做,结果也不会完全相同。工作要有主动性,适当情况下必须创新才能做得好。"

"对,你说的话里面存在一个办事者能力和态度的问题。同样按规则办事,能力高的人,可以显现出好的效果;还有就是是否用心的问题,你真正用心了,就会有好的结果。"

"你们的意思是绩效是做事的过程。一是这个过程必须按要求的方式、方法、规则进行;二是这个过程加入了做事者对做事的促进和保证,就是刚才说的发挥能力、工作积极用心、工作态度好等。"

"我认为绩效是爱动脑筋,头脑灵活。一次我去人才市场招聘,队伍排得老长。一个小伙子走上前给我递了张纸条,刚开始我还以为是有什么特殊关系呢。打开一看,上面写着:'尊敬的先生,我排在队伍的第二十二位,我相信自己会是贵公司出色的员工,请在没有面试我之前不要做出用人的决定,谢谢!'嘿,我一看还挺特别,就把他招进来了。结果这小伙子还真行,他的经理说他遇事肯动脑子,比别人强。"

"是的,我们单位也有这样的人。凡事在他手上,他就想着法子把事情做好,往往越难做的事他做得越出色。"

"你这是矛盾的,又要做事者按规定的方式、方法做,又要他自我发挥、进行创新,这不是相悖的吗?"

"他是说首先要按规则来,在规则允许的范围内发挥能力进行创新。"

"这不好说,谁能知道哪些允许,哪些不允许,只要按要求尽力做就是了。"

图 1-4

是感觉,或是关系

"我认为还有一个含义,绩效是员工给我的感觉。我手下的人有的做事处处顺,出成果有绩效;有的总是磕磕绊绊,你就知道他不行,产生不了多少成果。"

"你这种感觉是你内心里对下属有个评判标准,比如听话、不倔强、态度好、工作积极等。事实上这种人也确实比较容易产生绩效,所以你遇到这种人时,就认为他一定能出成绩。"

"不光是说以后出成绩,现在就能看到他工作做得好啊!"

"也许是你印象好的人,始终给你好的印象。印象不好的人,你也不相信他好的一面呢。"

"对,肯定不可避免。"

"有的人善于把你认为好的一面展示给你,而另一些人不注意掩饰自己有问题的一面。实际上很多时候正是这些出问题的人解决了问题,才让整个事情成功。"

"那——不是冤枉了这些人吗?"

第一章 绩效到底是什么

"现实中这些爱出问题而实际上做出贡献的人,还有那些性格不那么完美的人,始终被放在不公正对待的状态。他们做好了事情,成绩却记在别人身上,这是因为目前社会对人还没有一个公正的评价系统。"

"我们单位就有一些老好人,要是看工作成绩,也没什么,但人们对他们的评价却很好,而且每次都这样。"

"有些企业就是这样,处处讲人际关系。对工作有特点能出成绩的人,总去挑他的毛病,给他们的评价也不高,相反倒是那些不得罪人的老好人混得开。"

"不过善于处理关系的人,确实是有绩效的。因为他与同事关系处理得好,工作协调得好,就容易出成果;和客户关系处理得好,客户愿意同他打交道,自然会为公司带来利益。"

"还有,我也常见到那些客户关系处理得好的员工,客户就认他。即使有些方面做得不到位,但客户认可,事情就能做成,就会有成绩。"

"对,绩效是八面玲珑,会来事。我们公司行政部的小张,人非常活泼,善于结交,朋友特别多。遇到一些问题,只要他出面总能很快解决。"

图1-5

绩效可以是所有的事情

几十个人,七嘴八舌,又是意见,又是争论,吵吵嚷嚷两个多小时。最后,蔡顾问发话了:"好了,来来来,我们可以把各种情况列出来,总结一下。结果……因素……表现……环境条件……品德……价值观……制度……"

"咱们今天的讨论有了重大的发现,这是一个过去从未系统研究的问题,绩效可以是所有的事情!看这个表和图。"两位老师举起一页表格和一张图片。

表 1-1 常见绩效表示法

绩效,首先是结果的好坏,但常常向产生结果的原因方向延伸,逆向追踪因素			
绩效派生的含义	绩效因素	具体表现	应用环境
帮助达成需要的结果或对结果优劣有影响作用的因素	个人品性	积极性、价值观、主动性	促进达成同样结果的变化因素中,本因素的变化所投入的成本小于其他因素变化所投入的成本时,本因素即首先代表绩效
	个人有益能力	爱动脑筋、人际关系	
	行为过程	按规章制度办事	
	管理机制	激励、互助	
	工作环境	让工作者心情舒畅	
	时间	工作效率、按时完成	
	标准	达到点位	
	方向	策略、路线、规划	
	指令	定目标、工作方法	
	计划	时间表、措施、检查点	
总结:绩效就是我们想要的东西,也可以说是结果,但如果某些因素相对于其他因素而言,对结果有明显、直接的影响时,绩效的意义就与这些因素等同起来了。也可以这样说,绩效首先是结果,当其他因素对结果的影响相对不变,改变特定因素能促进产生良好的结果时,控制这些因素就等于控制了绩效			

姜老师给大家解释道:"这个表说明绩效是能为你带来好结果的所有东西!绩效最终讲的是结果,但是,根据对产生结果的影响作用,不同的因素有不同的影响力。当其他因素都稳定时,我们关注于某一特定因素,它的变化会对绩效有促进或阻碍作用,我们自然就把这个因素与结果密切联系起来了,或者将它与绩效等同起来。在我们看来,这个因素的变化就是绩效变化。这也就可以解释为什么动物选美时评委的标准都不一样。

"再比如说当大家都讲微笑服务的时候,某个营业员从分析顾客的心理状况入手售卖货物,提高了自己的销售业绩,这种方法和技术就是绩效的决定因素。咱们刚才谈到的指令、关系、动脑子等,在特定的条件下都可以成为绩效的因素。从大的方面说,你用了新方法,你与别人不一样;如果你的结果比较好,你有绩效,这个绩效可以说就是被你出奇制胜的方法所催生的。这实际上就是创新。所以说'创新是人类进步的阶梯',就是这个道理。

"我们现在面临的是一大堆对结果有影响的因素,所以我们对于控制和把握绩效,就会产生不同的意见。事实上,每个对结果有促进或阻碍作用的影响因素都是绩效因素。这给我们做绩效管理提供了思路,我们要管的就是那些影响绩效的因素。哪些因素容易变化,对绩效的影响作用大,我们就关注和考核哪些因素。"

潜在绩效因素图

以下这张图把可能成为绩效的因素分为五个部分。

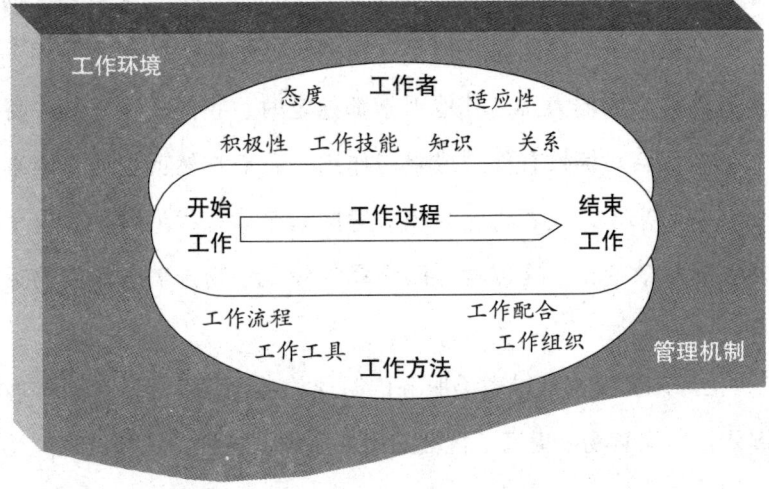

图 1-6

一是工作者自身的因素，包括工作者工作时的态度、拥有的工作技能、工作相关知识、促进工作的人际关系等。

二是工作本身，包括开始工作的目标、计划、资料准备，工作过程中的程序、规定、需求，结束工作的标准、时间等。

三是工作方法，包括工作工具、工作流程、工作协调、工作组织等。

四是工作环境，包括信息、条件、场地等。

五是管理机制，包括激励、检查、监督等。

其中工作本身、工作方法是与工作者本人关系最密切的，工作环境与管理机制还与其他工作的体系有关。

我们把这个图叫做潜在绩效因素图，因为这些因素在特定的条件下都可能对绩效有较大的影响。

一般说来，五个部分中的每一个具体因素或细节都可能对绩效产生影响，若固定其他因素，变动某一特定因素，它就与结果建立了紧密的联系，成为绩效的代名词。如果一部分因素变动，另一部分因素固定，这就是我们常看到的情形，形成了比较复杂的局面。对于具体工作，五个部分中有的对绩效的影响明显一些，有的弱一些，这使得我们不能全面地认识这些因素。

认真去寻找影响绩效的因素，你会发现任何一个因素中都有更细分的因素，可以说是无穷尽的，我们常常谈到的只是一小部分而已。这也给我们一个提示，如果你要穷尽影响绩效的因素，或者说绩效的组成部分，无论如何是找不全的。我们只能抓住主要因素，同时关注那些影响作用即将增大的因素。

"哇，这么晦涩呀！"大柱悄声说道。

"别吭声，我们跟着听跟着学，慢慢就会懂，也会分析了。"林经理道。

"就是，我们前面谈到的东西都在这个图里了。"研究生小王说。

"现在听有些部分可能费劲一点，"蔡顾问说："没关系，大家一起参与进来思考分析，把自己工作生活中的例子对应上，慢慢就会明白，也会跟上思路的。

"在咨询中，客户也是这样，刚开始可能不习惯，因为大家平时这方面思考得少，往往按照习惯方式做，按上级指示做，或照着别人教给的方法做，而对问题的实质没有深入思考，也没有将实践上升至逻辑思维。现在我们大家一起讨论，一起思考，我们两个管理顾问从你们的实践中学到新的知识，你们从我们的思维中学到方法。大家思想互相碰撞，一定能够搞清楚绩效问题的。今天的收获就是一个最好的例证。"

"我们就是要这样分析问题，这才能有收获呢。回单位我也给他们上上课。"张总兴奋地说。

第二章　绩效能给你带来什么好处

更合理的报酬

蔡顾问说:"今天开始我们说了,为了提高绩效,我们才讨论绩效问题,包括绩效考核。那么一般情况下,人们为什么要谈绩效呢?每天按计划、照程序、听安排,或者凭感觉,认真工作就行了,干嘛非要费劲谈绩效呢?"

"为了确定绩效成绩,好按劳付酬、分配奖金啊。许多企业都是这样的,平时不谈绩效,只有到年底需要发放奖金时才评绩效高低,根据绩效成绩或绩效等级发放奖金。"

"难道平时都不谈绩效吗?"

"是啊,很多企业平时是不谈绩效的,一方面谈绩效会产生很多问题,另一方面是他们认为绩效还可以,基本能满足老板的需要。"

"并不是能满足老板的需要,是不知道如何考评绩效吧。"

"注意注意,我们不管他是否在谈绩效,我们现在是要看如果谈绩效,他为什么要谈?"

"就是为了评价你的工作是否认真,为你刚才说的'认真工作'提供准确的依据呗。"

"这还不是为了发工资发奖金。你认真工作,就可以多拿奖金,偷奸耍滑就什么都甭想。"

"不只是为奖金,主要是为了让不认真工作的人意识到:你落后了,你要改正，下次工作必须努力，否则你就不符合单位的要求。"

更快的进步

"对，是为了警告你，让你找原因：是什么使你绩效不够好，是方法不对还是自己努力不够。以后工作时就能有针对性地把工作做好。"

"就是为了改正错误，发现工作中的不足，然后记录下来，下一次碰到了就不会犯同样的错误。"

"为了总结经验，使下次工作更熟练。"

"为了鞭策你，绩效落后就要被淘汰。"

"唉唉唉，来点创新好不好，别一个劲儿地附和，你说得具体点、仔细点好不好？"

"可以让企业员工拧成一股绳，大家都为企业的绩效做贡献，配合企业的重点工作，把自己负责的部分搞好。"

"谈绩效就是要求工作者要不断创新。你总是按老方法工作，绩效就不会提高；改变一下思路和方法，说不定绩效就能提升，因此要提倡创新。"

"绩效可以检验学过的知识、技能是否学到位了，或者这些东西是否管用。"

"绩效可以检验决策是否正确。常说'走着瞧'，意思就是我这样做了，最终是正确的，这才是有绩效的决策。"

"绩效可以检验你的工作方法对不对。有个故事说，老大老二上山砍柴，老大天不亮就出去，太阳落山才回来；老二睡了懒觉，可是把斧子磨得锋利，早早回来，还比老大砍的柴多。这说明老大方法不对，要向老二学习。"

"绩效可以促使人进步，一个刚参加工作的人，不断进行自我评估或接受他人评估，可以帮助自己保持好的绩效，掌握好的工作方法，保持良好的心态，这样就能进步。"

"照你这么说应该提倡时时处处谈绩效喽。"

"那当然,西方文明的核心就是比绩效做贡献,每个人每天都在向上帝汇报自己做了什么,努力了没有,没做好还要忏悔,下决心改正,所以西方社会发达起来了啊。"

清楚自己到什么程度了

"哈哈……别扯远了,我觉得谈绩效就是为了看自己是否达到目标而进行评价。"

"那可不一定。比如说,预期绩效是100,你达到了90,谈绩效关键是看你应不应该低10。你努力了吗?由于你主观原因造成不够好的结果是否可避免,或者是否可能把绩效提得更高。也有可能你达到了105,但事实上你努力一下可以达到130呢,这样即使你比预期高了5,你还是绩效低,你不应该受到奖励。"

"说得好,我认为人们谈论绩效有两个方面原因:一是看现在的业绩是否达到原来的预期;另一个是看工作者是否发挥了最大的潜能,是否还可以在下次工作中再提高提高。"

"你说得还是有点模糊,可不可以这样认为:评估绩效可用于三个方面:其一是给做出绩效的人一个正确的评价,以便按劳付酬;其二是让他明白这个绩效还有多少可以再改变再提高,让他自己总结经验找差距;其三是这个工作者不能负责的绩效,如工作分配、工作条件什么的,看这一部分是否还可以改变来提高绩效。而事实上后两项常常被人们所忽略,只剩下按劳付酬这一项了。"

"说到为以后的工作提高而评价绩效,这种评价要在哪些方面进行,或者说评价的内容是什么?"

"我认为凡是有助于提高绩效的内容都应该评价,也就是评价我们上午谈到的绩效的组成因素。"

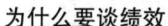

为什么要谈绩效

图 2-1

"很好很好,时间不早了。这样吧,我和姜老师把今天谈的总结一下,给大家都发个电子邮件。"蔡顾问说:"今天我们讨论了对绩效的认识问题,我看我们下次是不是谈怎样考核绩效?"

"好,好!"

"我正在为绩效考核头痛呢!"

潜在的绩效因素

我们在讨论绩效是什么的时候获得了一个重要的成果——潜在绩效因素图。如果我们把所有因素固定,再一个个变动其中的因素,这些单个的因素就成为绩效。所以我们也可以说在一定的条件下,图里面所有的内容都可以是绩效。我们知道了绩效潜在的构成部分,但这些只是"可能"影响绩效的因素,只有在我们研究透绩效后才能明白每个因素到底起多大的作用。

谈绩效的目的之一是吸取经验,找到影响绩效的因素,以便提高以后工作的绩效。我们看下图,A是即将加入工作序列的员工,B是所有潜在的绩效因素，C 是绩效。从 B 到 C 是明白绩效的过程，C 就是 B 明白绩效后的反馈。C 分两部分，分别为⑤（与工作者自身相关的绩效）和⑩（与工作者不直接相关的绩效）。

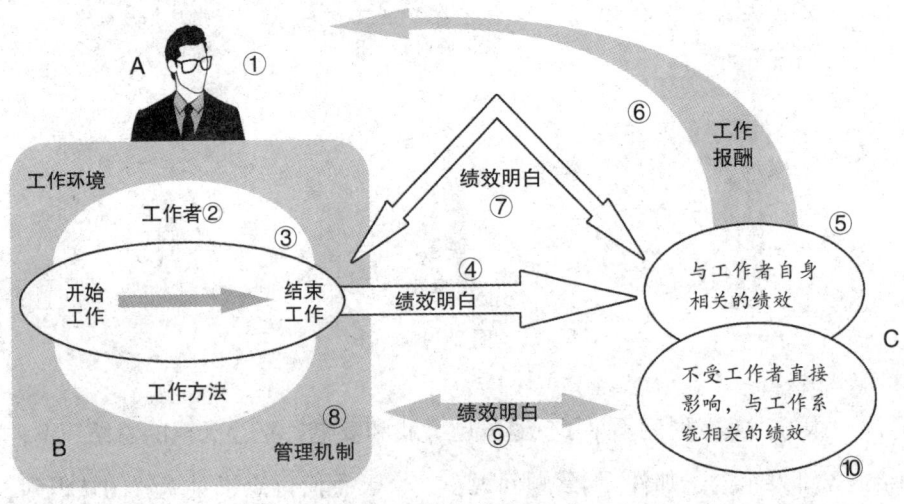

图 2-2

我们把图中的序号细列如下所示。

① 即将进入工作状态的工作者。

② 正在进行工作的工作者。

③ 与工作者相关的绩效因素。

④ 与工作者相关的绩效的明白行为。

⑤ 与工作者相关的绩效。

⑥ 给予工作报酬的行为。

⑦ 与工作者相关的绩效的明白行为及明白后可反馈回原绩效体系的行为。

⑧ 与工作者不直接相关的绩效影响因素。

⑨ 与工作者不直接相关的绩效的明白行为及明白后反馈回原绩效体系的行为。

⑩ 与工作者不直接相关的绩效。

注：其中③包括②，③+⑧=B，⑤+⑩=C。

明白绩效的目的和作用过程

由上图我们可以总结成表：

表2-1 绩效明白行为过程

绩效明白行为步骤	绩效明白行为过程
①-②-③-④-⑤-⑥-①	加入工作获得收入的过程
①-②-③-④-⑤-⑥-①-②	工作者获得报酬和激励循环工作的过程
③-④-⑤；③-⑦-⑤	与工作者相关的绩效的明白过程
③-⑦-⑤-⑦-③	与工作者相关的绩效明白后反馈指导原绩效体系的过程
⑧-⑨-⑩	与工作者不直接相关的绩效的明白过程
⑧-⑨-⑩-⑨-⑧	与工作者不直接相关的绩效明白后反馈回原绩效体系的过程

我们通过③⑦⑨的绩效明白行为产生的绩效结果C，从而知道了具体工作体系的绩效影响因素；再返回绩效产生体系B，从而既有方向又有内容地提高绩效。

表2-2 明白绩效目的及其作用过程

时间观念	明白绩效的目的	该目的的内容	是否寻找绩效因素	对发展的意义	目的作用过程
面向过去	对工作者给以工作报酬	按绩效分配报酬及激励	视分配规划，若对结果，则不需要，不是对结果则需要	无意义	①-②-③-④-⑤-⑥-①
	特定绩效因素的评价	评价特定因素的作用	需要		与工作者相关 ③-④-⑤ ③-⑦-⑤
		验证特定因素的作用			
	明白结果是多少	现在具体达到值，定性描述	不需要		与工作者不相关 ⑧-⑨-⑩

（续表）

时间观念	明白绩效的目的	该目的的内容	是否寻找绩效因素	对发展的意义	目的作用过程
面向未来	给工作者激励性报酬	激励工作者再次很好地工作	根据需要决定是否寻找绩效因素	促进发展	①-②-③-④-⑤-⑥-①-②
	工作激励	以工作达标引发必须达标的激励	需要		③-⑦-⑤-⑦-③
	让以后的绩效提高（明白绩效及其因素+激励措施）	要求再提高绩效	针对结果不需要；针对绩效的局部比较需要		与工作者相关 ③-⑦-⑤-⑦-③ 与工作者不相关 ⑧-⑨-⑩-⑨-⑧
		与预期相比要提高			
		与要求相比要提高			
		与过去相比要提高			
		与同类相比要提高			
	下步采取措施的决定，对绩效方向、满足需要	时间到了，结果达到否	对绩效结果的不需要；对局部的需要		
		里程碑，按时达到否			
		局部与整体相互配合			
	寻找促进因素	分析哪些是支撑因素	需要		
	寻找失败因素	分析哪些是短板			

这样我们对"为什么要谈绩效，绩效的内容和结果是怎样的，它们的行为过程和作用原理是什么样的"这些问题就清楚了。

对这些问题的清晰理解有助于我们进行绩效管理、绩效考核和绩效评价，有助于我们设计考核体系和考核内容，从而提高绩效。

第三章 如何找到正确的考核方法

谁也别想偷懒

山里面住着一群猴子,由猴王管理整个猴群。猴群中有明确的分工,有些猴子负责哺育小猴子,有些负责保护猴群的领地,有些则外出寻找食物。最近一段时间,猴王发现外出寻找食物的猴子带回来的食物越来越少。仔细一调查,原来是一些猴子在偷懒。这些猴子每次不把找到的食物全部带回来,而是只带回一部分,因为反正有食物拿回来就能交差,带多带少一个样。而不偷懒的猴子发现后,就觉得干多干少差不多,也跟着偷懒了。于是猴王决定改变这种状况,要在猴群中举行一次评选先进与后进的活动,奖励先进,惩罚后进。但是猴王却为如何评选先进、后进犯了难。

图 3-1

到底采取什么样的方式来评选先进呢?猴王想出了几种评价手段:按

照是否勤劳、带回食物的多少或者是两个猴子一组对比来评价。但仔细一想，又都有问题。

如果按照是否勤劳进行评价，会发现这种方式很难操作。猴王不可能天天看着每只猴子，这就导致善于在猴王面前表现自己的猴子被选中，而这将严重打击真正辛勤劳动的猴子们的积极性。如果让猴群内互相评价，也存在很多问题，互相评价的结果可能导致猴子们互相照顾，谁也不能公正地评价谁；或者互相提意见，影响团结，起不到评价的目的。

如果按照带回食物的数量来评价，可能会出更多的问题：因为猴子有分工，不是所有猴子都要去寻找食物；那么，不负责寻找食物的猴子就没有机会被选中，但是这些猴子在猴群中的作用也很重要。另外，如果按照这种评价方式，猴子一定都会争着在猴群附近寻找食物，没有人愿意去远处的村庄——距离远，又有危险，而实际上村庄地里的苞谷对于猴子的生活很重要。

如果两个猴子一组互相比较来进行评价一样会出问题，因为除了猴王对很多猴子不了解之外，这样评价的工作量非常大，并且不同工种的猴子之间如何比较呢？

不评价可以吗？干得好的猴子和干得差的待遇都一样，这不是鼓励后进吗？不能让干得好的猴子吃亏。

猴王想来想去也想不出一个很好的解决方案。于是猴王将猴群的长者叫过来，让长者给出个主意。

长者问猴王："大王，您想要我出个什么样的主意呢？"

"其实也很简单，我要一种能够公平、公正，而且要简单可以操作的评价方法。"猴王说。

长者捋了一把胡子，也犯难了。怎样才能又简单、又公正，而且又要能够操作呢？说起来简单，真正操作起来可就复杂多了。

绩效评价方法有哪些

研究绩效的目的是促进绩效,怎样促进?通过管理活动?这管理活动范围可就广了。人们普遍有个共识,一说要进行绩效考核,被考核者肯定会注意绩效,因为谁都不想自己的绩效被评得低,这就是绩效考核对绩效的牵引作用。实际上制定考核内容,被考核者就会做好这些内容的工作;制定考核制度,被考核者就会受考核制度的引导,在制度规定下做好绩效,这就是考核对绩效提高做出贡献的原理。这也是我们为什么从考核入手来研究绩效管理、促进绩效的原因。

"绩效考核是个复杂的事情,企业都想做,却都很难做好。为了今天的讨论,黄博士和姜老师研讨了几个回合,总结出这个'考核方法及应用简表'。黄博士翻阅了几十本书,还上网查了很多资料才有了这个成果,我们可以认真看一下。来,黄博士,你给大家解释一下。"

表 3-1 考核方法及应用简表

考核方法1 (常用方法)	考核方法2 (需专业支持)	考核方法3 (具整体连贯性)	考核内容	结果表示方法
模糊感觉判断法	人物比较法	目标管理法	德能勤绩	可与不可
问题事件检验法	行为固定考核法	(MBO)	情知廉体	记录
总结汇报法	行为观察考核法	自主管理活动	工作表现	评语
观察面试法	原型固定考核法	标杆瞄准	工作职责	优缺点
配对比较法	职务状况考核法	关键业绩指标法	工作构成要素	总结汇报
交替排序法	强制选择测评法	(KPI)	多种绝对标准	评出先进
因素排序法	锚定行为测评法	全方位绩效看板	规则的掌握	优劣排序
图示尺度法	混合标准测评法	(平衡计分卡 BSC)	难点要求点	优胜劣汰
减点评价法	行为差别测评法	EVA 经济增加值考	重点问题	胜任与否

(续表)

考核方法1 （常用方法）	考核方法2 （需专业支持）	考核方法3 （具整体连贯性）	考核内容	结果表示方法
正负评价法	行为分布测评法	核法 （价值管理活动）	智能反应 潜能素质	述职报告 多个等级
要素评语法	普洛夫斯特法	基于流程考核法	经验及改进思路	考核分数
强制分布法	层次分析法	基于供应链考核法	职业化行为	
等级择一法	业绩分布考核法	整合绩效管理	结果的多侧面	
结果累计测评法	领导行为效能法	（IPM）	事实记录	
多项综合评定法	情景模拟测评法	绩效管理循环法	组织文化氛围	
360°考核法	行为素质测评法	述职报告改进法	已有改进	
关键事件法	心理测检法	潜能素质法	最终结果	
述职法	统计技术应用	职业等级行为法		
各种考核量表法	问卷考试法			

"这么多呀，你吓死我们了。"李总说。

"这里列了50余种考核法，乍一看挺吓人，但我给大家解释一下就明白了。这里列的都是相对规范的叫法，或者说是学者们的叫法，实际中我们并没有称我们的考核是什么法，但可能用的就是其中的一种或是多种的结合。"蔡顾问说。

黄博士把各种考核方法都介绍了一遍："考核用途可能是多方面的，但考核内容基本就是上面列出的几项：有的从传统的'德能勤绩'入手，有的从表现过程入手，有的从职位要求入手，有的从特别的问题、工作改进、工作习惯入手，不过比较多的是从结果入手，毕竟考核就是要考你取得什么成绩嘛。考核结果的表现形式也有多种，你们看，考核分只是众多形式的一种。"

"这个表格总结得很好，"姜老师说："它几乎把所有的考核方法、考核内容、考核结果的形式都列出来了，而且也列出了几种整体性参与深层管理的绩效考核和绩效管理方法。"

"常说'德能勤绩'，这里提到的'情知廉体'中，知是知识，体是体能、情和廉是什么？"

黄博士说："情是情意考核，即规律性、协调性、积极性、责任性等，是态度的一种细化方面。廉就是廉洁。"

有人插嘴说："廉就是不准白天'仁义道德'，晚上吃喝嫖赌；不准在单位人模狗样，下了班却包二奶三奶。"

"哈哈……"

组织考核模式

"前面我们说的考核基本上是应用于个人考核，当然也有部分可用于对部门组织的考核，如整体连贯性的考核本来就是可以从公司考到部门再考到个人。但这个表从整体上感觉它们应用于个人的考核比较多，现在我们请王硕士谈谈部门和公司考核。"蔡顾问说。

王硕士上前把他准备好的两张表贴到白板上，说："对组织的考核没那么多花样，一般企业也不对没有明确工作成果的管理事务性部门进行考核。我这里列的是组织考核不同的侧面，它们与组织的特性及针对的组织问题或组织处理的问题有关。仔细观察这7种模式，我们多少有点似曾相识，都用到过。我们常用这些观点去要求一个企业或一个部门，并且有时也以这样的指导思想去检查或调查企业或部门的工作，实际上，这就是我们对组织的考核。"

表3-2 组织考核模式

模式	考评重点	对组织的看法
理性目标模式	目标的达成	绩效是组织的最终关注点，组织通过各种经营活动及工作流程以达到所设定的绩效目标，达成目标是组织存在之本
系统资源模式	资源的运用	组织即是投入产出过程，它从外界吸取资源，有限资源能否合理应用，决定组织的绩效

（续表）

模 式	考评重点	对组织的看法
管理过程模式	管理的能力	组织目标设定后，必须通过管理过程来促进工作，即进行决策、计划、预算、领导等活动，因此管理能力决定目标达成
组织发展模式	成员的和谐	组织解决问题即是其创新发展过程，在于使每一组织成员的潜能发挥，因此使组织成员和谐是成功的关键
讨价还价模式	资源的分配	通过协商讨价，拥有资源的各部分进行资源分配与整合，是组织有效成功的法宝，因此其协商构成了组织运行的关键
结构功能模式	成长及生存	组织抵御外界影响，内部沟通协调，决策正确，目标一致，即能完成各种任务，组织得到生存发展
功能模式	社会的受惠	顾客满意，员工满意，社会满意是组织存在之本，因此一个组织能否持续发展即看其是否给社会带来效益

"大家看下一张表，"王硕士接着说："做过国企领导工作的同志都知道这个表的意义。这是 2002 年国家财政部、经贸委、中企工委、劳动保障部、国家计委联合发文规定的企业绩效评价指标，这项工作是从 1999 年开始的，然后逐步修正成为今天的指标体系表。我们平时上级要求下级企业某些经营成果数据要达到多少多少也是这样，只不过这张表是国家对国有企业每年进行的考核，这就是考核指标，也指明了考核方向。国家财政部还颁布了《2002 年企业效绩评价标准值》，把各行业各类企业统计的结果数据全部列出来，作为对企业经营成果的比较参考资料。"

"哇，真没想到国家对企业也有考核，而且还明确制订了这么详细的考核指标。"林经理感叹道。

表 3-3　企业效绩评价指标体系

评价指标		基本指标		修正指标		评议指标	
评价内容	权数 100	指标	权数 100	指标	权数 100	指标	权数 100

(续表)

评价指标		基本指标		修正指标		评议指标	
财务效益状况	38	净资产收益率 总资产报酬率	25 13	资本保值增值率 主营业务利润率 盈余现金保障倍数 成本费用利润率	12 8 8 10	经营者基本素质 产品市场占有能力（服务满意度） 基础管理水平 发展创新能力 经营发展战略 在岗员工素质 技术装备更新水平（服务硬环境） 综合社会贡献	18 16 12 14 12 10 10 8
资产营运状况	18	总资产周转率 流动资产周转率	9 9	存货周转率 应收账款周转率 不良资产比率	5 5 8		
偿债能力状况	20	资产负债率 已获利息倍数	12 8	现金流动负债比率 速动比率	10 10		
发展能力状况	24	销售（营业）增长率 资本积累率	12 12	3年资本平均增长率 3年销售平均增长率 技术投入比率	9 8 7		
最终评价分				80%		20%	

老板凭感觉，红包越包越多

"周总，你是怎么考核员工的？"大柱问。

"我的员工我自己都很清楚，"周总说："我在社会上混了这么多年，哪个员工心里想什么，干得怎么样，我心里有底。咱不会那些考核方法，所以就用你们说的简单判断法。年底感觉要发奖金了，我就根据我对他们工作的了解，悄悄给他们发红包。"

"有没有碰到什么问题，或者有什么让你头痛的事吗？"小唐问。

"有啊，"周总皱起了眉头："现在的员工，自私得很，能听话好好干的越来越少了。员工们好像私下也知道彼此红包是多少，经常向我暗示他们有多大多大的贡献，应该再多给点，搞得我红包包得越来越多。现在我那几个骨干，每年不给十几万都不行，所以一到年底我心里就发慌。就这，上次发奖金小李还不愿意，到现在还闹别扭呢。"

黄博士说："你这是根据绩效给以劳动报酬，员工认为你判断得不公正，奖金无法成为激励因素反而成为阻碍工作进步的工具。你看，发钱员工还不满意，这样反而影响工作。"

"你个人的判断只是你所看到的，你没有看到的方面就不会对工作起任何作用。"林经理说："我有个同学，信心十足地换了个公司，可他马上就觉得很不适应。上次我们在一起分析了原因。我了解他，在学校时他就左右逢迎，做事挑挑拣拣。在以前公司时，他经常在老板面前表现，很讨老板欢心，待遇也比较好。但是新公司讲真实的工作结果，进行客观的考核，他一向做事不用心，根本没学到多少技能，当然吃不开了。找到原因后，他反而埋怨以前的老板没有发现和指出他的缺点与不足，让他失去了锻炼的机会。因此我这个同学现在非常希望能在新公司里得到锻炼。"

"仅以老板个人的眼光判断员工绩效好坏是不完全的，"王经理说："我过去有个女同事，经常在老板那里撒娇讨宠，而老板并不知道她其实常常得罪客户，工作也老出问题。一次我陪老板和客户在一起吃饭，她不在场，老板当着众人的面夸她很有灵性，有眼力，知道什么重要什么该做。可老板并不知道我兜里正揣着客户退回的发票，就是她心不在焉地给开错了。这样的事不只发生一次。饭后另一个同事就说：一美遮百丑，老板眼中只有漂亮小姐，公司不会有大发展的。"

图 3-2

林经理接着说："就是，我有一个朋友也这么说。他现在卖力地工作只是为了锻炼自己，等学会技术，能力提高了就跳槽。我问他为什么，他说他们公司并不以能力和业绩看人，老板喜欢的是在他面前变着法子表现的人。这些人对老板服服帖帖，但对其他员工横行霸道，什么事都不做，也做不成事，就是为了那几个钱，没有什么本事。在他们公司，工作做得再好也抵不上关键时刻在老板面前表现一下。谁抓住机会表现了，就能得到提升又能涨工资。他现在的上司就是那样，他很不服气，所以早晚会离开那儿的。"

标准模糊，谁都拿不准

"你说不能单凭个人判断，要进行科学的考核，我也想对员工好好进行考核，给他们一个公正的说法。我用了几种考核方法，但觉得还是一样需要判断，也没什么标准嘛。"周总说："前两个月我从其他企业找了一份考核表，今天带过来叫你们评评，是我判断好还是这个考核表考得好。你们看，它不过是将我的判断稍微细分了一下，也是凭判断给分，给什么分有依据吗？"

表3-4 ×××考核表（部分，例）

评估要素		观察内容	评估分数
			7 6 5 4 3
期间累积	确保品质贡献度		
	成本降低贡献度		
	工期内施工贡献度		
	确保安全贡献度		
	业务开展努力度		

(续表)

评估要素		观察内容	评估分数
			7 6 5 4 3
组织贡献度	组织运营合作度		
	职务扩大度		
	团队精神贡献度		
	自我管理度		

"虽然用这张表考核，员工可以大体知道他的不足和缺点，有助于他改善工作，并且增加了列举事实，但还是凭一个人看到的、感觉到的在给分。在这种情况下哪有什么科学，所以我也没有采用。"周总继续说。

"的确，我们公司以前也类似这样，只不过评比的项目比这多。"林经理说："我就认为这是考核者凭当时的感觉在给分，而这种感觉是凭当时他的心情和对员工的印象，时间和心情变了分数可能也就不一样。这一点还真得到了证实。有一次一个员工的考核表不见了，我要求他的主管给他重填一张，当拿回他新填的表后，我又找到原来的表了。两张表一对比，竟然有四分之一的部分打分不一样。我当时以为可能是这位主管糊涂，后来的一次试验更说明这个问题。一次考核前，我想对部门经理进行培训，统一考核标准。我给他们每人发了一个模拟员工的资料，请他们打分，结果也是各打各的，根本统一不起来。这说明判断的考核方法不科学，经不起验证。"

绝对考核，扼杀创新

"不要老板判断，那你用什么方法考核员工？"

"我们单位有考核，但也做得不好，我拿了一张考核表，按照前面黄博士的说法，这应该是行为固定考核法的一种考核量表。"

表3-5 ×××岗位考核表（简写，部分，例）

考 核 内 容	得分权重（每项给出固定分数）		
	1	0.5	0
月度工作计划（书面）	月末前2日,审核≤2次	审核>2次	未交
检查考核表到位情况，及时发放绩效考核表	考核前2天	1天	未发放
配合公司整体改革，推广员工绩效考核	工作主动,想方设法	配合工作	不认真
协助部门、车间进行考核，提供咨询、解释	提出要求后3个工作日内	>3个工作日	不闻不问
收集员工绩效考核表	规定日期前1日收集齐	努力后未收齐	未收集
处理投诉,给以书面反馈	5个工作日内	>5	未处理
计算员工考核最终分，提供工资发放依据	获得考核分后2个工作日内	延期	未提供
各岗位考核点变动跟踪审计统计	所有变动都经许可或已知	考核点不稳定	不知变化
月工作总结,提出有效工作建议	月初5日前,得到上级夸奖	延期	未交
定期汇总审核各部门员工绩效考核结果并出具报告，整理后上报人力资源部经理	每月按时上报,得到上级认可	延期或上级要求再修正	未交
了解绩效考核情况,将考核准确者及时整理材料上报人力资源部经理,作为推广案例	每季度上报	延期	未交
负责建立、管理员工绩效考核档案	每月15日前更新,可追溯	延期	未建立
对上级安排的工作	完成得到上级认可	完成未达要求	拖拉不行
配合部门其他人员工作，确保部门绩效完成	认真完成,达到要求	未完全满意	不够配合
对考核表、考核内容提出改进建议（书面）	得到采纳	未采纳	无

(续表)

考核内容	得分权重（每项给出固定分数）		
	1	0.5	0
修订考核细则、办法、案例、说明等	及时主动	被动	未动
投稿考核宣传稿件	采纳	未采纳	无

"这个表做得很好，考核的点位都找到了，对谁都可能考，是公平的，就应该这样考核。"

"看起来它是一个很好的考核量表，将正负评价法、减点评价法、行为固定考核法等方法结合起来。但我们用了一段时间后，慢慢发现它也存在一些问题。

"一是每个岗位做这样一个固定的考核量表有一定难度，例如，要求这个岗位的工作相对固定，并对该岗位了解得透彻；二是你得找出岗位要求的工作和工作结果的各个方面，但你无法找全。你要是仔细挖掘，可以找到很多考核点，这样我们做考核表的成本就太高了，而且工作一变，考核表的内容也得变；三是这些重要的工作要素找到后，要通过权重表示它们的重要程度。但每个人的优缺点和技能是不一样的，有的工作对某个人来说很好做，但另一个人却总也做不好，而且这样的情况很多，显得考核对员工个性的弱点关注得不够；四是考核表中有些内容也是需要判断的，像工作主动、达到要求，都有弹性的成分，可能最终考核分数都趋于一致或都很高，但实际工作并非很出色；五是它固定了考核内容，从而也就抹杀了工作中的创新、改善、进步。"

"哇，这种方法本来我觉得已经够好的了，叫你这么一说还真是有问题，那还有什么方法呀？"

图 3-3

指标数字化,想说爱你不容易

林经理说:"还有一种是设计各种指标,用指标的结果来判断工作,进行考核。我也拿来了几张考核表,你们看,这是我们公司设备部的考核表。"

表 3-6 ××公司设备部月度考核表

	指标	完成情况	自评得分
1	技改计划完成率		
2	维修、保养计划完成率		
3	故障修理及时性		
4	供电稳定性		
5	设备完好率		
6	部门工作计划表、总结,报表质量与及时性		
7	现场管理		
8	一般人身安全事故率		
9	内部投诉次数		

(续表)

指　　标	完成情况	自评得分
10 员工综合考评合格率		
11 部门管理与激励		
12 部门配合程度		

小唐一看，感觉挺好，说："嘿，用指标考核就应该能把问题把握得比较准了吧。"

林经理道："这个表看起来指标很多，但实际应用你会发现它并不全面，一些未包括进去的工作就可能会出问题；另外，这些指标也不好打分，因为指标不可能完全量化，对于不可量化的指标，你要判断何时扣1分，何时扣2分、3分，不能凭当时的感觉，否则你的评判就不准、不稳定，没有纵横可比性；对可量化的指标，不同分数区段的工作所付出的努力是不一样的，想认真就会搞得很复杂；评分标准也不是那么容易制订的。还有本身这些指标也不好找，这是一个找得指标比较多的例子，就这还有很多地方需要再斟酌呢。"

大柱说："哎哟，这种考核指标的方法也不好用啊。"

"是的，原来我们没用的时候，曾听说它多么多么好，可真正用时碰到问题了，别人又说我们指标制订得不对，与被考核部门没有很好地沟通等。我问了一些采用这方法的人力资源部经理，他们感觉和我一样，这说明我们还没有找到合适的考核方法。"

"指标法的确存在很多问题。过去我们对一个企业或一个老总的绩效评价都是用财务指标，毕竟这是最直观的，可以对比和感觉得到的，但在实际工作中就会碰到一些致命的问题。"马小姐说道："我们公司是专业生产木皮和装饰板的企业，大家看到的家具、装修用的木板，它们表面漂亮的木纹都是将各种各样原木切成非常薄的木皮贴上去的。我们公司有三个厂同时生产木皮和装饰板，木皮可用于贴在购来的三合板上做成装饰板

第三章 如何找到正确的考核方法

图 3-4

卖,也可以直接卖给家具厂做家具的贴面。因为是三个厂,就有了可比性。公司在制订年度计划与考核指标时,基本上是从财务方面考虑的,而且这样也可以让三个厂竞争比较。今年我们有个厂账面利润很好,但是却快要倒闭了,最后老板不得不将它与另两个厂合并了。"马小姐介绍说。

"利润很好,却要倒闭了?"林经理不解地问。

"对,你听我解释。这个厂的厂长是个年轻人,头脑很活,上半年厂子的生产形势很好,热火朝天的,产量很高,但销售跟不上来。厂长眼看经营目标难完成,就加大了销售力度。你们知道从原木上切下的木皮会有各种花色品种和大小,这决定了木皮的价值。不同规格和花色的木皮的价值是随市场需求而变化的,一旦市场不需要这种木皮了,它可能就根本卖不出去。

"我们这个厂长根据市场形势把好销的木皮全销了,不好销的就堆在库房里。好销的木皮利润很好,从账面上反映有收入和利润,而不好销的木皮只是记着制造成本和待摊费用。在别的厂还只是略有盈余时,这个厂的利润已经很高了。把好的木皮全卖了,可那些库存木皮可能永远都卖不出去,它们始终挂在账面上,可以说完全是无效资产,没有任何意义。所以当这个厂运转不动时,它还有账面利润 1 500 万元。老板这时才知道财务数据的危害,不得不将这个厂合并。"

037

蔡顾问说:"这个案例讲得非常好。"

强行排序法与末位淘汰法

"我们公司现在准备采用强行排序法,然后每个部门再淘汰最差的几个员工。两位老师,这样的方法会有什么样的问题吗?"大柱问。

"所谓强行排序就是一定要在组织内部、一个部门内部排出第一、第二、第三、第四的名次,然后在这个基础上把最后一名淘汰掉。这种方法很多公司都在运用,前通用电气总裁韦尔奇也比较推崇这种方式。但这种方法有它的适用范围,如果你在一个组织内部进行了强行排序,并且要淘汰掉最后一个,就等于在这个组织内部引起了比较激烈的竞争。我们知道竞争跟合作是有矛盾的。

"2003 年,北大搞了一次变法,核心内容之一就是要在教授中间引起竞争,从而淘汰一些教授。但是我们也看到当时有些教授提出了相反的意见,说:'学术是需要交流的,如果在同一个院系的教授中间引起竞争的话,这种交流肯定会受到影响。'所以我们要注意这种方式的适用范围,关键是看你要建立一种什么样的文化了。我们有一个合作者是在美国商学院读的书,他说他们商学院有一个特点:它的每一科考试,一定要有 15% 的人不及格,为什么这样呢?因为该商学院的目标是培养未来的 CEO,每一个人从学生时代开始就要面临激烈的竞争,面临被淘汰的压力。在这样的情况下它能培养你的独立性,培养你应对风险的能力。这种方式是建立在一种竞争的文化基础上的。而另外一个商学院有什么样的考试方式呢?小组作业。从小组作业的成绩来评价每一个组员的平均成绩,这种方式体现了小组内部的一种协作精神。所以我个人感觉强行排序法和末位淘汰法更应该在什么地方运用呢?如果部门和部门之间、员工和员工之间的工作独立性相对比较大,你可以采用这种方式。但要是在一个需要紧密合作的团队内部,你用这种方式就会导致团队成员之间激烈的竞争,进而导致合作精神的丧失,所以采用这种方式之前要考虑其适用范围。"蔡顾问说。

"那么在什么样的范围内可以使用这种方法呢?"大柱问。

"我觉得这样的方法有个前提,在员工与员工之间的工作关联度不大的情况下使用是可以的。如果员工与员工的工作关联度很大,这样的方法就会造成比较紧张的人际矛盾,进而对合作产生影响。另外,在部门与部门之间可不可以比较、排序?这是个值得我们探讨的问题。我个人认为部门与部门之间进行排序是有害的,因为这样就会导致部门之间竞争关系的形成。如果大家都从工作的角度出发,形成你追我赶的态势,那当然没有问题。但就怕因此形成了你好了我就差的心态,部门之间互相指责,互相推卸责任,结果对公司就有害了。"姜老师解释说。

"那这样看来,我们需要慎重研究一下我们的方案了。两位老师,还能说得更具体一点吗?"大柱急切地问。

"我们以后再慢慢讨论。现在时间不多了,我们先来总结一下。"蔡顾问说。

绩效考评方法大全

前面黄博士将50多种绩效考核方法都找出来了,大部分方法我们平时都在用却叫不上名,这里我们把它们进行归纳总结。

对个人的绩效评估可划分为下列四类。

观察印象法。观察印象法指对某人工作行为过程进行观察,根据观察者所留下的印象,与观察者大脑中自我认定的工作行为标准进行比较,得出评估结论。如上级领导对下级员工的口头评价,向周围同事口头征询被调查者的评价等。这种方法在简单绩效评估时经常使用,特别是在传统的企业中。

德能勤绩法。德能勤绩法指对一个人的工作过程和结果从思想品德、工作能力、勤奋程度、工作成果等方面依次与有一定针对性的标准进行比较，得出各个方面的评估结果，然后再进行综合的方法。这种方法在对管理人员进行评价时经常使用。

绩效要素法。绩效要素法指对工作的过程步骤、组成部分和结果表现，工作者针对该工作的行为活动、绩效支持和保证因素等各个方面进行分解，用分解的要素作为考核内容的绩效考核方法。

目标指标法。目标指标法指对被评估者评估期的工作行为、工作结果预先设立要达到的标准或评估指标；待评估期末，依此评估达到标准的程度或达到的指标值，得出评估结果的方法。典型的目标指标法是目标管理考核法，事先制订工作任务的目标，中间参入过程管理，最后看结果达到与否。

至于述职法、关键事件法，等等，均可为这四种方法的组合。

我们明确一下概念，指标是某方面考核内容的单位刻度，也同化为考核的某个方向；目标是工作要达到的点位，是一个指标上的数值；就好比指标是尺子，目标是尺子上的某一点。

对组织的绩效评估可划分为下列四类。

全面总结法。全面总结法指一个组织对其在评估期内各方面的工作进行系统的回顾与评述，列出分类进步、成绩、不足、改进措施和下一期的工作计划，最后得到上级管理者或上级组织对该总结认可的评估方法。

目标任务法。目标任务法指依据事先设定的目标标准或被上级组织认可的指标，对一个组织在评估期内主要工作任务的成果进行评估的组织评估方法。

财务指标法。财务指标法指依照事先设定的收入、利润、投资收益率等财务指标，对一个组织的业绩进行评估，评判各项财务指标达到的程度。

综合指标法。综合指标法指对一个组织的业绩评估依据事先设定的多项指标，评判各项指标达到程度的评估方法。

个人绩效评估与组织绩效评估各种方法的应用对比见下表。

表3-7 评估方法优缺点比较表

对比项		特　点	优　点	缺　点	应用范围
个人考核法	观察印象法	注重被考评者周围人对其的评判，保持上级的权威	简单，易操作，适用于对评估要求不严、不需民主的环境	评估人标准不一致，随评估人的个人喜好的偏见而产生偏差	临时、简单、管理幅度较小的评估；任意时间跨度评估，时间长短、起始不受限
	德能勤绩法	注重"人品"和一贯的做事方式，强调个人须保持好形象	对人评估比较全面，可指导于该人从事其他工作时	产生曲解，德能勤好就可，而非实际绩效的成果，易成为非绩效导向	初级评估，管理人员的评估；统一在某一相对固定的期限进行评估
	绩效要素法	列举出各种绩效层次过程和结果的状况	评估时简单，易操作，对照评估表不易有偏差	制定评估表困难，呆板，不能应对环境任务的变化	稳定和程序性的工作；评估时间跨度、长短、起始不受限
	目标指标法	制订出要求的方向和要求达到的程度	要求清晰、客观、准确，标准统一，可单独评估	目标指标不能全面表示绩效，复杂，对管理人员难于操作	业务人员的评估，要求结果准确的评估；需先明确评估期，评估期长短起始受限
组织考核法	全面总结法	强化了组织自我全面系统的总结	系统全面，自我反省进步、不足和改进措施，有益于后期工作	没有评判标准，易于夸大优点和自我满足	部门、政府机构、事业单位、非盈利组织、协作配套的内部分组织等
	目标任务法	对组织主要使命目的的工作任务进行总评	评估标的明确，结果针对性强	不全面，重结果轻过程	简化的评估，小型组织、项目管理部、协作配套的内部分组织等
	财务指标法	主要测算经济利益	促进获得经济利益	易引导组织追求短期利益从而忽视长期利益	利润中心组织、独立企业
	综合指标法	将多项要求以指标指示的方向进行评估	评估全面客观	选取指标困难，且即便指标较多也会要求不全面	集团内的分子公司、非盈利组织、政府机构

各种组织的要求不同、其评估技术的成熟度不同，以上方法均有采用。

绩效考评中绩效的含义

绩效评估发展中产生的各种评估方法，均有其产生的条件和应用的环境，它们表达了各自对"绩效"的理解和特定的含义。下表展示各种方法中隐含的"绩效"含义。

表3-8 不同绩效评估方法中"绩效"的含义

绩效评估方法		特定的绩效含义	绩效含义的缺陷
个人绩效评估	观察印象法	结果＋过程＋支持产生绩效的方面	没有确定统一的评判标准，每个人对绩效的理解不一，易造成偏差
	德能勤绩法	成果＋能促使产生绩效的方面（德能勤）	"德能勤"好了就一定能产生绩效，这个假设不一定成立
	要素组成法	绩效过程与结果的要素之和	要素不够全面，不够准确，不能适应变化的环境
	目标指标法	要求的主要目标，结果＋（过程）	常常是重结果而轻视过程
组织绩效评估	全面总结法	每一项工作的绩效，过程＋结果	"过程＋结果"评估的各个方面没有一个系统一致的全面框架，且易偏向对自评组织有利的方向
	指定角度法	从某一特定角度看，绩效的含义	绩效概念不全面，引导组织偏向发展
	目标任务法	特定任务的结果	为产生指定的结果而不择手段，或者有可能结果是由偶然因素造成的
	财务指标法	财务方面的结果	容易只要眼前的财务利益，从而损害组织的长期发展
	综合指标法	指标所指定的领域	指定的领域并不一定全面

各种绩效含义作用不同，对工作的影响也有差异。

表3-9 常见绩效评估中的绩效的含义及其影响作用

绩效的含义	体现的主要作用	对本期和以后工作的影响	考核内容举例
绩效＝结果（做了什么）	评价阶段工作或某项任务的成果、某个集体工作的结果	自觉要求进步者，可对工作反思，从而促进后期工作；但一般达不到，只作为工作报酬的依据	销售量，目标达到程度，客户满意度

（续表）

绩效的含义	体现的主要作用	对本期和以后工作的影响	考核内容举例
绩效＝过程（怎么做的）	督促工作按规定程序或要求方向发展，关注细节、方法和措施	检查和督促本期工作每一步做到了没有；约束和激励工作按要求进行；有利于本期工作继续按要求进行	按计划、规定执行，现场管理
绩效＝结果＋过程	检查是否按照要求的方式或努力积极的方式达到目标	按目标要求，随推进管理工作，进行及时的要求和辅导；对本期及后期工作进步和取得成绩有益	人力资源体系完善程度、考核系统推进及其效果
绩效＝不出偏差（正确方式、正确结果）	要求每一步按正确的方式进行或每一工作要素结果达到标准	对本期工作要求完全分解和细化，从各个局部完善工作，对本期工作有益；若下期工作相同，亦有反馈指导作用	列明各部分工作内容要求及评判尺度，正确和失误性
绩效＝××＋工作氛围	（××为另一考核内容）	团队工作氛围，培养良好的集体工作习惯，对本期和未来工作有持续的影响	员工满意度，内部协作性，企业文化建设
绩效＝××＋工作管理	使工作者能按照既定的管理规则进行	工作规范，促进培养良好的工作程序和方法；对本期和未来工作均有益	计划与总结，部门配合程度，部属管理
绩效＝××＋工作改进	要求每个考核期工作与以往相比有所进步	总结本期工作失误和进步之处，即有利于本期工作和后期工作	已改进点，失误点
绩效＝××＋个性端正	要求个人态度、积极性等符合企业需要	创造良好工作氛围，每个员工端正态度，亦有利于后期工作	遵守工作纪律，主动性，创新性
绩效＝××＋能做什么	检查工作者的能力水平，要求他在考核周期内知识技能提高	在工作及其发展方向上提高知识技能，并与企业要求相符合，能为企业做更重要的工作	技术能力，发展能力

这才是我们真正需要的绩效考评方法

1. 既全面，又重点

考核必须对工作的方方面面都要照顾到，还得重点突出，使需要做好的工作内容突显出来。

2. 既客观，又主观

考核既要根据客观事实，使考之有据，又要把事实后隐藏的问题找出

来，需要进行主观判断。

3. 既简单，又复杂

考核既要简单容易操作，使考核者与被考核者都能运用自如，又要对具体细节问题进行详细考核，使绩效清晰明白。

4. 既量化，又质化

考核要以数据形象地表示出来，又不可拘泥于量化，把定性的问题准确定性，将定量与定性相结合。

5. 既局部，又整体

考核要把局部考核与整体考核结合起来，也就是个人考核与团队考核相结合，和企业整体考核相结合。

6. 既普遍，又特殊

考核方法普遍适用，不但大小企业都适用，而且其既能在一个集团公司的各个产业子公司、各种业务部门、各类岗位普遍适用，又能针对每一个具体应用者给出其特殊的应用。

7. 既独特，又关联

考核对于个体，其成绩具有纵向可比性；对于整体，其成绩与其他个体的成绩相比，具有横向可比性。

8. 既短期，又长期

考核系统既要能考短期绩效，同时在这个系统中又能够将长期绩效考评出来。

9. 既计划，又应变

考核既能考评常规的工作，又能将突变的临时任务纳入进来一起考核。

10. 既考评，又管理

考核不仅仅是一次最终的绩效评价，也是一项管理活动，具有一定的管理思想和管理主张在其中，它与管理活动的其他方面有密切的联系。

"哇，这是对考核的要求吗，我们怎么能要求一张纸既白又黑，既方又圆呢？"林经理感叹地说。

蔡顾问说："问得好！正是我们有了这些要求，才会觉得前面提到的考核方法存在问题，这也正是我们进步的源泉。我们发现，考核与管理思想密切相关，这些思想不但可用于企业经营，而且可以用于我们前面谈到的关于促进绩效的各方面的事情，包括个人、家庭、生活和发展，因此我们想借咱们这个论坛把问题分析透，理出一些线索，找到一套工具，解决系列问题。"

第四章　目标管理——可以层层负责到位

白兔得到马拉松冠军的秘密

兔子王国每年进行马拉松比赛，参加比赛的有白兔、黑兔、花兔、长毛兔等，每只兔子选手在赛前都经过了精心的准备与训练。

比赛开始了，白兔"一兔当先"冲了出去，一路领先，获得了冠军。兔子记者采访白兔，问到："白兔先生，您是如何获得冠军的呢？"白兔深沉地说："我跑马拉松是依靠智慧。"

兔子记者很困惑，跑马拉松是依靠体力，依靠耐力，怎么是依靠智慧呢？看来白兔是在卖关子。

第二年，白兔依然得了冠军，第三年还是这样，面对兔子记者的提问，白兔的回答都是一样的。

图 4-1

第四年，还是白兔得到了冠军，兔子记者又去采访他。

"白兔先生，您如何每年都能获得冠军呢？外界的传闻很多，有的说您有一个祖传的秘方，吃了以后耐力特别好；有的说您的腿动过手术，和一般兔子的腿都不一样。"

白兔笑了笑，回答说："今年是我最后一次参加比赛了，所以我想是公布我的秘密的时候了。哈哈，其实我得冠军的道理非常简单，比赛之前我会仔细观察每个地方的地形，记住什么地方有一棵树，什么地方有一个小土包，而且在每个地方都做一个标记。在赛跑的时候，我就想：快跑，快跑，到了下面的小土包就是冠军了；过了小土包后我就想下一棵树。每到一个做了标记的地方，我都会这样想。快跑不动的时候，我就想，后面有一只大灰狼在追我，快跑，快跑，到下一个标记处它就追不上了。就这样，我每年都得冠军啦。"

"原来是这样呀，好像很简单嘛！怪不得您总说您是依靠智慧获得冠军的。"兔子记者恍然大悟。

白兔为自己每个阶段都设置了目标，并且给自己精神动力，所以他成功了。

为什么经常满足不了订单

蔡顾问讲完故事，请台资企业的王总给大家讲讲他的烦恼。王总工作很忙，这是第一次参加聚会，还带来了他公司的科长张小姐。蔡顾问刚把故事讲完，他就迫不及待地发言了。

"大家好，我们厂是生产玩具零配件的企业。厂子虽然只有400多人，却是该类产品世界第二大的企业，第一大是一家日本公司。我们厂有22年的历史，前20年都是在台湾生产。全球稍有些名气的玩具企业没有不知道我们公司的，因此我们从来不缺订单。但我们现在的问题是满足不了订

单,常常出问题。"

王总的话一下子吸引了大家的注意,纷纷请他详细谈谈企业的情况。

这个企业由刘先生夫妇22年前在台湾创建,从家庭作坊开始起家。由于做工细、质量高、品种全、服务好,深得客户欢迎。而且公司专注于做高档玩具的零配件,不做玩具、不经销玩具、不开商店,只向全世界的大玩具企业和经销商供货。企业业务量越做越大,一直做到全球知名的第二大公司。

5年前,刘先生开始在大陆设厂,为降低成本,两年前把台湾的生产部分也全部搬到了深圳,商务部分还留在台湾。深圳厂子的前3年是原台湾厂的一个年轻人当厂长干起来的,后来他自己创业去了。刘先生夫妇就选定台湾厂的副厂长作为大陆厂的接班人,并准备把股份逐渐转让给他,自己到美国定居。"9·11"事件以后刘先生打消了这个念头,以76岁的高龄带着夫人来到了深圳准备亲自做。但夫妇俩发现工厂的管理问题很严重,原来大陆厂拖延的订单,台湾厂可替补,现在台湾厂没有了,担子全压在大陆厂上,拖延订单、样不对货、色度差别、得罪小批量客户等问题愈来愈严重,他们只好换厂长。但在随后的1年时间内连续换了4任厂长仍然不行,刘先生只得亲自上阵,结果累得实在招架不住了,不得不把内弟王总从菲律宾招回来当总经理。

"你们厂管理状况怎么样?"蔡顾问问。

"我们厂的管理可以说是很好的,你想想,在台湾20年的办厂经验,各项规章制度、各种流程一应俱全。有些部分可能不适应现在的条件,但应该比其他企业好多了。常有电话问我们做不做ISO9000,我想我们企业的标准是行业领头的,同类企业都千方百计向我们学习,你ISO9000对我只能算是小儿科。我是硅谷出身,讲管理谈理念我精通得很。我前面有一任厂长,花了3个月训练员工纪律性,吃饭、外出、熄灯、早会等管理制度,做得非常到位,你到我们饭堂一看就知道,员工吃饭时桌面一直保持得干干净净的,不会浪费一粒粮食。"

"你们台湾的经验是怎么植入大陆企业的?"姜老师问。

"你知道,台湾的人力成本很高,我们每次派台湾厂的人来三五天,上课、手把手教、研究技术问题、一起装卸模具等,我们的模具也是一流的。"

"你认为问题在哪里呢?"有人问。

"员工素质低,都是农民。素质高的人不愿意到制造业工作,即使给特别津贴他们也不愿在这儿干多久。而且我试用了几个人,他们心不在焉,不能专心对待工作。再有就是管理文化的差异,我们在台湾干得好好的,到大陆就不行了。这里的人和我们不一样,台湾人兢兢业业,他们知道年底老板会给一个大红包,这里的人是拿到手了才相信有红包。来大陆以前我在菲律宾当厂长,和这里一样的工资,员工都是大学生,很好管的。在那里我有一个很好的人力资源经理,美国的 MBA 呢,我交代的事她理解很快,也能很快办好,所以企业一直运转很好。我建议刘先生到菲律宾建厂,我给阿罗约写过提高菲律宾竞争力的报告,以后菲律宾肯定更具优势。现在我想我们需要一个 HR(人力资源)经理,可是找不到,所以参加你们俱乐部,想认识些人,请你们帮忙。有些问题你们可以问张小姐。"

"你们厂员工待遇怎么样?"蔡顾问问张小姐。

"应该还可以吧。工资基本固定,表现好年年加工资,吃住免费,有保险,有加班费,正常假日都休息,年底公司根据效益好坏还有红包。人员流动率也不大,我觉得还好啦。上次我们一个干了3年的保安辞工回家结婚,刘老板给了他红包,在送行宴上他还哭了,说要不是他父亲在家乡给他报名招了工,才不愿回去呢。我认为我们的问题是整体性的,一环扣一环。虽然每个人都有岗位职责，可是一个环节出了问题，其他环节都有借口，所以我们常常延误订单，现在还好点，过去延误一两个月是常事。"

"你们有没有考核，有什么奖金？"姜老师问。

"我们接的订单多种多样，相应工作比较凌乱，考核不具体，一般是考能力、知识、技能等，也没坚持执行。我们有满勤奖、技术奖、优秀奖，还有总经理特别奖。"

"王总，你上任后做了哪些管理改革？"姜老师问。

"我把包装部归入张小姐的业务科。以前接的订单，都是她与客户接洽，确定样式、交货时间等，她再传递下去，但最后包装部发的货总是出问题。当然客户常在时间、样式上变化也是原因之一。出了问题客户找她，我也找她，她就直哭鼻子，怨包装部发货没搞对，包装部埋怨库房和制造问题。现在我把包装部放在业务科内，由张小姐直管，问题就少多了。接下来我想把采购部放到制造科里面，因为制造科交不出货总是埋怨采购的材料不好，让他左挑右选的耽误事。"

姜老师说："王总，你实际已经找到问题所在了。员工素质低并不是问题，即便是刚洗脚进城的农民，你不是已经把他们培训成为整洁守纪的工人了吗？大陆人若比较浮躁，只相信眼前的东西，那你就要针对这种情况改变管理，及时给予奖励呀。奖励依据应该是对工作的贡献。你们没有把对工作责任和工作成果的要求落实，采购部可以不按时提交合格的原料，包装部在发货前可以不仔细看已改变的订单。出了问题他们照样拿工资，所以他们并不真正关心你要的结果。张小姐因为直接面对你和客户，承担了大量客户埋怨和你对她训斥的压力，所以为工作所急。你们的工资和奖金制度与直接工作成果不挂钩，他们延误工作后可以无关痛痒地推卸责任。"

王总眼睛一亮，豁然答道："对对，你是说我没有把我的压力传递到员工，他们没有工作目标。因为公司是否完成订单离他们的利益相差很远，工作责任与激励系统没有挂起钩来。哦，我知道了，目标管理，就是刚才兔子赛跑故事里说的目标、责任、自我激励、评价结果、奖励。对，目标管理在台湾开发的比较早，我们要导入目标管理！对，不能由台湾人导入，得要由大陆老师导入。"

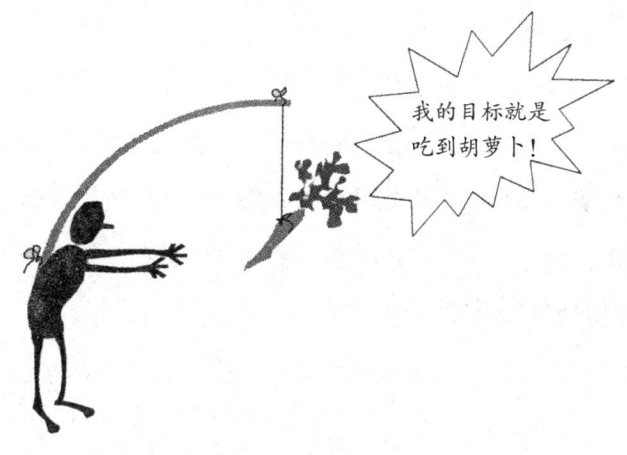

图 4-2

"哈哈哈，"蔡顾问笑起来了："你别急，这只是根据你所说的情况做出的初步判断。你了解情况，自己还可以深入分析，但我觉得把部门这样归来归去不是办法，你总不能让制造归业务，采购和设计归制造，最后由张小姐全管，这和你管有什么两样？"

因为有所准备，听完王总的故事，大家就开始谈自己所接触到的目标管理。

以成败论英雄是目标管理吗

"说到目标管理，我们公司领导也常在会上说：'我们要进行目标管理，以成败论英雄。'但我认为如果目标管理像我们公司应用得这么简单的话，说明它没有什么意义，况且实际上结果也不是很好。"一位中年人说。

"你们是怎么应用的?"蔡顾问问。

"上级每年给我们制订一个具体目标,最后要以完成的百分比来衡量我们的业绩,决定领导班子是否做得好。我们单位往往要求把目标订低一点,以便大家都能够多拿一点奖金。"

"那你们的下级呢?"蔡顾问问

"他们也一样,只要大家差不多就行了。这一点我知道,因为我就是从下面升上来的,可我估计总经理并不清楚。拿我过去的班组来说,我们这个月做多了,我就会藏一点,以便下个月以丰补歉。要是第三个月做多了,第四个月我们就有意少做点。"

图 4-3

"我去过我同学的煤矿,知道煤矿采煤工常常在月底的几天就不太干活了,以平衡产量。你们按质量百分比要求结果,也能这样吗?"有人问。

"是啊,我们订的质量目标是93%。如果我们这个月生产的质量达到98%,下个月就有意降低纯度,只达到90%,这样一综合是95%,我们还能拿奖金。"

"那你是说生产时有意加点杂质吗?"

"不能说得这么明,但现场人员会控制的。"

"哈,你这样的目标管理不等于是在阻碍生产力的发展吗?"蔡顾问说:"你这是结果管理,你们一级一级订目标,叫指令目标下达,不能称目标管理;目标管理是制订目标、过程管理、结果评估与反馈这一全过程的管理,制订目标是上下级以主动尽力实现高一层的目标为己任的,你们既没有制订目标这一环,也没有过程管理这一环,这哪能称得上是目标管理呀。"

把目标和过程放在一起考核是目标管理吗

"我们单位也说是做'目标管理',而且进行目标管理考核,把结果和过程结合起来,你看是不是真正的目标管理?这是我们的考核制度。"

......

第三条 目标管理体系分为工作目标和单项目标。工作目标在年初统一下达,单项目标是根据工作需要临时下达的单项工作目标。

一、综合考评(30分)

1. 积极参加政治、业务学习(缺一次扣2分)。

2. 严格遵守各项制度,做到不迟到、不早退(一次扣2分);有事请假(每天扣1分)。

3. 着装整洁,礼貌待人(客户反映一次扣5分)。

4. 团结同事,发扬协助友爱精神(发生不团结现象扣5分;好人好事每次加2~5分)。

二、工作职责及考评（70分）

（一）综合组

1. 负责管理分局力量调配和中心工作的统筹安排。（10分）

2. 组织好政治学习、业务学习，做好创建文明单位规划，不断提高干部及员工综合素质。（5分）

……

（三）检查组

1. 完成分局下达的检查计划，及时向综合组汇报检查情况，经管理分局合议后，负责出具检查报告。（20分，差错一户扣2分）

2. 各××专项检查并出具检查报告。（5分）

3. 企业漏管工作，及时催缴欠税、滞纳金、罚款。（10分，一户加2分）

4. 按季分析、归纳典型案例。（5分，一户加2分）

……

蔡顾问评价说："这是把目标及实现过程放在一起考评。虽然为了获得优秀的考核分，迫使各组加强过程管理，但也不能说是目标管理。目标管理是对目标实现过程进行管理，过程中激发工作者自愿工作的动力并贯穿始终，对结果进行考评。这只能是一般意义的工作考核，你们把目标管理的范围扩得太大了。"

关键绩效指标（KPI）体系是目标管理吗

"我们公司也在进行目标管理，这是我部门的关键绩效指标（KPI），我们用鱼骨图将战略目标分解，建立每一层级的KPI指标，我们称量化目标管理，我认为这才是真正的目标管理。你们看我部门的KPI。"

表 4-1　××公司××部门 KPI 表

KPI 名称	KPI 定义	负责人	考核周期
目标管理绩效考核推进	对我部目标管理绩效考核模式的推进程度评估	A	年度
合理化建议处理及时性	及时处理的合理化建议数与合理化建议总数的比率	B	月度
人均合理化建议数	合理化建议总数与我部总人数的比率	C	季度
QCC 成果数	QCC 活动的成果数量	D	季度
有效职位 KPI 覆盖率	已建 KPI 指标的有效职位数与有效职位总数的比率	E	季度
ISO9000 审核平均不合格项数（维护）	我部已建 ISO9000 体系审核（包括内审和外审）的不合格项数与审核次数的比率	F	年度
员工达到任职资格比例	我部员工达到目标任职资格人数与员工总人数的比率	G	年度
学习组织有效性	对组织我部员工进行各种形式学习情况的评估	H	年度
……	……		

"那你们是如何进行 KPI 管理和考核的呢？"有人问。

"我们公司员工素质高、管理基础好。整个公司都 KPI 化以后，每一级领导从 KPI 数据中就可判断企业经营得怎么样，哪些地方落后了需要支持或采取措施补救，由此形成一套监控管理体系。我们的考核方式是：考核初期上下级相互协商制订的 KPI 值与考核期时根据事实统计的数值相比计分。分值出来了，部门还要说明为什么分值升高或降低了。"

姜老师对他们的"量化目标管理"进行了评价："每一个 KPI 单独拿出来进行如你所说的操作，可以是目标管理。但是，这个部门有十几项指标，各指标的数据报出期不一样，它是一个组织的经营绩效各个方面的测度。它反映基础性管理数据，如合理化建议方面、QCC 成果数、ISO 审核、员工任职资格达标比例、员工学习等，可以说是组织运营的过程指标。若没有将具体完整的工作任务进行管理、推进和控制，它就不是严格意义上

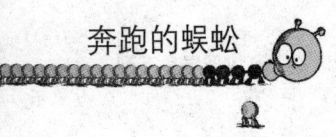

的目标管理。因为它常常是多方面分散工作形成的结果，达不到有针对性激励特定工作者的目的，达不到真正目标管理要求他们参与KPI管理及负责的程度。

"KPI本身是根据组织发展需要而分解下来的，并不完全与工作任务对应，所以它的考核也是对众多指标进行分配权重考核后计算总分。这样对于某一指标，对它进行目标管理的成分就很小。我认为一个组织或一个人在一定时期内采用目标管理的目标不宜过多，最好3个左右，否则你不可能完全按目标管理的意义进行操作，即便操作了，也不会有好的效果。"

"姜老师，你能不能举个例子说明确点，我有点听不懂。"小唐问。

"打个比方，你如果对一个销售工作制订的KPI是收入、利润、回款3项。按目标管理，这个销售可能就是一个完整的工作任务，你所采取的每一个措施都对3个KPI结果值有影响，最终形成考核期的3个KPI结果，它是一个目标管理工作的结果值。可是按KPI体系，它是观察3个指标独立的变化，若说它是目标管理，就是说3个负责人，或1个负责人，管理3个KPI，进行3个目标管理，却是采用同一条措施在管理，这就没有意义了。但是如果3个KPI互不相关，或者我只关注于单个KPI对它进行管理，可能就是采取目标管理的工作方式。"

"你说得对，我们应该是KPI体系的管理方式，而不是完全的目标管理。"

只对结果考核是目标管理吗

"听姜老师这么说，我们公司是在进行目标管理了。我们公司销售A产品，我经过多年的经验总结，又请教一些专家顾问，现在采取了这种管理方法。"

"月初，我同上级商定大目标，以及与每个业务员制订工作小目标。

当然大目标是在与业务员商讨，摸清了可能的小目标后与上级讨价还价制订出来的。我同业务员制订小目标的过程也要费一番周折。我先得讲明形势与公司的大目标，请他提出他的小目标，一般来说他提的数值都比较小，我要想方设法让他增加。这时他就会提出要求，什么要提供车啦、要我出面啦、要增加招待费啦，我会根据情况给他分析什么是必要的，哪些事我可支持等，最后达成一致。

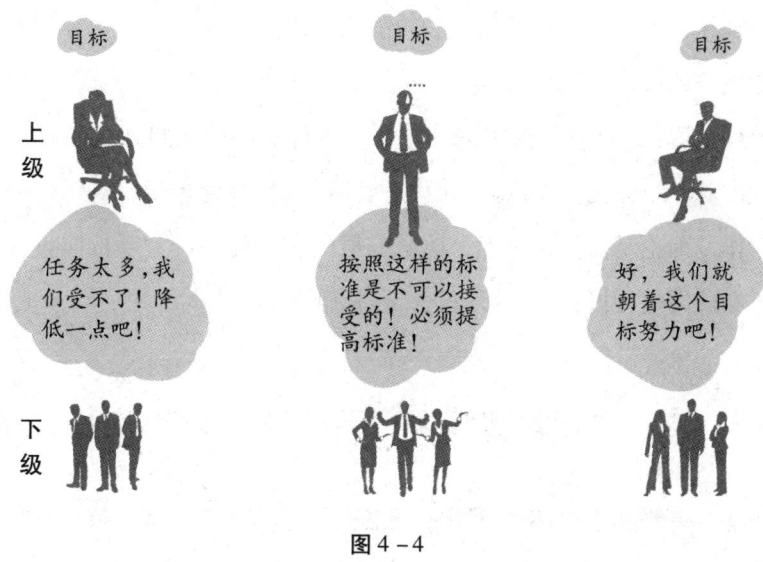

图 4-4

"接下来业务员就要做工作计划，比如拜访几个新客户、请哪几个客户来参观等。这时我简单提一下对他们计划的看法，但是怎么做还是由他自己决定，同时我记下他们可能有困难的地方。订目标做计划通常在两三天内完成，然后各业务员就忙着去争取订单了。这时我要不时地注意每个业务员工作的进度，研究他们可能碰到的困难，该支持他时我会放弃休息和他们一起工作。他们的奖金与落实的订单量直接挂钩，不用我去算。但月底我要与他们每个人沟通一下，一是一起研究得失、总结经验，给他们指导指导，也听他们的反省；二是掌握信息预测下个月的目标，以便我同我的上级制定下个月的计划。"

"你这可以说是一个真正完整的目标管理。"蔡顾问说。

"嗨,你可真神了,自己做着做着就做到目标管理上去了。"大柱说。

"那对于行政管理工作怎么做目标管理?"小王问。

丁总说:"我们公司是这么做的:对行政管理工作可将其分成两类,一是项目性工作,即有时间限制、讲究明确结果、完整独立的工作;二是程序性工作,即是按流程讲效率、正确性的工作。项目性工作可用目标管理进行操作,程序性工作只用一般的绩效管理进行操作,两者分别进行不同的考核与评价。"

蔡顾问说:"这是一个很好的方法,国外有些政府机构也这样实行目标管理。对了,你们不要以为经营企业才进行目标管理啊,对任何需要绩效的工作,无论是流程、过程,还是分散的多个任务,只要按照目标管理的思想和规则进行操作,都可以进行目标管理。"

目标管理练习,谁该签这个字

田老、老张和小白都来自同一个工程公司,职务分别是董事长、总经理、项目经理。他们凑在一起正商量着回去以后怎样进行目标管理,蔡顾问看见了,叫他们向大家介绍一下"开小会的内容"。

原来他们公司正要进行深圳地铁一个工程段的投标,前面已经投过两个标,都是因为差一点而功亏一篑。地铁投标对同一工程段有技术标和经济标两份标书,只有两份标书在竞争者的评比中都名列第一,才有把握中标。他们第一次投标时,两份标书都列第二名;第二次投标请了上海设计院的刘高工把关,结果技术标得了第一,经济标得了第三。这次要是再中不了,他们今年的日子可就难过了,所以大家都很着急,商讨回去后如何实行目标管理,一定要把这一标拿下来。

蔡顾问说:"工程单位实行目标管理最合适。你们正好是上下级,既然想要进行目标管理,还不如在这儿给大家演练一下制订目标的过程,大家说好不好啊?"

"好!"大家不由分说地鼓掌欢迎。

田老示意老张和小白开始演练,两人不再犹豫,面对面开始实战了。

"你知道我们现在的状况,"老张首先发话:"去年我们一直在休整,今年机会来了,但我们争取了两次都没有争取上。又快到年底了,这次再不中标,我也没办法保你了。"

"是啊,我们这次是破釜沉舟了。"小白沉重的口气把大家都带入了他们企业的经营环境中:"上次投标我采纳了刘高工的意见,把技术做得太精了,增加了成本。"

"这次我请北京设计院的苏高工给咱们把技术关。苏高工参加过香港、澳门的地铁和填海工程,去年才退休。我可是花了大价钱的哟,我相信他肯定能帮助你。"

"昨天我见了苏高工,我相信他能够给我们帮助。他说采用 BCP 技术能够降低成本,不知咱们能不能买这方面的设备,送人去培训?"

"这个我要请示董事长,你知道我们花的钱够多了,前两次组织投标就用了 50 万,这次还要 30 万。去年到现在我们一直亏损,董事长能不能批保不准,但我尽量争取。"

"还有一点,我们这次要在收集信息上花点钱,包括评委们的技术偏好这样的信息。如果他们也认为 BCP 是可靠的技术,咱们就非得上 BCP 不可。"

"对,这个我已经做了安排。另外我会向董事长请示能否少赚点,采用成本倒推法中的底线界定法,先把工程接下来,我们再挖潜节约。这是个品牌工程,做成了地铁就等于进入了这个行业,以后再接各类工程都会容易的。"

"对,对,要把经济标的价格降下来,这方面请张总和李会计认真核算一下,不要把一些设备的购置费摊进来,最好不要提那么多折旧。我们

图 4-5

把工程接下来是第一位的,利用这次机会我们以后还能再接大工程嘛。"

"好的,我与李会计商量一下,尽可能把报价降下来,争取经济标达到第一。怎么样,签一下目标责任状吧,中标后奖励你 10 万元,不中标扣你两个月工资。"

"扣我 1 年工资也对不起公司呀!但我还是不敢签,虽然技术决定经济,但上面说的内容,我心里也没有底,我不敢签。中不了标公司运转不了,我负担不起这个责任。"

老张这时转过脸笑着问:"蔡顾问,你看,我给他这么多支持,他照样不敢签目标责任状,目标管理在这里就行不通了。"

"好,大家一起思考一下,"蔡顾问拿起笔在白板上画起来:"我们看看决定中标要做的工作。做技术标书由小白负责,技术把关由苏高工负责,设备投入和减少利润由张总建议董事长决策,信息收集张总负责,降低成本

图 4-6

报价由张总和李会计负责。你们看能否中标,小白能不能负起责任来?"

"不行,不能负责!""不能签,这么多因素不由你把握,你怎么能签?"大家七嘴八舌地说。

"你们认为谁能负责,应该谁来签?"蔡顾问问。

大家讨论着,最后形成一致的声音:"张总负责,应该张总与董事长签!小白负责做标书!"

目标与权责范围

"目标是不是应该与权责范围有关系呢?"深圳某地产公司的老刘问。

"目标与权力是有关系的,权责范围越大,所负责的目标也就越综合。"姜老师说。

"现在的民营企业中,老板经常会有这样的问题。给你一个目标,却没有任何的决策权限,什么事情都是老板定的,但是经常拿结果考核下属。"老刘开始发感慨了。

"我们企业曾经试行过一段目标管理,我们公司是一家民营企业,下属有不少分公司,我负责给下属公司的老总制订目标的时候,就遇到了这样一个问题。

"我按照老板的要求,给下属公司老总制订了诸如销售额这样的目标,但是他们没有一个人接受的。我就去调研,原来大家都认为下属公司总经理虽然号称总经理,但是大小事情都是由集团老总签字的。再访谈一个管家公司的老总时,管家公司老总说连会所里面的烟灰缸平时要放在什么地方这样的问题集团老总都要过问,什么决定都是集团老总做出的,所以只要给集团老总一个人定目标就可以了,只能考核各分公司老总是否按照他所说的工作,他们不能对结果有任何的控制。

"这样的情况搞得我哭笑不得。"有人说。

"呵呵,这个问题经常会遇到。在运用目标管理的过程中,上级应该考虑下属的责任和权力问题,否则,目标管理很难推行下去。"蔡顾问说。

姜老师开始总结了。

究竟应该怎样进行目标管理?

要成功实施目标管理,我认为下列条件是必需的。

1. 上下级员工必须有一个良好的思想基础

上下级就是管理者与被管理者,除了企业范围的最高领导与最基层员工外,大部分员工都具有上级和下级的两重性。

对上级来说,要善于提出下级认同的愿景,设定明确的目标,它能让下级觉得工作有意义,这是成功的灯塔;还要有放权的思想,允许下级多实践,自主控制工作;并且上级要有毫不吝惜地帮助下级的思想,允许下级的工作能力超过自己。

对下级来说,最高境界是自我发展、奋斗的愿望与企业的愿景统一,这样下级就能想企业所想、做企业所做,成为为企业献身的企业人。退一

第四章 目标管理——可以层层负责到位

图 4-7

步说，下级没有那么远大高尚的理想，但愿意服从企业的需要，享受完成工作的成就感也行；或者干脆就是为报酬而工作，达到一定成果就有一定的收获。这是下级主动工作的动力之源。

2. 目标管理中的目标有其独特的意义

（1）目标必须是上下级员工一致认同的

很多人说这非常难，但如果有前面领导与员工的思想行为基础就能够做到。我在不少企业推行过目标管理。当每一个目标都是上下一致认同时，目标体系就建立起来了，形成全员目标管理，企业的目标就一定能够实现。

（2）目标必须符合 SMART 原则

目标的 SMART 原则为：Specific，具体的，目标必须尽可能具体，缩小范围；Measurable，可衡量的，目标达到与否尽可能有可衡量标准和尺度；Attainable，可达到的，目标设定必须是通过努力可达到；Relevant，相

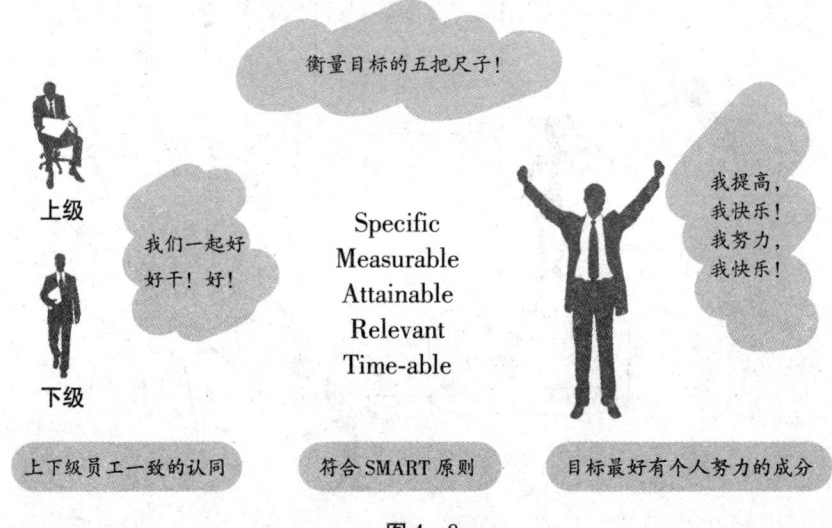

图 4-8

关的，尽可能体现其客观要求与其他任务的关联性；Time-able，以时间为基础的，计划目标的完成程度必须与时间相关联。

人们常说的目标，同时有两个含义：一是一般意义的目标，就是要做成什么事，只能是愿望而已，它不是目标管理的目标；二是对做成这个事有准确的定义和完成时间限制，也就是符合SMART原则的目标。

(3) 目标最好有个人努力的成分

个人有收益包括个人学习知识、训练技能、克服困难、改正错误，等等。让目标管理的应用者自身在工作中有所提高，符合其个人发展方向和个人需要的成果，或者是让个人觉得争了一口"气"。这样也是增强个人的工作动力。

(4) 目标最好存在于一项完整的工作任务中

这样工作者可将工作努力集中在一件事情上，便于完成目标。

(5) 目标越少越好

让目标集中,这样可以集中精力,解决一个完整的事,哪怕这个目标再进行多项分解。比如对一个公司,一项 EVA 就可代替收入、利润、回收率等多个指标;对生产为中心的制造业,一个单位产品成本就可以替代产量、劳动生产率、费用等多项指标。

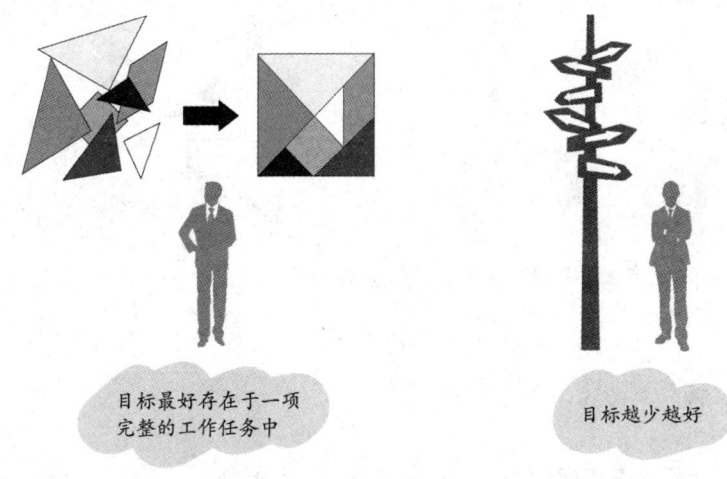

图 4-9

3. 必须有目标过程管理

目标过程管理步骤如下所示。

(1) 在行动开始前列出方案和措施

它催促你认真思考,做个规划并告知上级,以便上级在你开始做计划时就进行辅导。但你自己对结果负责,也就是说工作计划的好坏及执行结果由你自己负责。

(2) 上级必须让下级分担责任和进行授权

这样能够使下属有信心设定目标并自我实现,同时创造机会让他对工

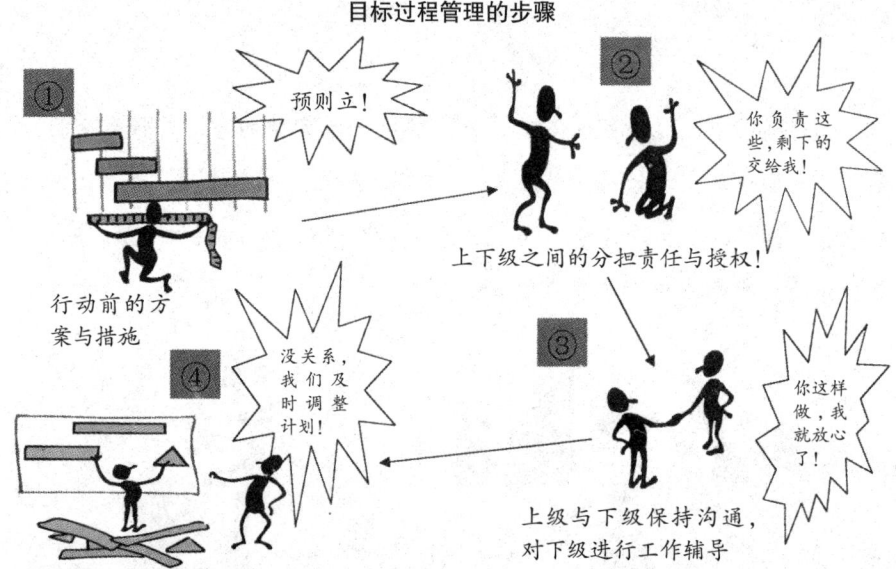

图 4-10

作自主控制,激发其工作的能动性。

(3) 上级与下级保持沟通,对下级进行工作辅导

上级必须时刻保持与下级的沟通,进行工作辅导。沟通能掌握工作过程中的经验和困难,辅导使工作始终朝向正确的方向发展,也使下级的工作能力和知识在工作中不断提高,使他们更愿意也更有信心投身于工作中。

(4) 若遇情况变化,需要调整计划与目标值,向上级请示

如果工作有需要变化,不能按时按质达到目标设定的结果,需要立即向上级汇报,必要时调整目标。

4. 必须对目标管理的结果进行评估

(1) 在制订目标时就定下奖惩激励

有利益的承诺是完整实施目标管理的又一个关键。不能只有工作责

任，还要有利益分配措施。

(2) 以结果对照设定目标进行评估，考虑到复杂性、努力性

目标管理的工作是需要发挥工作者的主动性去完成的。这里面有很大的自由度，所以必须对其过程中的复杂性、个人的努力程度进行评估，给出一个正确的说法，才能够使结果更公平、公正。

(3) 必须及时兑现，才能激励

对目标管理成果的奖惩必须及时兑现，将激励发挥得恰到好处。

(4) 评估结果反馈

反馈不是仅看结果值，而且要上下级一起总结成功与失误，总结对工作的掌控技巧，要抱着学习提高的心态进行。

5. 目标管理的优点

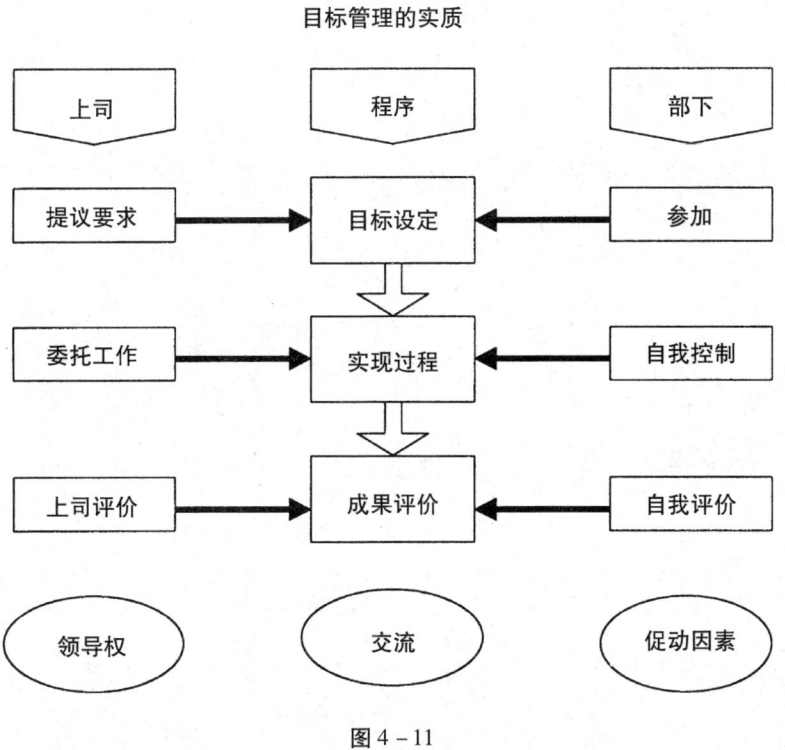

图 4-11

(1) 可以促进完成目标

目标管理在设定目标时就已下定了决心要完成它，所以一般目标确定了就意味着能够完成。

(2) 激发自我动力

目标管理可以激发工作者的热情，发挥其最大潜力。

(3) 促进上下级沟通

在目标设定、目标过程管理、目标评估中都有大量的上下级沟通，因此它创造了沟通机会，也促进了沟通效果。

(4) 充分自我控制

目标管理需要上级放权，下级自我决定完成方法，对结果检查，因此锻炼了工作者自我掌控工作的能力。

(5) 建立系统目标

目标管理是上下级一起进行的，整个企业进行目标管理，一级一级设立目标，即建立了企业的目标体系。

第五章　短板管理——快速提高业绩

蜈蚣为什么跑不起来

森林里举行竞走比赛，很多动物都报了名，参加比赛的有兔子、鹿、大象……蚂蚁看见走兽都参加了比赛，于是组织爬虫们开会，也想推举一个代表参加比赛。爬虫比走兽体积小得多，获胜的可能性基本上没有。但不管是否能取得胜利，参与就代表爬虫在森林中有一席之地。最后，大家一致推选蜈蚣作为爬虫的代表参加比赛，因为蜈蚣的腿是爬虫中最多的。

蜈蚣自从被推选为代表后，压力非常大，因为他不想辜负爬虫们的信任。他每天早早地起来练习竞走，练得虽然勤奋，可长进却不大。

蚂蚁看见蜈蚣天天练习，却没有多大长进，也跟着着急。一天，蚂蚁出主意说："蜈蚣大哥，你不用天天练竞走，不如去健身房练练腿部力量吧，也许对你更有好处。"

图 5-1

奔跑的蜈蚣

蜈蚣接受了蚂蚁的建议，开始去健身房锻炼腿部力量。由于蜈蚣的腿很多，没办法一次全部练习，每次只能练其中的几条腿，日子长了，蜈蚣也不记得到底哪条腿练过，哪条腿没有练过，但锻炼始终继续着。

蜈蚣觉得腿部力量练得差不多了，又开始练习竞走。本来以为自己的腿经过长时间的锻炼，成绩会有很大的提高，但是竞走的成绩不但没有提高，反而退步了。这下可把蜈蚣急坏了，赶忙召集爬虫们分析原因。大家你一言我一语，有的责怪蚂蚁乱出主意，有的说干脆放弃比赛算了，有的说蜈蚣本来就不适合代表爬虫去比赛，说什么的都有，蜈蚣听了急得满头冒汗。

螳螂在爬虫中属于最冷静的，他对蜈蚣说："蜈蚣大哥，先别着急，你走几步让我看看，我来帮你分析分析。"

蜈蚣走了几步。

大家仔细一看，发现蜈蚣今天走路的样子怪怪的，和以前很不一样。再仔细一看，原来有些腿走得快，有些腿走得慢，走得慢的腿会经常妨碍走得快的腿，这样，不但走不快，反而比以前走得还慢。

螳螂说："蜈蚣呀，你练腿部力量的时候，是不是没有注意均衡地安排练习，有些腿经常练，而有些腿没有练。"

蜈蚣说："我不知道，反正这一段时间我天天锻炼腿部力量，我的腿这么多，我也记不住哪条腿练了，哪条腿没有练。这下坏了，怎么办呀？"

螳螂说："时间还来得及，别着急，我有办法。"

螳螂在蜈蚣每条腿上都贴上一个标签，每个标签上都有号码。

蜈蚣继续走，螳螂在旁边看，看哪条腿走得快，哪条腿走得慢，然后记录下来，为蜈蚣安排训练计划。主要锻炼那些走得慢的腿，每隔一段时间，就重新考评一下腿的快慢情况，重新安排训练。这样反复几个阶段以后，蜈蚣的每条腿都得到了均衡的训练。

经过系统训练后，蜈蚣成绩比以前有了很大提高。

比赛开始了，蜈蚣参加了竞走比赛，最后的成绩相当不错。

比赛结束后，大家都夸蜈蚣为爬虫们争了光，蜈蚣说："别谢我，要是没有螳螂兄弟出主意，我还真不知道怎么办才好呢？"

螳螂说："哪里哪里，我也没有什么，我只是遵从基本的规律罢了，其实这个规律谁都知道，只是很多时候运用得不够好罢了。"

螳螂遵循的到底是一条什么样的规律呢？

找到工作中的短板

大家静静地听完蔡老师的故事，李总感叹道："蜈蚣刚开始练习的时候，没有抓住要领。要想跑得快，只有几条腿跑得快是不行的。这方面我真是深有感触啊。

"我的公司以前也存在这样的问题，创业初期，公司很小，也没有几个人。我自己又是跑销售，又是组织货源，头一两年虽然忙，却没有感到有什么大的问题，销售额蒸蒸日上。随着销售额的提高，公司有了积累，也不可能光靠我一个人去操作，就增加了一些人手。有的专门负责市场，有的专门负责包装设计，有的负责准备货源。

"这时候，问题就出现了。不是包装出问题，就是销售出问题，总是不能按时交货，不能及时反映问题。我也疲于奔命，一会儿解决包装的问题，一会儿解决设计的问题，一会儿又要去和客户沟通。人手增加了不少，工作效率却没有多大的改善。我就像一个救火队员，忙了这头，就顾不了那头。

"前段时间，好不容易与浙江一家大的经销商接上了头，经过无数次现场考察、讨价还价，最终合同签了。没想到交货的时候，才发现包装设计有问题，不符合客户的要求。结果不但没有赚到钱，反而因为没有按时交货，赔了不少违约金。"

"的确是这样。"王经理说:"其实生活也有很多这样的问题存在。我上中学的时候,有一个同学想考飞行员,要知道飞行员对身体条件要求非常严格。他在高二的时候就开始准备了,还特地找来了飞行员的评价标准。分析了评价标准后,他发现自己的文化课不够,开始恶补文化课。过了一段时间,觉得文化课没有多大问题了,又开始加强自己的身体素质,天天跑步,踢足球。眼看着各项标准都符合要求了,结果招考飞行员的时候,文化课是过了,身体检查却有一项出了问题。由于经常踢足球,右脚踢球,左脚作为支撑,时间长了,左腿就比右腿粗了。就是因为这个项目不合格,没有考上飞行员。后来,他上了大学,在学校里也经常踢球,还老和我们开玩笑说,现在是用两条腿踢球了。"

图 5-2

"其实,无论是蜈蚣竞走或者李总的公司都遵循着一个规律。这个规律就是我们常常说的短板原理,也就是木桶原理:木桶里能装多少水取决于木桶上最短的那块木板。

"这么说来,我钓鱼也存在这个问题。我经常去东湖水库钓鱼,刚开始的时候,每天只能钓到一两条鱼。请教高人,说是鱼具不好。我换了鱼具,果然,能多钓几条了,但还是觉得有差距。再请教钓鱼协会的人,说我使用的鱼饵有问题,我就换糠和香油做成的鱼饵,果然有效;但我觉得还得提高,他们建议我更改鱼线和浮标的比例,果然不错……"陈总津津乐道地讲着自己钓鱼的故事。

顾此失彼的分销渠道改造

林经理说:"其实小到个人的发展、公司运作,大到国家、社会都遵循着这样的规律。前几天看到一个案例,与大家分享一下。"

案例

L 公司是中山一家制造装饰材料用品的公司。公司有将近 10 年的历史,销售额也从最初的几百元发展到现在的 4 亿元。L 公司不满足现状,决定对自己的分销渠道进行改革。

L 公司以前一直是通过一级经销商、二级经销商、零售商进行销售的。经过调查研究发现,由于对经销商监控不力,公司的销售政策很难落实。比如公司促销用品的发放往往被经销商截留;公司的让利政策也很难落实到零售商,终端对公司的忠诚度很低。同时,竞争对手已经越过了经销商,直接对终端进行销售,公司的市场份额受到了威胁。因此 L 公司决定越过经销商,直接在主要城市成立办事处,由办事处对终端进行销售。

经过紧锣密鼓的准备,办事处是成立起来了。但是,新的问题又出现了。

原来,L 公司的产品结构比较单一,办事处虽然能够直接对终端进行销售,但覆盖面始终有限,产生的毛利根本无法维持办事处人员、物流配

送所需的成本。而以前的经销商除了销售L公司产品外，同时还销售其他公司的很多产品，所以经销商有利润可赚。L公司经过多次开会讨论，决定丰富公司的产品线。但是短时间内是无法组织生产更多新产品的，最后决定采取贴牌生产的方式组织货源。贴牌生产，需要选择产品，论证市场，选择OEM厂商，管理贴牌厂商等一系列步骤。这个过程花费了将近大半年的时间，在这大半年的时间内，这些办事处还需要维持运作，结果是大面积亏损。

后来，新产品面市，问题得到了缓解。虽然办事处基本上能够盈亏平衡，但业绩依然不是很好。L公司又对市场进行一系列的调查研究，发现由于公司采取OEM方式进行生产，产品毛利普遍偏低，而且零售市场无法很好消化公司丰富的产品。

这时，政府出台了新的政策，规定建筑开发商以后不准建毛坯房。也就是说，房屋必须进行了一定的装修后，才能进行销售。L公司马上发现了新的商机，决定成立大客户服务部，直接对建筑承包商进行销售。

大客户服务部成立起来了，新的问题又随之而来。由于建筑承包商的建设周期都比较长，所以建筑承包商都会有比较长的还款周期。而L公司以前一直采取现款现货的销售模式，公司的资金压力很小。对建筑承包商进行直销后，公司的流动资金出现了很大的压力。一时间，原材料供应商、OEM厂商经常来公司要账。公司这才忙着去银行融资。银行的资金也解决不了根本问题，又忙着转让股权。结果大客户的工作不但没有做好，还影响了公司的正常业务，信誉也受到了影响。

"L公司及时调整公司的销售渠道，按说应该是正确的。但是没有考虑到经销商的产品结构和自己的产品结构不同，想通过办事处代替经销商，其结果当然是不能达到目的，第一块'短板'就是L公司的产品结构。后来通过贴牌生产丰富自己的产品线是一种解决方式。但是丰富了产品线后,尤其是采取贴牌生产后,产品的利润变薄,零售市场无法消化其丰富的产品,这是第二块'短板'。后来又想通过建筑承包商消化产品,但是没有考虑到建筑承包商对还款的要求,导致公司的流动资金短缺,这是第三块'短板'。L公司没有解决好这几块'短板',企业的绩效当然受到了影响。"林经理总结说。

"是呀,我们在管理中只有明确了什么是'短板'之后,才能有的放矢,我们的工作才能有意义。我的企业也在推行绩效管理,也制订了各种各样的考核指标,但是仔细想想,这些管理是否有效?指标与指标之间的逻辑关系是什么呢?很难得到一个很圆满的答复。指标有很多,到底选择什么样的指标?这些都需要一个明确的指导思想。以前我们就像是蜈蚣锻炼腿部力量一样,也不知道究竟该练哪条腿,练了以后有什么用。今天听了大家的话后,我觉得绩效管理的一项重要内容是寻找瓶颈,对瓶颈进行短板管理,这样才能不断提高企业的绩效。"李总感叹道。

"对,不光是具体的工作,思想认识上也同样存在短板。我的思路是非常活跃的,我对工作、对公司未来的发展以及公司的业务都有非常多想法。但是我的经理们却无法真正理解。他们说我是火车头,他们是车厢,火车头虽然跑得快,但火车头与车厢之间是脱节的。依我看,公司中层干部的思想认识与战略意识就是我们公司的短板。"陈总想起了自己的苦恼。

那么,怎样解决这些问题呢?如何通过对"短板"的提升来提高整体绩效呢?

不断寻找,不断解决

"对'短板'进行短板管理,是绩效管理的一个重要手段。我以前曾经在一个日本公司的制造部门工作过,担任日本经理B的助手。B上任后

也面临着很多的问题,他采取了一系列的措施,使制造部的绩效提高了很多,我给大家简单地介绍一下。"蔡顾问说。

A公司是日本某大型化工公司,近几年A的主要顾客纷纷在中国投资,A公司也随着总公司的客户一起来到深圳投资办厂。A公司是个典型的来料加工型企业,主要为一些大的日本公司生产配套的塑料配件。公司虽然效益不错,但管理上也存在着各种问题。客户对A公司有很多怨言,要求A公司有效地降低成本,提高产品质量。这一年,为加强公司的管理,日本总公司派来了一批经理。

公司当年对制造部提出了目标,制造部当年最主要的工作目标是"NG"为0,即次品为0。B是制造部门的经理,为了达到这个目标,他进行了一系列改革。

熟练工人少,是短板

B经理来之前,班组长、工人的工资都是采用计件工资制。计件工资导致很多问题,如:工人不愿意参加培训,因为培训时得不到任何报酬;劳动纪律非常涣散,工人很难管理;由于产品多,很多人不愿意生产操作难度高的产品;工人和班组长有时为了提高单位时间的产量,擅自更改工艺条件,加速生产周期,影响了设备的寿命,设备经常由于更改工艺条件而出故障。

B经过分析后发现现行的工资制度有问题,不愿意参加培训会导致无法产生大批的熟练工人,单纯追求产量使生产工具过度损耗。基于这个前提,他大幅度地改革了工人、班组长、股长的工资体系。B将工资制度改为:固定工资制度+绩效工资,班组长的绩效工资与班组工人的绩效工资挂钩;工人的绩效工资与工人的计划达成率、产品质量、5S三项指标挂钩；每个月进行评比，对连续两个月绩效无法达标的工人进行辞退处理。

刚开始的一段时间新制度起到了一定的作用，不良率下降了。但不久，次品又出现了，问题只是得到了一定的缓解，并没有得到彻底的改善，产品的质量也很不稳定，时好时坏。很多人因为承受不起这样的精神压力离开了公司。

模具故障与熟练工人少，是短板

B 的改革面临着挑战，因为既要完成公司的目标，又要调节公司与员工之间的关系。这次 B 没有急于动手，而是先进行了详细的观察与分析，并得出了两个结论。

①经过对产品的质量事故统计发现，由于公司是来料加工企业，注塑所使用的模具大多是客户所提供的，而这些模具当中，有一部分使用了两年以上，模具大多都修理过。修理的次数越多，质量事故的发生率就越多。

②公司处于珠江三角洲，工人的流动非常频繁，在公司服务超过两年的员工很少，也就是说，熟练工人非常少。

针对这两个特点，B 经理觉得马上要达到"NG"为 0 的目标是有困难的，只有尽量减少质量事故的发生，同时还要不引起大的人事震动。

B 经理先安排工作人员将经常出问题的模具整理出来，向模具维修部门提出申请，请技术部门设计修理方案，尽量减少因为模具事故而引起的质量事故。同时，对工人针对这些模具的操作进行培训。实施后，效果不错，质量事故发生率得到了明显的改善。

又过了一段时间，时常有班组长对 B 抱怨工人难管理。由于质量、工作效率与工人的业绩奖金挂钩，谁都不愿意去生产难度高的产品。班长在安排生产的时候，很多员工都有抵触情绪。虽然每个产品都有作业指导书，但工人的文化普遍偏低，作业指导书在现场无法起到应有的作用。

熟练工未发挥技能,是短板

B经过多次开会后,提出了新的措施。将现场工人分为两类:a类工人只考核5S,b类工人按照以前的方式考核计划完成率、质量、5S。a类工人由技术熟练、以往绩效好的员工组成,b类员工由普通工人组成。班组长在安排生产的时候,将难度高的产品交给a类工人操作。

同时,对作业指导书进行一定的改革。公司专门设置了一个新的岗位,这个岗位的职责就是将产品操作的注意事项由文字变成漫画。这样,即使文化程度低的工人也能很容易看明白了。实施3个月后,产品次品率大为降低。

熟练工责任心下降,是短板

这时又出现了新的问题,由于a类工人专门制造难度系数大的产品,质量考核不纳入考核体系。a类工人凭借自己的责任心与操作技术进行生产。时间一长,责任心难免下降,质量事故又增加了。b组工人对a组工人不考核质量的现状有些不满。

B根据出现的问题,及时调整政策,对a类员工进行了末位淘汰制度。每个月,a类员工的最后几名变为b类员工,b类员工绩效优秀的上升为a类员工。这一招很有效。B又及时出台了新政策,现场班组长的晋升全部从a类员工中提拔。各种配套措施实施后,虽然仍然无法达到"NG"为0,但现场的质量事故减少了很多。

姜老师说:"B经理的改革经过了几个阶段。第一阶段,发现工资制度有问题,工资制度导致熟练的工人数量不足,导致设备过度损耗。因此,进行了工资改革,加强了对员工的培训;第二阶段,发现质量事故很多是由于设备、生产工具的问题引起的,着手改善生产工具,减少事故发生的根源;第三阶段,B经理发现设备的改善是有限度的,而操作

图 5-3

熟练的工人可以大大降低产品的事故率,改由熟练工人制造困难产品,同时从利益上保障熟练工人;第四阶段,发现熟练工人由于缺乏必要的考核,责任感会降低,又及时出台了退出机制。同时,考虑到长时间从事同样的工作会丧失动力,为 a 类工人设置了上升通路。这个过程就是一个不断寻找工作中的短板,不断解决短板的过程。每解决一次短板,绩效就会提升一次。"

是短板就要进行管理吗

"短板一定要管理吗?我觉得有时候对于企业来说,短板不需要管理,因为资源是有限的,重点应该放在扬长上。"李总说。

"扬长避短嘛,这个问题还需要讨论吗?"大柱说。

"这个问题提得很好,因为资源是有限的,有时候扬长了,就没有办法避短,避短了,就没有办法扬长。"姜老师说。

"嗯,我觉得到底是扬长还是避短要看这个短是不是致命的,如果是致命的,就需要去解决。"蔡顾问开始讲故事了。

韩非子的短与长

战国时期,法家著名的代表人是韩非。韩非最大的特长是写作,一生留下了数十万字的文献,现在看来,依然不过时。尤其是一些讲沟通的文章,其中最有代表性的是"说难"。其中有一段是:"凡说之难:非吾知之有以说之之难也,又非吾辩之能明吾意之难也,又非吾敢横失而能尽之难也。凡说之难:在知所说之心,可以吾说当之。"

"所说出于为名高者也,而说之以厚利,则见下节而遇卑贱,必弃远矣。所说出于厚利者也,而说之以名高,则见无心而远事情,必不收矣。所说阴为厚利而显为名高者也,而说之以名高,则阳收其身而实疏之;说之以厚利,则阴用其言显弃其身矣。此不可不察也。"

韩非对于沟通是有独到的见解的,但是,沟通正好是韩非的"短板",虽然他能舞文弄墨,但是韩非有口吃的毛病。

那么口吃对韩非来说是否是致命的呢?从韩非的历史看,作为周旋于帝王之间的幕僚,口吃对韩非来说是致命的。首先韩王不喜欢韩非,接着秦王又冷落韩非,韩非最后被李斯害死在秦国的监狱里面。

如果韩非只想做一个作家,口吃自然不是致命的,但是作为一个帝王身边的幕僚,口吃就是致命的。

第五章 短板管理——快速提高业绩

前程无忧老板的故事

现实中我们发现很多人并不一定去弥补自己的短板。中国有一个很大的招聘网站叫"前程无忧",它的老板大学毕业后在惠普工作了两年,做了两年的销售。从惠普出来的时候,他就想在10年之内快速地成功,但他发现自己有两个缺点:第一没有海外的学历,学历不够高;第二没有海外的工作经验。所以他决定先去弥补自己海外学历这块儿短板,这对于他的发展是关键的。但在弥补这一短板的过程中,他又遇见了一个难题。我们知道一般香港人的英语会很好,但是他选择的商学院是法国商学院,学制只要1年,因为他想尽快毕业。但这家商学院需要用法语来面试,这时他就面临一个问题,要不然他就学两年法语,再去参加这个法语面试,要不然就上一个英语商学院两年也能毕业,这样都能实现他的目标。为了在1年内就能毕业,他就想了一个办法,他认为自己法语虽然不好,但这不是最重要的影响因素。他事先打听好老师面试一般会问什么问题,然后找几个法语高手写了好几个段子,每一段都有半个小时针对老师问题来回答。这两三个月不干别的,就背这几段内容。结果很幸运,老师一面试问的问题正好是他准备的内容,他就一气呵成做了半个小时的演讲。因为每个人的面试只有半个小时,老师根本没有时间来问他第二个问题,这样他就通过了。所以他如果单纯去弥补法语这块儿的语言能力,短板资源就会降下来很多。

"这样看来,到底要不要管理短板要看具体情况了?"李总问。

"对,主要是看这个短板是否是致命的。"姜老师说。

XGJ是华南地区最大的内衣连锁店。公司成立6年,由最初的1家店,

逐渐成长为有40家店的中型内衣连锁企业,这40家店全部为直营店。进入2004年,公司步入快速成长期,以每月2~3家的速度开新店。公司制订了在未来的8年内,开1 000家店,成为中国最大的内衣连锁店的战略目标。但随着公司规模的逐渐扩大,问题也出现了。因为公司是从1家店成长起来,现在有40家店的规模,但在运营上还是依靠传统的模式。在只有几家店至10来家连锁店的情况下还是没有多少问题,但是随着规模的不断扩大,以往的管理模式与运营模式都不能适应公司快速扩张的需要。这主要体现在以下两个方面。

①内部的规章制度不完善,营运体系也不健全;很多连锁店中,管理因人而异,即使是简单的店面布置,很多店的风格都不一致。

②货品管理也比较混乱,因为公司以往没有信息系统,货品的管理完全依靠手工账,连锁店内货品销售的情况,不能及时反馈到公司采购部门。对一个商业企业来说,信息的滞后将会导致货品流转不畅,库存周转率始终提不高,与当年只有几家店铺时的情况相差太远。

连锁店的关键业绩指标

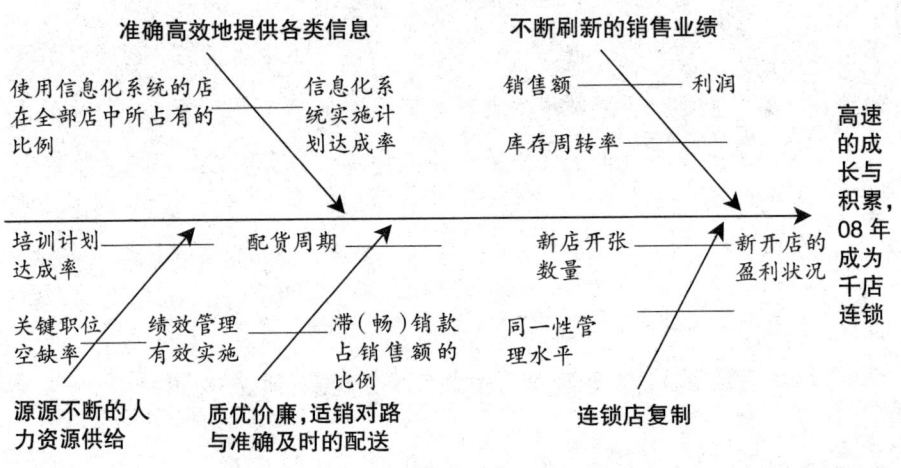

图5-4

这两个方面，对于这个公司来说是致命的，因为作为连锁机构来说，"同一性"管理是非常重要的，所谓"同一性"管理就是说不同地方的连锁店，其形象、服务、品质应该保持同样的水平。另外，作为商业企业来说，如果货品信息不充分，就会导致货品的销售不畅，进而导致货物积压。既然是短板，对这两个方面就要进行管理，进而变成需要考核的地方。

"鸟粪"问题的本质

"这样说来，我们只要不断地在工作中寻找短板，不断地提高，这样绩效就提高了。就像水桶一样，不断提高最短的一块木板，当最短的一块提高后，其余的木板就可能变成了短板，再去解决其他的短板。这样，木桶里的水就会越来越多了。"李总说。

"对，是这样的。因为人力和财力资源是有限的，你需要用有限的资源及时去解决最需要解决的问题，也就是及时解决随时出现的短板。"林经理说。

"只知道解决'出现'的问题是不够的。"蔡顾问说："刚才我们讨论了 L 公司的案例，可以发现这样是有问题的。我们采取每一步行动之前，都要预计将会出现什么样的情况，我们是否能够应付；如果不能应付，现在的措施是否可行，只有这样，我们解决了目前的短板才不会导致未来无法解决的短板的出现。B 经理在最后一个阶段，就事先为 a 类员工设置了上升通道。因为他知道如果不设置上升通路，a 类员工只有退出机制，激励就会减弱。现在的'短板'是责任心降低，解决办法是退出机制。未来的'短板'是'职业倦怠'，解决办法是为员工设置上升通道。"

"你们看，王经理的同学考飞行员，就是遵循着这个原理，抓文化课、抓体能，没想到百密一疏，左腿成了制约他成为飞行员的短板。陈总钓鱼也是一样，不断寻找短板，不断提高，先是更换鱼具，再是更换鱼饵，最

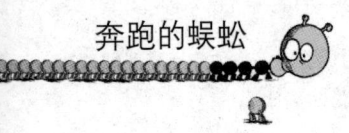

后调整工具,一步一步提高自己钓鱼的水平。"

"这里还有一个重要的问题,我们在寻找短板的过程中,一定要抓住问题的本质,也就是说一定要抓住什么是真正的短板,如果找错了,那是无法解决问题的,绩效当然也无法提高。"蔡顾问又补充说。

"哦,那怎么才叫抓住问题的本质呢?"林经理问道。

"还是讲一个故事吧。大家就会知道什么是问题的本质了。"蔡顾问说。

 案例

市政公司的清洁工发现路边两根电线杆中,一根电线杆上有很多鸟粪,另一根上却没有。为什么会这样呢?刚开始以为是因为电线杆旁边有树,树是鸟栖息的地方,所以电线杆上有鸟粪。表面上看是说得通的,但是没有鸟粪的电线杆旁边也有树。那么,鸟为什么会停留在这棵树上,而不会在那棵树上呢?仔细观察后发现这个树的周围有很多虫子,而另外一棵树上的虫子很少。

图 5-5

那，为什么这棵树上的虫子很多，而另外一棵树上的虫子很少，它们是一个品种的树呀？原来是这根电线杆上有一盏路灯，而另外一根电线杆的路灯坏了很多年。路灯会吸引很多虫子，因此虫子就落户在前一根电线杆旁边的树上了。鸟经常来这棵树上吃虫子，自然，前一根电线杆上的鸟粪会很多。经过这样的分析，就抓住问题的本质了。若你不想让电线杆上积累鸟粪，一周清一次鸟粪，太费工；把树砍了，损失太大；天天赶鸟杀虫，太费事；找到原因，把灯移开，或者把灯泡更换为不招虫子的特殊灯泡，问题不就解决了吗？

"哦，是这样呀，灯吸引虫子才是问题的本质，那有什么具体的管理工具可以使用吗？"陈总问。

"有很多工具，像鱼骨图、TOC 等都是这方面的管理工具。这里我们不具体讨论，以后再说吧！"姜老师说。

"说了这么多，我脑子里有了一些概念，但还是有点不明白，快，姜老师给我们总结总结吧。"李总有点着急。

整体绩效取决于系统最短的那块板

无论是蜈蚣竞走的故事、L公司的案例、还是李总的牢骚都证明了一点，就是系统的整体绩效取决于最短的那块板。

在企业的绩效管理中，识别这块短板，有效地针对这块短板设置考核指标，非常重要。在很多人力资源管理书籍、企业实际运用的考核表中，经常会犯一个错误，就是长年累月所考核的内容都是一样的，尤其是在企业的职能部门的考核中，这个现象就更为严重。

我们曾经和一个企业的部门经理聊过，问他的工作内容是否每个月都

很类似？他说，现在这年代变化快，公司的工作、他自己的工作、他下属的工作随时在发生变化。虽然这样说，但是他考核下属的内容却是一样的，这是很矛盾的。随着工作内容的变化，工作短板、难点也随时在变化，绩效管理也应该紧密地结合工作变化，结合工作中出现的"短板"来进行；但是这样一个简单的道理在实际中很多人却没有运用好。所以，在很多情况下，我们只要抓最短的那块"板"去解决就可以提高绩效了。

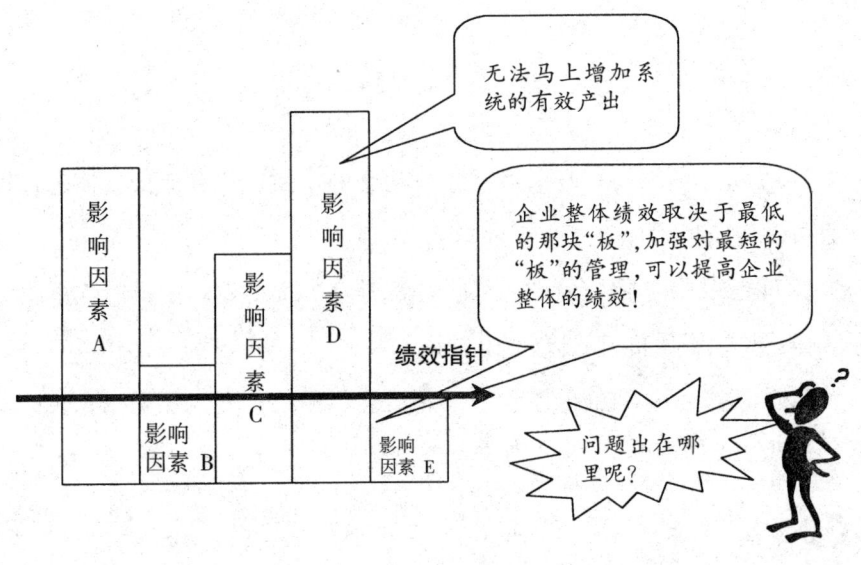

图 5-6

有效地解决系统短板，可以提高系统的绩效

当短板得到提升，系统的整体绩效也得到了相应的提升，企业只有不断地寻找短板，提升短板，整体绩效才能得到相应地提升，企业的绩效平台才会不断地上升。

记得有一位著名的企业家，在公司的员工会议上提出："我们的所有部门都做得很好了吗？还能改善吗？"其实说的就是对短板进行提升，进行改善。蔡顾问说的案例也说明了这一点，B经理也是不断地改善，不断地提升，才逐渐向他的目标靠近。具体到部门、个人的绩效管理，也是一个不断在工作中改进的过程。

无论多大的公司、部门，多有实力的个人，其资源总是有限的。有限的资源一定要用到最应该使用的地方。在我们咨询过的企业中，曾经遇到这样的问题。企业为每个人、每个部门制订了一大堆考核指标。我们问他们，这些指标之间有什么样的关系？哪些对系统的影响大？哪些对系统的影响小？他们没有办法回答这个问题。后来，他们也注重了对短板的考核，对短板进行重点管理，最后，考核指标没有那么多，操作起来也容易很多，但绩效却得到了提升。

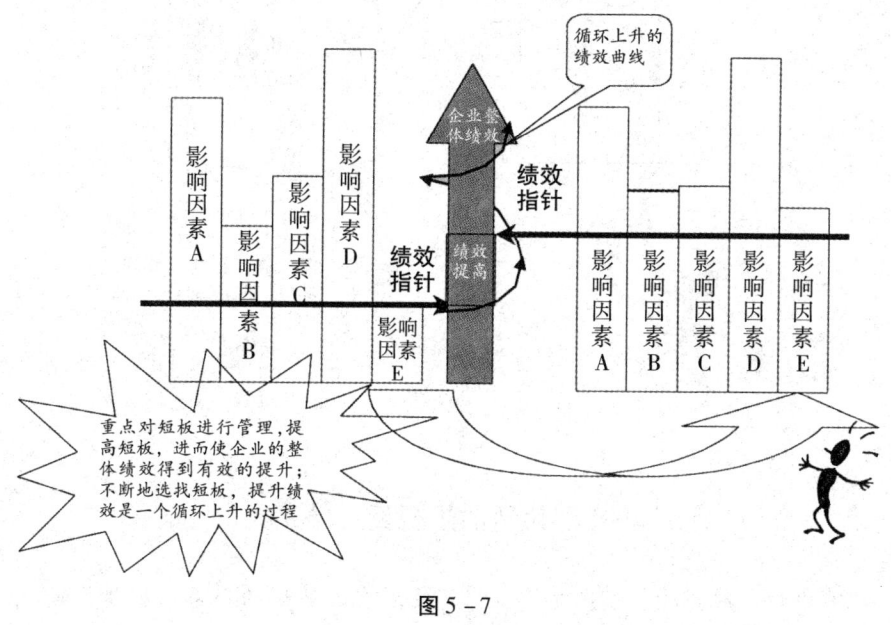

图5-7

随着环境时间的不同，短板也在时刻发生变化

影响因素之间是相互关联的，一个因素发生变化，可能导致一系列因素发生变化。

短板是会经常变化的。这里面有两层含义，一是当旧的短板被解决，新的短板有可能出现；二是当短板发生变化时，其余的非短板因素可能会受到影响，也会发生变化。绩效管理的一个重要内容就是不断地发展与挖掘短板，对短板进行管理，"发现"与"提升"同样重要。当然，"发现"需要借助很多管理工具，传统的管理工具如鱼骨图，现在流行的有约束理论、数据挖掘等。合理地使用这些数据，可以有效地发现短板。但是有一点要注意，企业始终是在一个动态的环境中，短板始终会发生变化，需要以动态的、发展的眼光来解决问题。

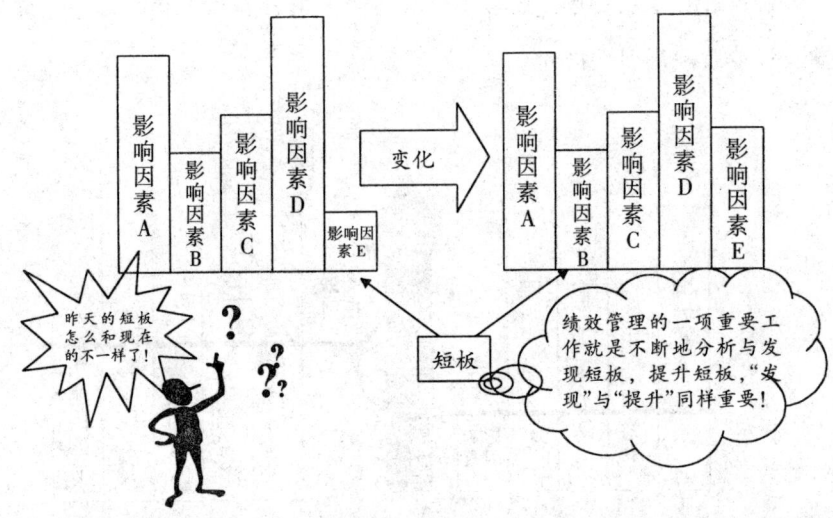

图5-8

注意别让新的短板无法解决

解决短板问题时，眼光要放远，解决现在的短板的措施，可能导致新的短板出现。新的短板可能是无法解决的！

刚才说到以发展的眼光来看问题。我们在探讨L公司案例的时候知道，始终要保持超前的眼光来看待短板与绩效之间的关系。有时候我们的解决方案虽然可以很好地解决现在的问题，但有可能会带来一些无法解决的问题。所以在选择解决短板问题的方案时，需要充分地估计到未来会发生的新情况。

美国上世纪80年代的小麦减产案例就是一个很好的说明。当年，美国观察到前苏联受火山爆发的影响，小麦将会减产，为了遏制前苏联，也将国内的小麦生产减少，以为这样可以遏制前苏联。没想到前苏联为在国际市场上购买小麦，大规模抛售黄金以换取外汇，从而影响了美国货币的稳定。所以，在选择解决方案的时候，一定要考虑到对未来的影响。

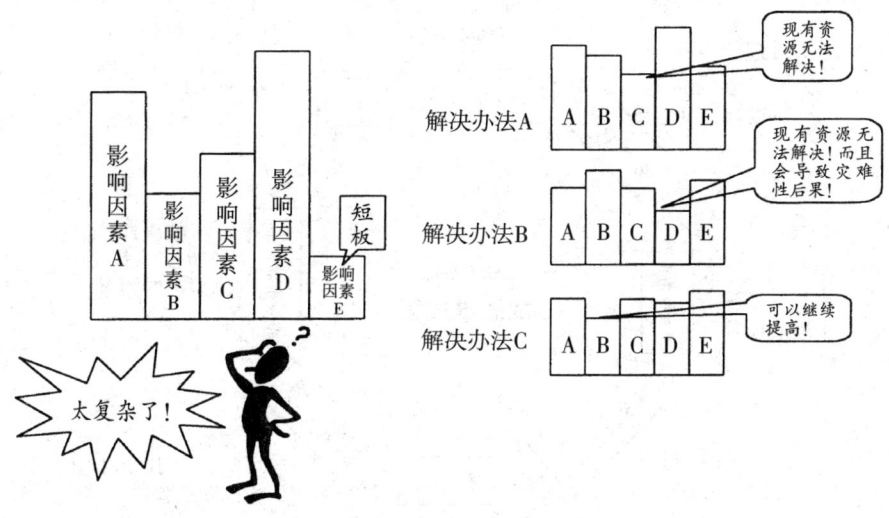

图5-9

解决"短板"的步骤

我们可以分8个步骤来解决"短板"问题。

①分析现状——对现有的状况进行分析，找出最制约组织产生良好绩效的因素。

②确定目标——确定改进目标，明确改进后需要达到的效果。

③找出制约因素——找出影响绩效的因素，明确什么是制约系统绩效的短板。

④寻求解决办法——尽可能多地找出解决短板的方法。

⑤预测解决办法实施后的变化——预测各种解决办法可能带来其余非短板因素影响。

⑥对变化进行分析——对变化进行分析,找出哪些变化是可以控制的,哪些变化不在控制范围之内。

⑦选择解决办法——选择最适合方案。

⑧实施解决方案——实施解决方案,进入下一个绩效循环。

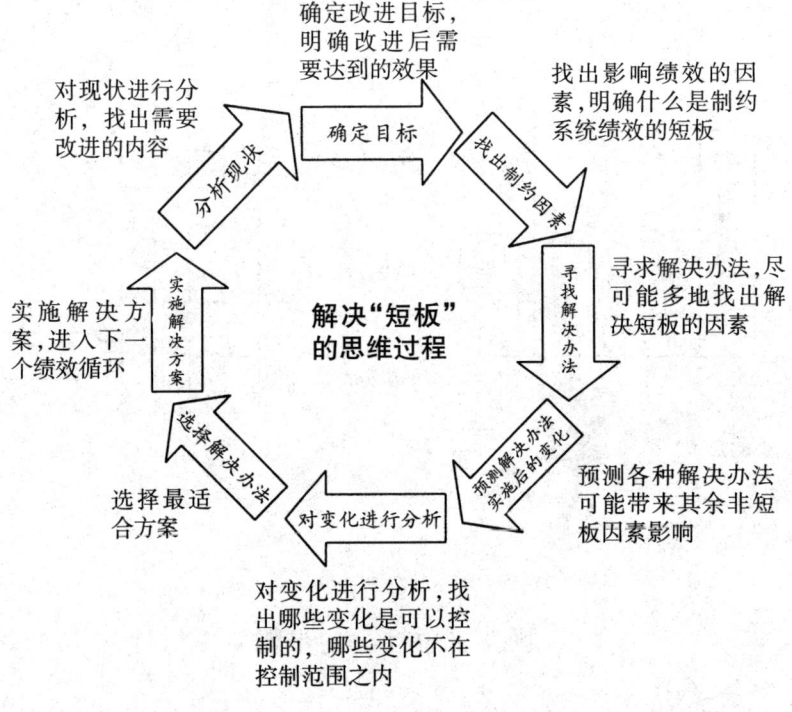

图 5-10

按照这样的步骤解决短板,可以有效提升绩效。"短板"的解决与绩效管理有着密切的联系,但又不等同于绩效管理,应该说绩效管理的范围应该更大、更广泛。后面,我们会专门讨论这个问题。

第六章　分清职责——才能共同负责

三只老鼠偷油吃

厨房角落的一个洞里面住着三只老鼠，一只白毛鼠、一只黑毛鼠、一只灰毛鼠。他们白天睡大觉，晚上出来偷吃的。屋子的主人没有发现老鼠，于是大家相安无事。

一天，主人买来一瓶油，放在灶台上面。这下可乐坏了老鼠们，因为老鼠最爱喝油了。

"兄弟们，太好了，我发现灶台上有一瓶油，我好久没喝到油了。"白毛鼠说。

"真的呀？我们晚上去偷油喝吧。"灰毛鼠说。

"可是我们怎么上去呢？灶台我们可以爬上去，但是油瓶在灶台的中间，我们是没有办法爬到油瓶上去的，我已经观察过了。"黑毛鼠感叹道。

图 6-1

"我有一个办法,灰毛鼠站在黑毛鼠的头上,我站在灰毛鼠的头上,不就可以喝到了吗?"白毛鼠说道。

"想得倒挺美,你站在上面喝,想让我们在下面给你垫背,没门!"灰毛鼠说。

"不会不会,我们可以轮流上去喝。"白毛鼠解释道。

"这还差不多!"

于是,三只老鼠就这样去偷油喝。没过几天,主人发现厨房油瓶中的油越来越少,又在灶台上发现了老鼠的脚印,于是从邻居家借来了一只猫。猫的到来使三只老鼠很难轻松找到食物了,日子也难过起来。猫有午休的习惯,在下午2~3点之间要睡觉。于是,三只老鼠决定在这段时间内去偷油。几天时间,连连得手,老鼠的胆子又大起来了。

一天,三只老鼠又去偷油喝。白老鼠在最下面,灰老鼠在白老鼠头上,黑老鼠在最上面。黑老鼠刚把头探进油瓶里面,不知什么原因,油瓶一下子倒了,还发出了很大的动静,三只老鼠顾不上喝油,连滚带爬地跑回了洞。

回到老鼠窝,惊魂未定的老鼠们开始争吵起来。

图6-2

灰老鼠说:"到嘴的好东西没吃着,还打翻了油瓶,这下可坏了,主人肯定要再找几只猫来对付我们。它们轮流在厨房里转悠,这下我们可要饿死了。反正我没有推倒油瓶。是谁推倒的？不是你白老鼠，就是黑老鼠。"

白老鼠说："我可没有推倒油瓶，不关我的事。"

黑老鼠一听它们这样说，也急了："我在最上面，是我推了一下油瓶，但是我也不想这样呀。是下面的灰老鼠抖了一下，我才一下失去平衡，推倒油瓶的。"

"我是抖了一下，但是我也不是故意的，是白老鼠先抖，我才抖的。"灰老鼠辩解道。

"我是抖了一下，可我负责放哨啊。我是听到门外好像有猫走来的声音，才抖了一下嘛。所以，我没有责任。"白老鼠分辩道。

"哦，是这样呀，看来我们都没有多少责任呀！"三只老鼠齐声说，"看来问题不是出在我们身上，最有问题的是那只猫。"三只老鼠找到了原因，都高兴起来了。

"……"

第二天，厨房的主人真的又找来了一只猫，两只猫轮流看守厨房。三只老鼠再也没有机会去偷吃的，最后，只好趁着夜色偷偷地离开了厨房。

井水不犯河水

"又是扯皮，我就怕这样的事情。每次我公司发生这样的事情，真不知道该怎样办才好。照我看，老鼠偷油还是单干好，能不能偷着全看自己的本事。我以前做业务员的时候，就是这样。"李总抢着发言。

"照你这么说企业就不用存在了。大家都单干，没有分工，现代化的大生产怎样组织呢？我们又回到了作坊时代了。"林经理笑着说。

"蔡老师，你这个故事说得很好。我们公司也经常出现这样的事，为了一个问题反复争吵，我和几个经理都不愿意去开会了。以前，我曾经收集过一次员工的意见，结果是大家一致认为部门之间相互扯皮是影响公司

效率的一个重要原因。"周总说。

"对,我曾经参加过一个客户的季度总结会,那情景我现在还记得。公司业绩下滑,总结会的中心议题就是找出业绩下滑的原因。"蔡顾问介绍说。

推脱责任的例会

销售部经理首先发言:"最近销售业绩下滑,我非常着急。我把竞争对手与我们的销售数据做具体分析,主要原因有两个:第一,竞争对手缩短了销售渠道,越过一级经销商,直接做二级经销商,我们的一级经销商自然发货量少了很多;第二,我们最近一段时间向市场推出的新产品跟不上对手,与去年同期相比少了很多。客户总是抱怨我们的产品老化。我们销售部是有一定的责任的,但是分析具体原因,我认为是市场部对形势研究不充分、不到位;研发部的效率也跟不上市场的节奏,希望两位部门经理今后协助我们的工作。"

市场部经理马上跳起来:"我们的预算本来就少,人员又少,这个月又有两位员工辞职,拜托销售部做的市场调研又迟迟交不上来,工作开展很困难。人力资源部、销售部的效率要提高,要不然,我们很难开展工作!"

研发部经理慢悠悠地说:"我们最近推出的新产品是比竞争对手的少,也比去年同期少了很多。但是你们要知道,我们今年的预算也比去年少了很多。当然,降低成本是必须的,可总不能丢了西瓜捡芝麻。另外,对研发人员的激励措施迟迟不能到位,我很难调动他们的积极性。"

人力资源部经理说:"我们已经很努力在招聘员工了。但是拜托,你们招人需要提前和我打招呼,明天要人,今天才告诉我,你们让我怎么工作?有时候对招聘岗位的要求又说不清楚,我也很难办呀。"

财务总监说:"是,我是削减了一些部门的预算。但是你们想想,公司成本上升,利润下降,当然没有多少钱。"

这时,采购部经理跳起来:"我们的采购成本是上升了10%,为什么你们知道吗?俄罗斯的一个生产铬矿石的矿山发生了爆炸,导致不锈钢价格上扬。我们要的不锈钢瓶价格大幅度上升,你们要我怎么办?"

图6-3

制造部经理又说:"这么说,你们都没有责任,那公司怎么办?我们的销售下滑是明摆着的,这样开会根本就没有意义,大家都在说自己的难处,根本就没法解决问题!"

销售部经理很不高兴地说:"是有责任,可你的部门问题也很大。你承诺的交货期总是没有办法按时完成。"

制造部经理:"……"

采购部经理:"……"

争吵持续了几个小时,到后来也没有结果。

"最后的结论是大家都没有责任,最大的责任是俄罗斯的矿山。"蔡顾问笑着说。

姜老师说:"这个问题很有普遍性。基本上每个公司都存在这样的问题,我服务过的企业多多少少都存在这样的问题。"

"对,我的公司虽然小,也这样。一出问题就互相推卸责任,每个人都有道理,好像谁都没错,互相埋怨,我还得给他们做思想工作。回家一想,觉得不对,出了问题公司受损失,怎么我还得安慰他们。"李总苦笑着说。

重建流程,分清责任

"说了半天,那你们是怎样解决这个问题的呢?"王经理着急地问。

"我有个朋友在顾问公司工作,他给我讲述了一个他亲身经历的案例。"蔡顾问说。

"赶快让我们也分享分享。"王经理急着说道。

蔡顾问开始介绍B公司的情况。

B公司是东北一家生产手喷油漆的公司。公司以前依靠经销商进行销售,销售量维持在一定的水平上。随着市场竞争的日益加剧,公司感到如果不对原有的销售渠道进行改革,很难在激烈的竞争中脱颖而出,所以决定自建销售渠道,从珠江三角洲开始试点。B公司在珠江三角洲设立了营销C公司,负责开发终端客户,并负责将手喷漆送到客户手中。

公司的业务流程运作如下图所示。

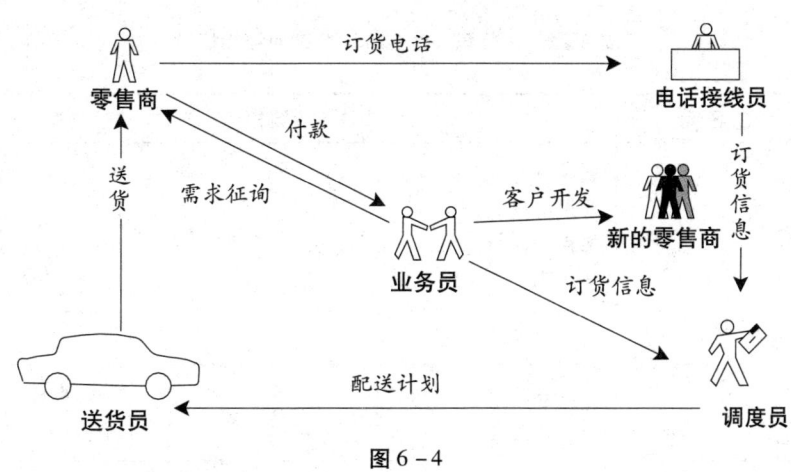

图6-4

公司主要运作依靠四个岗位，分别是业务员、电话接线员、调度员、送货员。他们的职责如下表所示。

表6-1　B公司岗位名称和职责

岗 位 名 称	主要岗位职责
业务员	开发新客户 向老客户收款 对客户进行需求征询 将客户的订货信息反馈给调度员
电话接线员	接收客户的订货电话 将客户的订货电话反馈给调度员
调度员	接收业务员的订货信息 接收接线员的订货信息 将订货信息转化为配送计划，通知送货员送货
送货员	接收调度员的配送计划 按调度单给客户送货

公司以考核推动工作进步，每个岗位的关键业绩指标如下表所示。

表6-2　B公司岗位名称和关键业绩指标

岗 位 名 称	关键业绩指标
业务员	新客户开发 需求信息准确性 客户的满意度 回款
电话接线员	需求信息准确性
调度员	车辆效率 送货及时性
送货员	车辆效率 送货及时性 客户满意度

公司按照流程运行一段时间后，发现按照这样的运行程序存在很大问题：考核指标存在重叠的现象，比如，调度员与送货员同时承担了送货及时性这个指标，虽然这两个岗位都会影响送货的及时性，但是考核很难操作；又如车辆的使用效率也存在着同样的问题。

由于这些问题的存在，绩效考核存在很大的争议。对个人的考核难以操作，直接影响了公司的绩效，导致公司送货的及时性、车辆的利用率、客户满意度不断降低。

公司设置营销公司的目的本来是想更加贴近市场、增加销售额，现在的状况是销售额没有增加，运营费用反而大大增加了。这时公司开始求助于顾问公司，最后选择了一家以企业信息化咨询为主的公司为C公司提供咨询服务。顾问经过对流程分析后找出了问题的根源，并对流程进行了改造，为该公司引进了信息系统。他们的运作流程如下图所示。

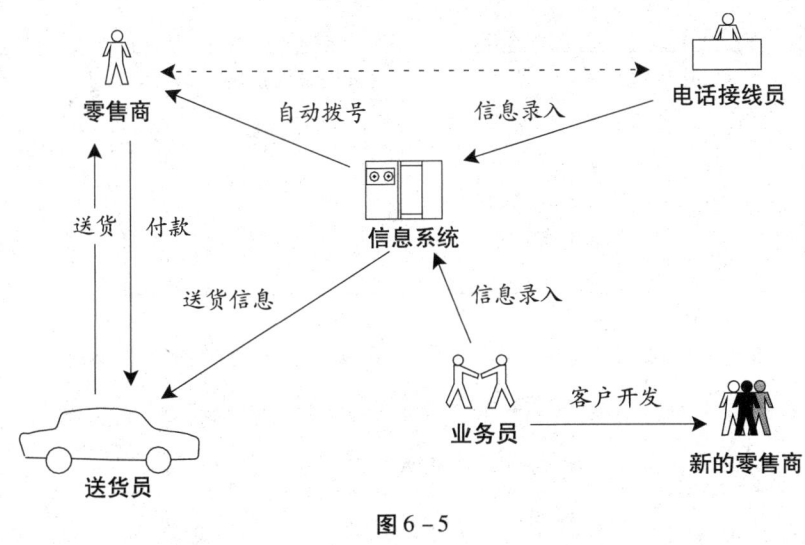

图 6-5

流程的改变,也导致了岗位职责的变化,如下表所示。

表 6-3　B 公司流程改变后和岗位名称和岗位职责

岗 位 名 称	主要岗位职责
业务员	开发新客户 将客户信息录入数据库
电话接线员	接收客户信息,将信息录入数据库
送货员	送货 收款

通过利用信息化工具,B 公司去掉了调度员的岗位,很多计算、调度的工作改由计算机完成。岗位职责的改变,同时也改变了各个岗位的业绩考核指标。

表 6-4　B 公司流程改变后的岗位名称和关键绩效指标

岗 位 名 称	关键绩效指标
业务员	新客户开发

(续表)

岗 位 名 称	关键绩效指标
电话接线员	需求信息准确性
送货员	车辆效率 送货及时性 客户满意度 回款

通过对业务流程的改造，改变了岗位职责，进而改变了对每个岗位的考核指标。这样，就完全避免了由多个岗位同时负责一个指标的问题，扯皮明显减少了，工作效率也得到了很大的提升。

"不错，不错，回去我也得反思反思我公司的业务流程，看能否通过流程的改造来提高公司的业绩。不过，引进信息系统，需要花费很多钱吧？"李总又第一个发言了。

"其实刚才举这个例子，并不是要说明必须引进信息系统，而是要说明通过流程的改造，可以减少扯皮，分清职责，进而提高工作效率。蔡老师介绍的这个案例非常好，但对于具体问题要具体分析。李总总是想找一个万能的模式，那是很难做到的，在不同的情况下，应该采取不同的措施应对。"姜老师说。

指标的分解

"这样就提出了一个问题，划分清楚流程，也就涉及一个考核指标的分解问题，我们不能拿最综合的指标考核一个个体或者一个部门，因为这样是有问题的。"蔡老师说。

"对，我们曾经去过一个企业，这个企业的财务部门考核一个指标，叫'人均利润'，我当时就奇怪，人均利润怎么可以考核财务部？听大家这样一说,我就理解了。"王总说。

"是呀,我们知道,人均利润是一个非常综合的指标,从利润的角度说,利润＝收入－成本－费用,财务部门基本上控制不住收入,也控制不了成本,至于费用,不同的财务部门的可控性是不一样的。另外,财务部门也控制不了企业的平均人数。从这样分析来看,财务部门对人均利润的影响是非常小的。这样考核的话,成绩好了不一定是财务部门工作做的好,成绩差了也不一定是财务部门工作做的不好。这样的考核是没有意义的。"蔡顾问说。

"那么,遇到这样的情况怎么办?分清楚职责吗?人均利润这样的指标应该如何落实呢?"王总问。

"这就涉及一个指标分解的问题。所谓分解就是上级指标可以分解成下一级别的几个指标。那么,上层指标和下层指标之间存在着什么样的逻辑关系呢?

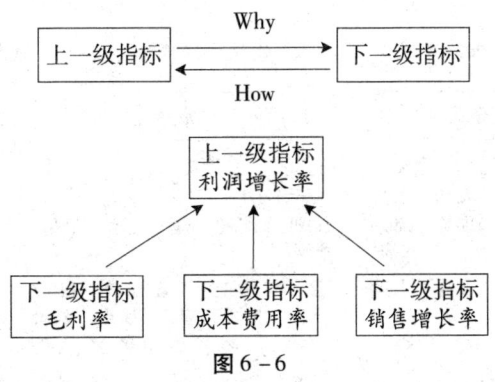

图6-6

"从图中我们可以看到,上下两级指标之间必能回答'Why'和'How'。比如上一级指标是利润增长率,下一级指标有销售增长率、毛利率、成本费用率等几个指标。Why——为什么能获得利润增长率呢?因为可以获得销售增长、比过去高的毛利,可以控制成本费用,所以,可以获得利润增长。How——怎样获得利润增长率呢?可以通过增加销售额、寻找高毛利客户、降低成本费用来获得利润增长。上下级指标之间的逻辑关系应该是下级指标是上级指标的必要条件，少了下一级指标，上一级指标一定做不到；同时，下级指标也是上级指标的充分条件，如果下一级指标做到了，上一级指标一定能够做到——下级指标是上级指标的充分必要条件。"姜老师滔滔不绝地说了一大段。

"有点抽象，好像还不是很理解。"王总一脸迷惘。

"比如说，对于及时供货来说，就可以分解为好多个不同的影响因素，而不同的部门不考核及时供货这个指标，只考核自己能够负责的部门，及时供货由上级负责。"蔡老师一边解释一边在白板上开始画。

及时供货的分解

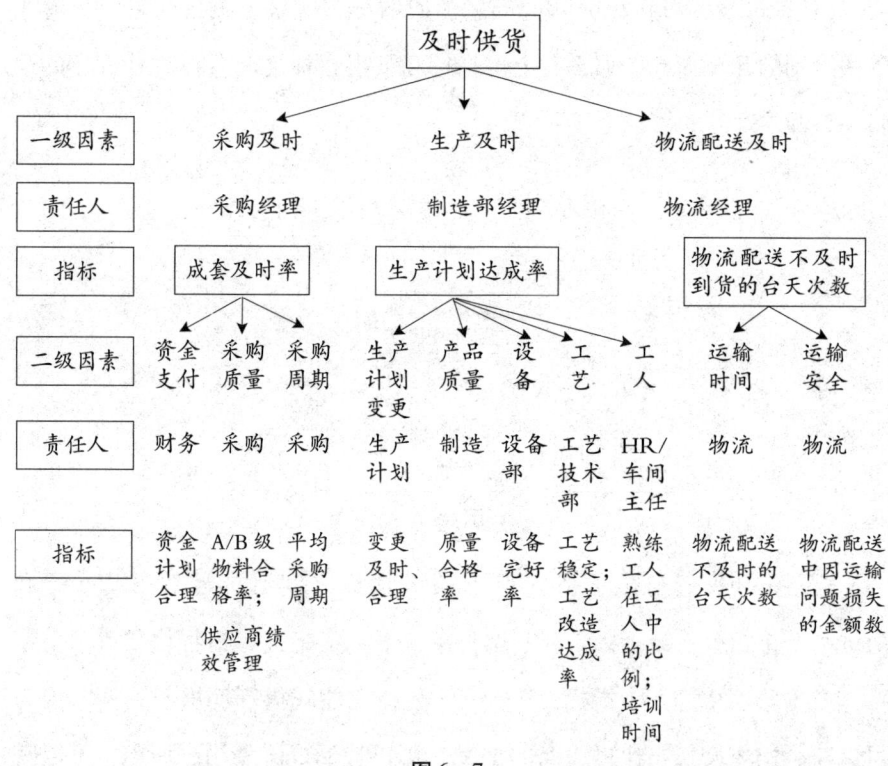

图 6-7

"我好像明白了点了,不过还要仔细消化消化。"王总若有所思地说。

"这里面的规则还很复杂,我们在以后的论坛中再继续讨论吧。"姜老师说。

分不开的责任

"虽然通过流程的改造可以分清职责,但不是所有的工作都可以很容易划分清楚的。我在工作中就遇到许多这样的问题。"王经理说。

"对这样的一些指标,是否可以不考核呢?"林经理提议道。

"不考核又会影响公司的整体效益。举个简单的例子,人员离职率。到底哪个部门应该负什么样的责任呢?很多部门都和这个指标有关。如果不考核这个指标,它对公司的业绩影响是非常大的。我在证券公司工作,公司的业务发展很不错,经常需要招聘员工,熟练的员工是很难招进来的,成本也比较高,所以公司经常在校园招聘。新招进公司的学生都没有工作经验,需要培养 1 年左右才能胜任各个岗位。如果这些员工流失掉,对公司来说是非常大的损失。假设 1 年招 20 个人,1 个大学生 1 年的工资和福利费是 3 万元,20 个人是 60 万元,如果 1 年后离开了 18 个,剩下两个,那么这两个人的人均招聘成本就是 30 万元/人。"王经理说。

"真是不算不知道,一算吓一跳啊。

"但我还是觉得很难操作。比如,我们从裁缝那定做的衣服,交货的时候我们可以看看每个纽扣是否都钉好了。但是衣服穿了几天以后,纽扣掉了,我们能否知道到底是什么原因导致的?是纽扣没有缝好,还是我们穿衣服没有注意?工作中、生活中这样的问题多着呢!"林经理补充道。

"王经理这个问题提得很好。有些人认为对很难分清楚的职责可以不进行考核。但是有些指标不考核,或者说没有人具体负责,会给公司带

来很大的损失。我在四川一个企业做咨询时也遇到过这个问题。"姜老师说。

"那您快点给大家讲讲,让我们也学习学习吧。"林经理说。

员工离职率应该由谁负责

 案例

四川的 A 企业是一家生物制品上市公司,公司所处的行业非常好,市场前景很不错。上市以来效益不错,股票在证券市场的表现也非常好,在当地是非常有影响的一家企业。

为了增强未来的发展后劲,公司从国外引进了多名研发人员,又从国内的大专院校引进了上百名大学生。这些引进的人才进入公司后,为企业带来了新的气象,增加了新的活力,企业的很多方面都有一定的改观。但是,这些引进的人才在进入公司的第二年以后,先后有不少人离开了企业,第三年以后,更多的引进人才离开了企业,留下的已经没几个了。

人力资源部门在这些引进的人才离开企业的时候,都做了离职访谈,发现导致这些员工离职的原因有很多方面。

公司领导感觉现有的人力资源管理体系跟不上公司的发展,就决定引进管理顾问公司,为公司建立人力资源管理体系。

顾问经过一段时间的调查研究,针对公司的人力资源管理体系中存在的具体问题提出了一系列解决措施,包括建立岗位体系、能力管理体系、薪酬管理体系,还包括绩效管理体系。在绩效管理体系的过程中有一些指标很有意思,比如:员工离职率这个指标到底需要考核哪个部门?其实,这与公司的很多部门都有关系。

顾问同公司的各个部门进行了访谈,谈话内容如下所示。

第六章 分清职责——才能共同负责

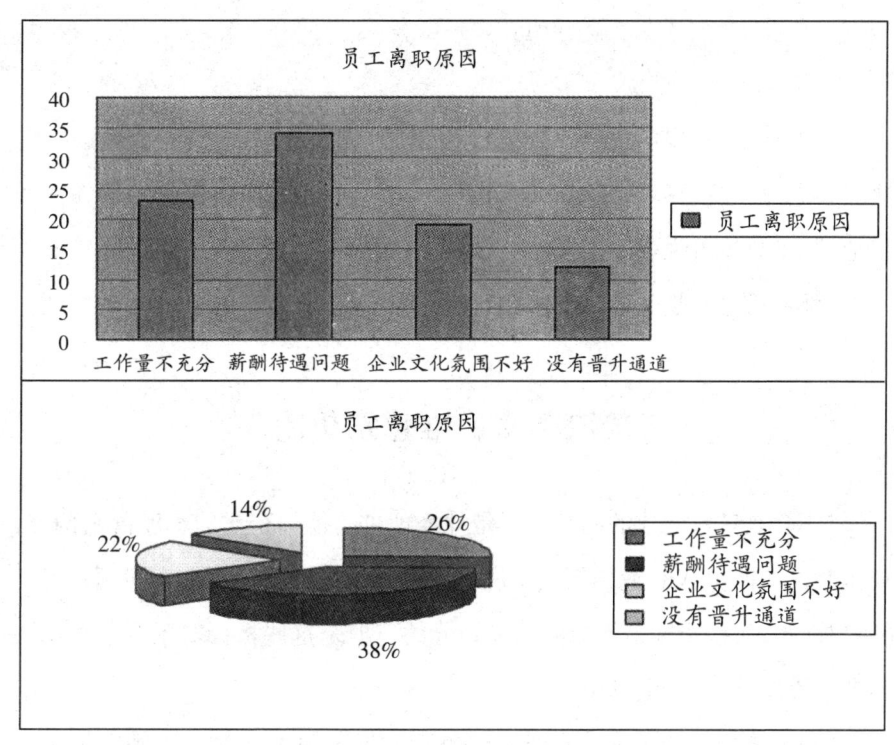

图 6-8

人力资源部经理:"我们好不容易找来人才,这些用人部门却不珍惜。没有人的时候说人不够,工作人员素质不高;来了人又说新人眼高手低,做不了事情。真是的,反正都是我们人力资源部门的责任。"

用人部门说:"要用的人招不来,留不住人我们也很着急。"

企业文化部的人员说:"我们在公司内部努力倡导企业文化,尽量想让这些新员工能够在一种宽松的氛围内工作。但是我们能做的事情也有限,人员流失我们也着急。"

准备离开公司的人说:"我们刚来公司的时候满腔热情,公司也算是大公司,我们也感到很自豪,想在企业长期服务,随着公司一起成长。但是来了一段时间后,发觉公司的工作氛围不好,我们这些新来的员工没有上升通道,要很多年才有机会得到提升。我们给公司总结了一种文化,叫

'熬'文化。我们不想在这样的氛围下工作。"

"又是一个扯皮的问题,说来说去,还是只说问题,没有说出解决办法。姜老师、蔡老师,你们总是卖关子,不会是怕有人侵犯你们的知识产权吧?"李总笑着说。

"那最后你们是怎样解决这个问题的呢?"王总急着问道。

轮流负责,谁也别想跑

"不管是三只老鼠的问题,还是林经理讲的他们企业的季度营销例会,或是我说的四川A企业的新员工离职率高的问题,都说明一个问题,就是在考核时,有些指标是不能够明确划分的,但是这些指标对于企业来说又是非常重要的。"姜老师说。

"对,这样的指标很多,到底谁负责,谁也说不清楚。我每次做考核的时候都会遇到这样的问题。如果采取强制措施去考核,大家对考核的结果都不认同,考核陷入了难堪的地步,下个季度还不知道怎么办呢。"林经理叹了一口气。

"是呀,比如员工离职率,到底是用人部门负责,还是人力资源部、企业文化部或是别的什么部门负责;部门员工的任职资格合格率,这个指标是人力资源部负责,还是用人部门或者培训教师负责;甚至连市场部和销售部之间也存在这样的问题,销售额到底是谁的责任,一般说来,销售部当仁不让需要对这个指标负责,但是市场部门在对市场的把握、渠道规划、市场策划等方面也负有一定的责任。"李总说。

"对于这些指标来说,最好的办法就是共同负责。"姜老师说。

"共同负责,这样不是还是分不清楚责任吗?"林经理不解地问。

"对,只有共同负责,才能解决这些问题。"姜老师说。

"那怎么共同负责法呢？共同负责，会不会谁都不负责呢？"李总问。

"能够完全分清楚这些责任当然很好，但当无法分清责任的时候，就需要共同负责。李总的担心也不是多余的，共同负责的意思就是相关的部门都要承担责任，并且该指标都纳入他们考核体系中。比如说，刚才四川A公司的案例，新员工的离职率很高，原因是什么呢？

"用人部门是一定要负责任的。因为新员工来到企业，对企业的环境非常陌生，如果不关心他们，照顾他们，为他们提供良好的成长环境，及时掌握他们的思想动态，并且为他们提供充分展示自己的舞台，就会产生诸如工作量不饱和、无法发挥自己的能力等问题。"林经理说。

图 6-9

"不光是用人部门，人力资源部也有一定的责任。比如新员工对薪酬不满意，人力资源部门有权利也有义务及时向上级部门提出对薪酬体系的改革方案；员工觉得没有上升通路，很长时间才有机会得到晋升，那人力资源部门对每个员工的职业生涯规划就一定有问题。反正人力资源部门肯定有不可推卸的责任。"蔡顾问补充说。

"企业文化部门应该没有责任了吧，他们就是玩虚的。"李总说。

"可不能这样理解,企业文化部门应该在公司内部营造一种氛围,依靠企业文化对公司进行管理,才是公司管理的最高境界。我个人认为企业文化部门也有不可推卸的责任。我看了四川A企业员工离职的原因,一个重要的原因就是公司文化氛围不好,如果是个别部门内部存在的情况也就罢了,但是大面积地出现这样的情况,企业文化部门就有不可推卸的责任了。我经常看深圳一个著名地产公司的内部刊物,我觉得他们的企业文化就做得不错。"林经理说。

"刚才大家都说出了各部门对员工离职率的责任。对于这个指标来说就无法分解,只有大家共同负责,才能将这个问题解决好。"姜老师说。

"但是要注意一点,对于这种几个部门都要负责的工作,需要大家轮流主持这项工作。"姜老师补充道。

"为什么要轮流负责呢?"林经理不解地问。

"我们在实践中发现一个问题,就是企业的很多部门共同负责时,如果由一个部门一直负责,时间一长,别的部门就不会为这件事情出力。所以,在对于一些需要共同负责指标的处理上,大家要轮流负责。轮到哪个部门时,必须组织大家一起为这件事情出力。在考核上,加大考核期轮值者对于共同指标负责的权重,迫使轮值者站在全局角度并考虑其他部门的工作情况,组织完成共同负责的工作内容,这样就从机制上解决了这个问题。大家共同负责,共同解决问题。"姜老师说。

"那是不是说,对于这类问题,就采用这个方法?我回公司马上就可以试试这个方法。"李总有些迫不及待了。

"应该通过对具体问题的具体分析,采取不同的应对办法。刚才,我们一共说了两个解决扯皮问题的方法,一个是通过对流程的改造,分清责任;一个是共同担当,轮流负责。这两个方法在实践中只有配合使用,才能有效果,而且也要根据企业的资源与条件状况来使用。如果蔡老师说的案例中的企业无法进行信息化建设,那么也只有采取第二个方法来解决这个问题了。"姜老师补充说。

"不管是轮流负责，还是共同负责，可能都会引出另外一个问题。"李总一副老谋深算的样子。

"我在一个企业里遇到过这样的问题，我们知道，分不清责任的东西很多。比如刚才说的员工流失率，考核人力资源经理员工流失率，人力资源经理一定要求所有的员工都考核员工流失率；考核培训经理人均培训时间，培训经理一定要求所有的人都考核人均培训时间；考核信息化经理信息化进度达成率，信息化经理一定要求所有的经理都要考核信息化；考核品质管理经理外审不合格项，他一定要求所有的部门都考核外审不合格项。这样一搞，你会发现一个现象，就是考核指标特别多，尤其是业务部门的考核指标会特别多。"李总说。

"对，这可是个问题呀。这个问题不解决，考核很难推行下去。"大柱有感而发："我们公司也遇到了类似的问题。上回公司的营销经理回公司开年会，大家都说，现在职能部门对营销部门的要求越来越多，以前有90%的时间在服务客户，应付经销商，但是现在有70%的时间在对付公司的同事了。"

"不要着急，这个问题如何解决我们会在讨论主基二元考核法的时候提出，别着急，都有办法的。"姜老师说。

"看来，我们在解决问题的过程中，需要认真思考，根据自身资源状况量力而行。今天收获很大。"林经理说。

到底什么是共同负责

"姜总结，又到了您归纳的时间了，哈哈……"林经理笑着说。

"你们叫我姜总结，是取笑我还是恭维我呀？今天我不做总结了，改由蔡老师总结。"姜老师也笑了。

"好，我总结，但你们可不要叫我蔡总结呀。"蔡老师说。

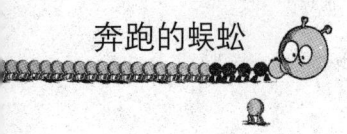

企业实现赢利的过程是依靠一个整体的过程

我们对一个企业进行评价时，尤其是对一个上市公司进行评价时，经常用财务指标来衡量这个公司的状况，包括我们常说的全球500强，也都只采用一个指标，就是销售额。我们是否想过企业是如何实现赢利的呢？

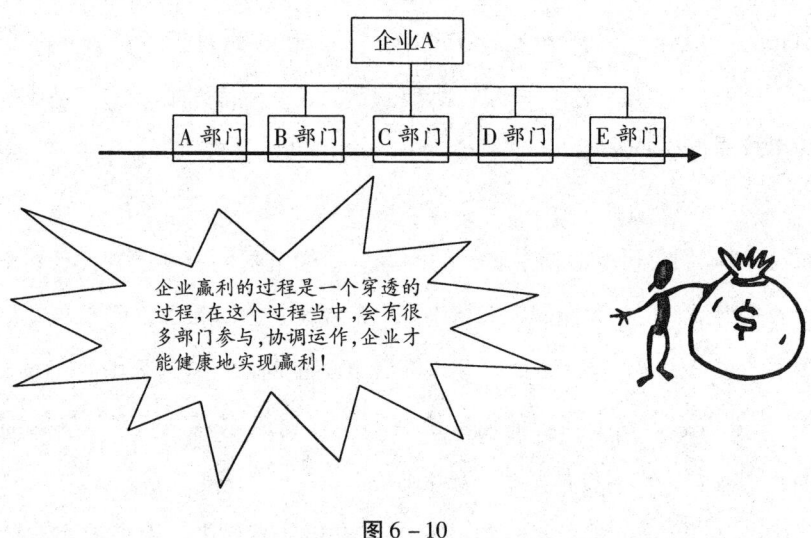

企业赢利的过程是一个穿透的过程，在这个过程当中，会有很多部门参与，协调运作，企业才能健康地实现赢利！

图6-10

企业赢利的过程应该是一个穿透的过程，是一个从市场上获取订单，通过内部的生产、采购、研发、仓储、货运等一系列经营活动，以及品质管理、战略管理、财务管理、人力资源管理等一系列管理活动，最后实现销售的过程。从订单的接收到实现销售、最后赢利是一个贯穿企业内部各个部门的过程。在这个过程中，只有各个部门相互协调与配合，互相支持，企业才能最终实现赢利。但在这个过程中，各个部门、各个岗位间有非常多的协作，一个环节出问题，就会影响到别的环节。为了解决这个问题,很多企业运用了诸如部门职能说明、岗位说明书、流程等一系列管理工具,希望通过这些管理工具使各个部门各司其职、协调配合。

企业在经营过程中,有很多问题很难分清楚具体的责任

但是,在实践中我们却发现很多工作是难以划分职责的。比如,今天我们讨论的四川的A企业人员离职率的问题,B公司的分公司所存在的问题,都是因为职责分不清楚,而导致工作效率降低,企业效益下滑。这些问题存在于产品的销售、销售订单的实现、产品的研发等企业经营过程中,同时也存在于人力资源管理、财务管理等管理过程中。其根本原因是任何一个单独的部分都不可能完全单独实现赢利过程。所以,扯皮的现象存在于任何企业中,只不过是严重的程度有所不同罢了。

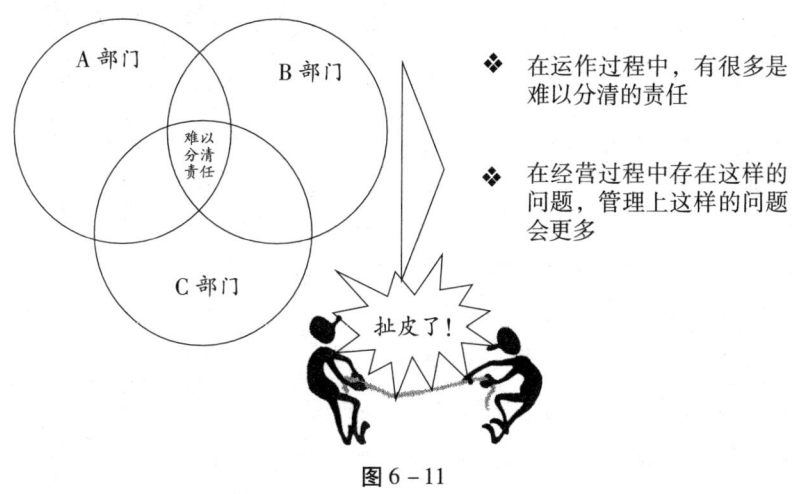

图6-11

对流程的改变,可以解决部分这样的问题

通过对业务流程的分拆、合并,进而对组织结构进行调整,就可以部分解决这些问题。现在我们经常说的流程经理,就是在解决这个问题。例如,产品经理负责这个产品从研发到上市、完成销售、宣传与策划的整个过程;流程经理的作用是将以前分散的责任交由一个人来负责,可以部分

奔跑的蜈蚣

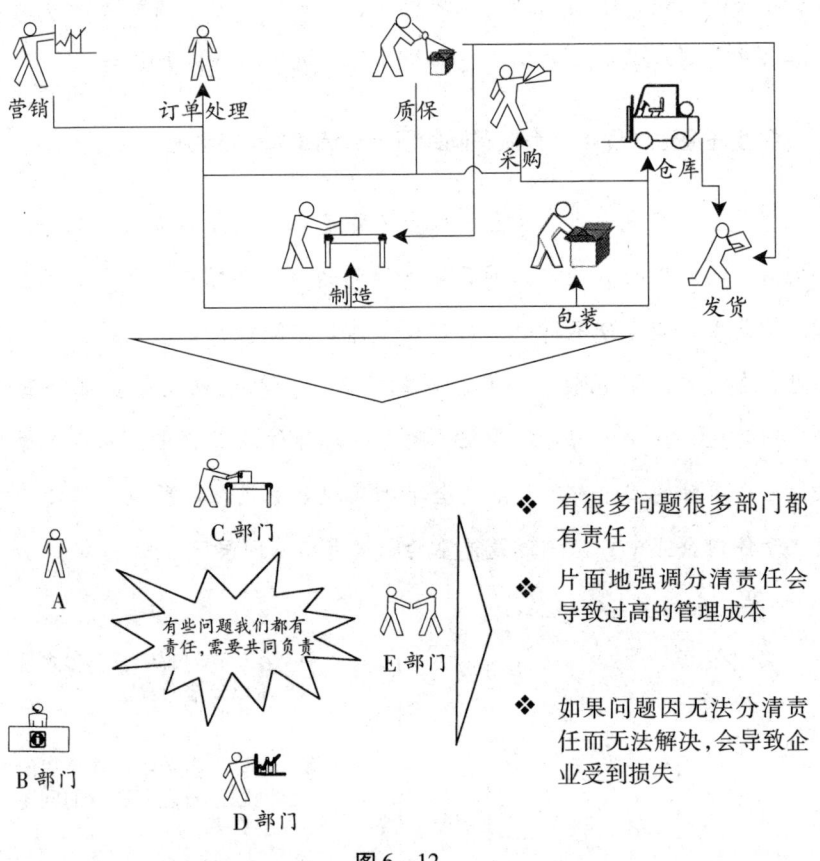

图 6-12

解决问题。又比如按照价值链的过程,将企业分为五大中心——供应链中心、营销中心、技术中心、财务中心、管理中心,这也体现了该管理思想。我们刚才讨论的 B 公司的案例就是通过引进技术手段,改变流程,使得流程更清晰、职责更明确,最后提高效率的一个过程。

依靠轮流坐庄、共同负责可以解决这个问题

有些情况不适合更改流程,那是不是这些职责难以划分的指标就可以不进行管理了呢?有的人可能认为无需制订这些共同负责的绩效指标。其实,细致地算一下账,就会知道这些指标对企业的影响是非常大的。就拿四川的 A 企业来说，一个新毕业的大学生 1 年的工资是 2 万元左右，100 个人 1 年的工资就是 200 万元。一般的学生在第三年的时候才能发挥作用，也就是说，企业花费了 400 万元以后，这些大学生才能真正发挥其应有的作用。当这些人中有 80%在第二年离开企业，剩下 20 个人的人均招聘成本为 20 万元/人，由于人员离开而带来的间接损失更是难以估计。所以类似员工离职率这种指标是非常关键的指标。那么如何解决呢？这时就应该采取共同负责来解决这个问题。所谓共同负责，就是该项指标需要体现在各个部门的考核当中，当然，每个部门所负责的权重是不一样的。但共同负责又会产生谁都不愿意负责的问题，这又怎样解决呢？

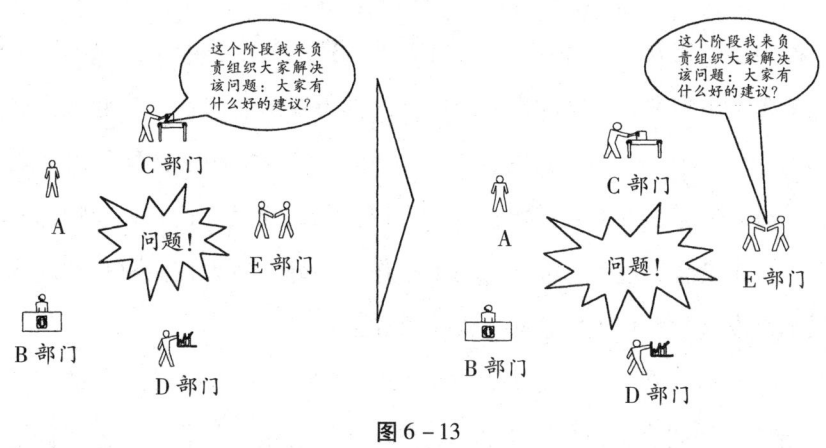

图 6-13

共同负责的过程中，需要部门轮流组织大家解决这个问题。为什么要这样做呢？因为如果总是一个部门负责组织大家解决该问题，时间长了，会产生本位主义的思想，认为该问题不关本部门的事，解决问题的热情就会受到很大影响。采取轮流负责，共同解决问题，体现在考核上，就要在负责部门的考核指标中加大该项考核指标的权重。因为每个部门都要轮值，所以共同负责的问题成为大家真正关心的问题，在轮值时就会主动做好这方面的工作。

第七章 态度评价
——让员工们都愿意往前走一步

老鹰、猎狗、马这个狩猎团队怎么了

深山里，住着一个猎人，以打猎为生。猎人的家里养了三只动物，分别是老鹰、猎狗和马。每次出去狩猎猎人都带着这三只动物一起去。这三只动物的分工十分明确，老鹰负责"航测"，寻找猎物；猎狗负责追逐猎物；马负责驮着主人追赶猎物，最后将猎物驮回家里。这三只动物都非常优秀，从来没有失过手，彼此之间也合作得很好。猎人按照每只动物的表现给他们发食物。日子就这样一天一天过去。

一天，猎人在打猎的过程中受了伤，需要休养一段时间。猎人将老鹰、猎狗、马叫到自己的床前说："我现在不能出去打猎了，但我们还要生活下去。我看你们三个已经配合很多年了，今天你们自己出去打猎，也不用找大的动物，找一些野兔、狐狸之类的小动物就可以了。还是和以前一样，老鹰负责寻找猎物，猎狗负责捕捉猎物，马将猎物驮回家。你们干好自己的工作就可以了，回来后我会按照你们的表现给你们发食物的。"

三只动物出发了。由于三只动物之间一向分工明确，所以也不用多说，按照各自的方式开始行动。老鹰上天后，发现在丛林中有一只兔子，立刻告诉猎狗，猎狗按照老鹰指引的方向向前飞奔，马跟在猎狗的后面。

第七章 态度评价——让员工们都愿意往前走一步

　　老鹰仔细观察，发现兔子向西跑去，就提醒猎狗说："注意、注意，兔子向西跑了。"猎狗向西追去。"兔子又向南跑了。"猎狗又向南追去。

　　兔子不断变换自己奔跑的方向，猎狗离兔子的距离越来越远。老鹰想，这样哪能抓得着呀！于是，一个俯冲，将猎物抓住带上天，再使劲从半空中摔下来。猎狗一下子冲过去，咬住兔子，叼着回家了。猎人很高兴，也没有问打猎的具体过程，就按照出发前的承诺给大家发放了食物。

　　晚上，三只动物互相埋怨起来。

图 7-1

　　猎狗说："老鹰，你的工作是发现目标，用不着管我的事，你去抓兔子算怎么回事！要是猎人知道了，会觉得我没有做好呢。"

　　马说："猎狗，运猎物是我的工作，你干吗自己叼回来了？"

　　老鹰说："我好心才帮你的，要不然你怎么能抓住猎物呢？"

　　猎狗说："我的事不用别人管，要是出了问题，你负责？"

　　马说："猎狗，这也是我想对你说的。"

　　老鹰说："好，那我们各司其职。我负责发现猎物与指引方向。"

　　猎狗说："我负责抓猎物。"

　　马说："我负责运回猎物。咱们谁也别管谁。幸好猎人没有问我们是

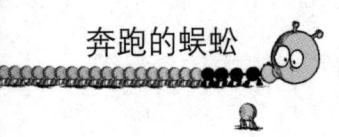

怎么抓到猎物的,要是知道了,你老鹰发两份食物,猎狗发一份食物,而我却只有看着你们享用了。"

第二天,三只动物又出去打猎,大家互相之间不说话,按照头天晚上的约定开始工作。

老鹰飞上天空,发现树林里面有一只兔子,就向猎狗发出了信号。猎狗按照老鹰的指示去抓兔子。就要抓住兔子的时候,突然旁边窜出一只狼,和猎狗撕打起来。猎狗身上顿时伤痕累累。

老鹰想:"要不要去帮猎狗呢?帮他,说不定会被骂;不帮,不但抓不住猎物,猎狗还可能会受伤。"可一想到昨晚被猎狗骂了,于是老鹰决定还是只管好自己的事情就可以了。

马这时候也看见了,心想要不要去帮猎狗踢狼一脚呢?但仔细一想昨天晚上的事,嗯,各司其职,不管了。

猎狗继续和狼撕咬,最后虽然胜利地赶走了狼,却也受了伤。三只动物空手回到了家。

猎人见他们没带猎物回来,猎狗还伤痕累累的,问清原因后把三个家伙都训了一通。最后,大家谁也没有得到食物。

三个家伙耷拉着脑袋,心里开始嘀咕:各司其职、明确分工很好嘛。老鹰错了吗?老鹰以前主动帮助过猎狗,但猎狗不愿意接受老鹰的帮助,老鹰好像没有错。猎狗错了吗?猎狗觉得自己的工作应该自己负责。如果别人帮助,出了问题,自己还是要负责。马错了吗?马也是遵守自己的职责,马也没有错。猎人错了吗?猎人给他们做了分工,希望他们能够各司其职,并且按照他们的工作成绩发放食物,激励他们做得更好,猎人的初衷也没有错。

那如果大家都没有错,问题出在哪里呢?

量化考评的困惑

"有意思,的确好像都没有问题呀?我们以前探讨过,能够分清责任,就明确责任,这样容易出成绩,容易考核,容易找出问题最根本的原因,从而促进工作。而今天蔡老师讲的这个故事,到底是什么原因导致这种问题出现的呢?"陈总问。

"我更不明白了,上周回去刚给公司的几个人进行了明确的分工,根据各自的工作职责进行考核。这回看来是不是明确分工又出了问题?"李总说。

"对了,前几天我给他们分工的时候,我下面人好像很不适应,对我说:'老李,如果是这样的话,他们的事情我不用管,做好我自己这块工作就可以了。'"李总又补充道。

"对,我也遇到过这样的问题。"林经理说:"我的房东曾在国内一家大型 IT 企业 A 公司工作。昨天,他到我家来聊天,他说的很有意思。"

大企业病是这样产生的

房东范先生以前在一家国内知名 IT 企业 A 公司工作,A 公司现在已经年销售额超过 200 亿元。范先生在 A 公司创业初期就加入了该公司。

创业初期,员工的工作积极性非常高,加班是经常的。有时候吃在企业,住在企业,工作虽然艰苦,大家都很理解。而且,大家都互相关心,互相帮助,比如拜托别人做什么事情,只要是对企业有利,别人就一定会帮忙;另外,如果发现别人在工作中有什么隐患,大家都会主动向当事人指出来。企业里的工作氛围非常好,大家只有一个目的,就是让企业快速

发展,一切从企业的利益出发。因此企业发展得非常迅速,销售额蒸蒸日上,而且公司的凝聚力也很强。

随着规模的扩大,公司加强了规范化、制度化建设,分工也更加细致,员工数已经超过1万人,并曾多次请管理顾问为公司把脉。

公司的各种规章制度建立起来之后,工作职责更加明确,绩效管理也更加科学,并且把量化考核作为一个重点来推行。但随着企业一天天规范,问题反而越来越多。

以前大家都非常热情地帮助同事,现在大家都不会主动为别人服务,更不会主动对别人提意见。拿大家的话来说,就是"各家自扫门前雪,不管他人瓦上霜"。由于考核不能包括工作中的所有内容,因此直接导致的后果就是考核什么,做什么;不考核什么,就不做什么。时间一长,创业初期的热情都没有了。以前,A公司引以为豪的是"灵活、主动、积极"的工作氛围,嘲笑竞争对手都是"大笨象"。但在不知不觉中,A公司自己也变成了一只"大笨象"。按说各项工作规范后,应该降低了风险,科学、细致、明确的工作方法使职责更加清晰,但大家总觉得哪里有点不对劲,可也说不上来到底是什么地方。

后来,范先生离开A公司去了跨国企业B公司。本来心目中的B公司在这些方面是非常好的,但是实际上B公司和A公司的后期没多大区别。范先生很多原来在A公司的同事也先后离开了A公司,大家交流起来感觉一样。范先生现在自己创业,公司已经从最初的几个人发展到了几十个人,随着自己公司的扩大,也遇到类似的问题。

到底是否应该将职责划分得足够清晰,并制订分工明确的量化考核指标呢?

如果不这样,公司组织可能就会发生问题,企业现在规模还小,经不起大的起落;如果这样做,又害怕降低工作积极性,尤其是主动为他人提供服务、改善信息的积极性。到底应该怎样,范先生自己也很困惑。

第七章 态度评价——让员工们都愿意往前走一步

"当范先生问我的时候,我也不知道应该怎么办,因为我们公司也面临着这样的问题。"林经理说。

"你们都把我说糊涂了。"李总不解地问:"看来,你们这些管理顾问没有真正帮助别人,反而给别人带来了麻烦呀。"

"李总,你又在偷换概念,企业运作中出问题是正常的,和管理顾问没有直接的关系。我们需要弄明白的是到底该怎么做。"林经理说。

"我觉得这个问题是普遍存在的,其实质是制度、流程、规则只强调了一些工作,其他没被强调的内容大家就疏忽了。"姜老师解释道。

"我觉得也是这样的,规范本身并没有错误,但是如果规范偏离了问题的本质,就会出现各种各样的问题。"张经理说。

管它呢,反正有人负责

"我在一家日本公司的制造部工作,负责管理设备、制造两个部门。我经常为这两个部门之间的协调伤透了脑筋。"马经理说。

"那你给我们介绍介绍可以吗?"蔡顾问说。

"好的,为了使这两个部门各司其职,我花了很多时间,也动了很多脑筋。"马经理开始讲述他们公司的故事。

一开始的时候,公司内部并没有什么职责与规范,属于粗放型的管理。基本上是由制造部门负责使用设备,设备部门负责维修设备,两个部门经常会发生争吵。制造部门经常投诉设备部门维修时间慢,不及时;修理部门则埋怨制造部门设备使用不当。

在这种情况下我决定分清职责,引进考核管理体系。对于设备部门,

对维修及时率进行考核,就是每次出了设备事故后,多长时间能修理完;对于制造部门,采取对设备使用不当而造成的使用故障次数进行考核。这样考核,大家的争吵减少了很多。

风平浪静一段时间后,大家是不争吵了,可我一看季度报表,大吃一惊,原来很少发生的事故现在发生的次数却变多了。我找几个部门进行访谈,才知道原因。

原来没有采取考核的时候,大家虽然经常为一些问题争吵不休,但是都会主动找出问题,解决问题。比如,以前制造部门发现设备隐患,会主动联络设备部门,而设备部门的维修人员也会经常在现场进行巡查,一是及时排除设备隐患,二是检查制造部门的工人在设备的使用过程中会有什么问题。现在用设备检修的及时完成率来进行考核,导致设备部门只管维修就可以了,也不去现场检查制造部门的工人是否使用不当;对于制造部门来说,原先感觉到设备隐患时,会主动向设备部门提出进行检查与修理,现在用设备使用不当造成的次数来进行考核,反觉得设备只要不是自己用坏的就不关自己的事,发现隐患也不主动找设备部门,反正坏了就去找设备部维修就行了。这样双方在工作中的主动配合与提高就没有了。

"马经理,你多设置几个考核指标是不是能解决这个问题?"林经理问。

马经理说:"刚才我只是介绍了这两个部门的一部分工作。其实他们本身有很多考核指标。我们搞考核、做目标管理的时候,指标多了一定操作不好,尤其对于现有的企业,员工素质普遍都不是很高,考核指标只要超过了5个基本上就没有办法操作。从表面上看,不考核的部分好像是大家的职责,但公司的改善、整体的提高却和我们的想象有些差距。就像刚才说的老鹰、猎狗、马的故事是一样的。"

"是呀,这也是今天我们需要讨论、解决的问题。"蔡顾问说。

"快说吧,我发现你们几个有一个特点,就是你们总是先说了一大堆问题,再说问题的过程,搞得我心里痒痒的。别吊我的胃口了。"李总又着急了。

考核不可能全部量化

蔡顾问总结道:"以前的讨论中曾涉及过这些问题。考核也有其发展过程,这个过程如下所示。

观察印象法 → 德能勤绩法 → 绩效要素法 → 目标指标法

"经过这几个阶段后,我们的问题就都解决了吗?我认为我们的考核走进了一个误区,抛弃'德能勤绩',发展量化考核,大家好像突然发现了一个绩效管理的法宝,'量化'考核已经被神化了。但是,在具体的运用过程中我们发现,由于量化考核无法覆盖所有工作,导致考核不到的地方就没有人愿意去做。我认为不能片面地理解量化考核,要灵活运用。除了量化的考核外,诸如以前被很多企业所抛弃的'正确性、迅速性、贡献度、积极性、协调性、知识技能、理解力、说明力、整理力、进取心、诚实性'等,也是有必要采用的。

"如果我们想将所有的考核都用量化考核来做,这将导致非常高的考核成本。比如前一段时间,我在一个企业做考核,该企业是一个化工企业,其生产过程是流程型的。最重要的一个指标,就是生产过程最后得到物质的'收率'(产品在最后生产出来的物质中所占有的百分比)。这个过程中有很多生产工序,经过几个车间,按说每个车间对最后的'收率'都有影响。如果想划分清楚职责,也是可以做到的,但是要花高额的费用来购买仪器仪表。所以在解决这个问题的时候,我们还是引进了关于工作态度的考核。"

"刚才所说的诸如正确性、迅速性、积极性、协调性、进取心等,都是对工作态度的考核。但是由于没有明确的指标,这些态度的考核很难操作。我想,大家都有同样的感受吧。理论方法落实到具体事情上就不一定行了。'宏论'毕竟需要落实,才会对企业产生具体的作用。"马经理好像对蔡顾问刚才的发言有点不满。也难怪,马经理来这里本来是想解决刚才自己所说的问题,但没有达到目的。

"态度的考核虽然重要,但是确实很难操作。我也曾经为这个问题苦恼过,后来与公司老总商量,最后还是放弃了这部分考核。"林经理说。

"你们看过足球比赛了吧,就像米卢说过的,态度决定一切。我觉得他说得不错,做事情之前,首先要有良好的态度。但是不知道老米是怎么操作的,如果他有什么好办法,要能推广起来,那老米对中国人民的贡献就不只是足球和做广告,对企业也有贡献呀。"李总笑着说,大家也跟着笑起来,沉闷的气氛一下子活跃起来了。

"态度是可以进行考核的。前几天和一个朋友聊天,他们公司在这方面做得还不错,我给大家介绍一下吧。"蔡顾问说。

C公司是一家生产汽车配件的企业,年销售额18亿元,员工1 200人,人均生产率比较高。C公司的考核也经历了几个阶段。刚开始,公司使用的是"德能勤绩"的考核,每年进行一次,并且在年底对各个部门的人员采取末位淘汰制。运用了1年,也淘汰了一些员工,发现用这样的考核方式存在很多问题。例如,管理人员对考核的尺度理解不一致,有的管理人员给下属的分数普遍偏高,有些得了"优秀"的员工在别的部门却只能得到良或中;有些部门管理人员评分太严厉,部门员工所得的分数普遍偏低;另外有的部门员工普遍优秀,可在优秀的员工中也要进行末位淘汰,这些员工如果在别的部门是根本不会被淘汰的。大家纷纷向公司领导反映了这些问题。

C公司的领导也意识到了这些问题。于是放弃"德能勤绩"的考核标准，采用KPI（关键业绩指标）量化指标的方式。但采用KPI考核也有一些问题，有些指标的考核要花很多成本，各个部门的文件、表单增加了很多。指标一多，就发现很多指标的考核数据很难采集，而且大家对自己的指标也就不在乎了，因为一个指标做不好只扣几分，对自己的综合业绩根本不会造成很大的影响。考核又陷入了尴尬的境地。

于是，公司决定按照二八原则进行考核，各个部门、岗位只选择最重要的几个指标进行考核。但是新的问题又随之出现，就是不考核的事情不做，与自己无关的事情不管。效率并没有得到提高，组织的氛围反而变得不好了。

你的态度好，是几级

C公司意识到问题的严重性，经过向管理专家求教与系统思考后，保留了量化考核的优点，又增加了对工作态度的考核，但将态度考核与量化考核分开。态度考核不每月进行，而是每季度进行一次，同时也分成了很多要素。将工作态度分解后，虽然还不能完全量化，但是在可操作性上已经提高了很多。C公司将工作态度分解为如下几个因素。

①团队精神：在团队目标下，对团队利益和协作的共同认知。通过绩效证据反映。

表7-1 团队精神的考核

级别	定义
一级	能在团队中配合其他成员，有一定的合作精神，态度端正，有时会考虑团队目标与利益
二级	尊重团队中的每一位成员，能在团队中积极配合其他成员，有较好的合作精神，态度端正，当团队目标利益与个人目标利益冲突时，总是以团队为先

(续表)

级别	定义
三级	经常为团队提出有意义、建设性的意见,当团队目标利益与个人目标利益冲突时,总是以团队为先
四级	能加强团队中其他成员的合作意识,能加强跨部门团队的合作意识,当团队目标利益与个人目标利益冲突时,总是以团队为先
五级	能管理团队成为一个高度配合、互相信任与支持的团队,并与其他团队紧密地配合,团队成员都能做到当团队目标利益与个人目标利益冲突时,绝对以团队为先

②责任感:在工作职责的基础上,完成任务的意识。

表7-2　团队责任感的考核

级别	定义
一级	根据一般职责要求,基本完成工作目标
二级	依据工作标准来完成工作目标
三级	严格执行工作标准,有高度的自觉性与主动性
四级	对工作标准进行审视,能够提出改善意见
五级	能对整体工作方法、流程进行分析,并提出改善方案

③服务意识:在工作中满足顾客需求的意识。

表7-3　团队服务意识的考核

级别	定义
一级	根据工作职责提供必要的服务
二级	关注内外部顾客的需求,提升服务质量
三级	以内外部顾客需求为导向,主动提供服务
四级	以内外部顾客需求为导向,改善工作流程、方法
五级	以顾客利益为中心,全面建设服务氛围

④进取心：树立更高的工作目标，不懈地追求发展。

表7-4　团队进取心的考核

级别	定　　义
一级	按照工作职责要求，主动地完成工作任务
二级	对本职工作热爱，积极努力地完成工作任务，主动寻找差距
三级	具有事业心，为更好地达到工作目标，主动学习，注重创新
四级	具备较强的使命感和事业心，坚持学习、吸收新的知识，为自己树立更高的目标
五级	具有强烈的使命感和事业心，主动迎接工作挑战，不断地向更高的目标奋进

对不同的工作人员做不同模块的要求。比如对销售人员的态度进行考核，主要是考核"进取心"，因为销售人员的工作进取心是最重要的；对后台支持人员态度的考核主要是以"服务意识"为主，因为后台支持人员主要是体现对前台服务的支持；对财务人员态度的考核主要是以严谨为主。

另外，将每个态度模块分出层次，对不同级别的管理人员进行不同层次的要求。比如销售部经理，对其工作态度的要求有"团队意识"模块要达到四级，也就是"能加强团队中其他成员的合作意识，能加强跨部门团队的合作意识，当团队目标和利益与个人目标和利益冲突时，总是以团队为先"；在考核的形式上，采取关键事件法，将具体的工作事件与态度考核相互结合。

采取态度考核结合量化的业绩指标，工作得到了很大的改善。因为态度考核、业绩考核都和员工的升迁与调薪相结合，以前"事不关己，高高挂起"的现象看不见了，大家都会主动帮助别人，为别人提供良好的服务，良好的组织氛围建立起来了。

"这样虽然还是量化，但是比以前好多了。"马经理好像得到了满意的

C公司的工作态度分解

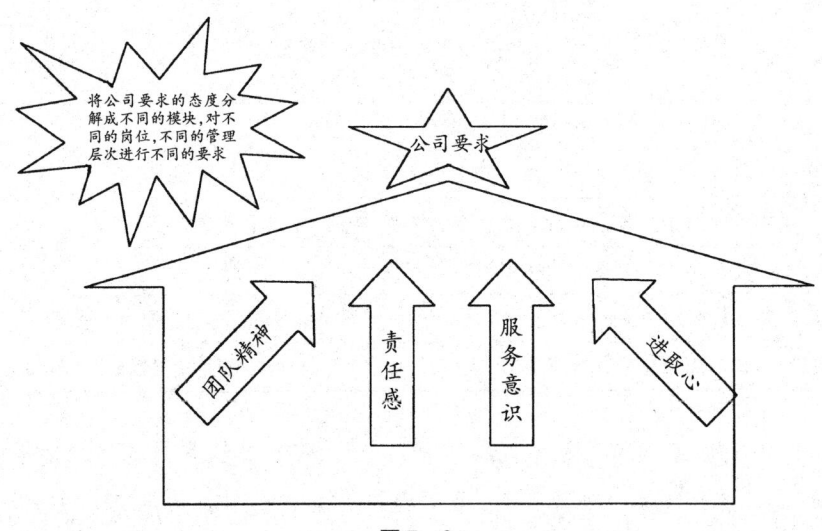

图7-2

答案。

"考核是需要成本的,片面追求量化对企业来说是不经济的。只要我们采取合适的方法,将量化考核与态度的定性考核结合起来,就可以在成本比较低廉的情况下取得不错的考核效果,绩效也可以得到提升。"姜老师说道。

"对,回去我也试试。这样,我看你们还是快点讨论,别每次说一个问题我回去一试,发现不对劲又要改。"李总说。

"李总呀,绩效管理是一个复杂的过程,如果不是每次就一个问题细致地探讨和分析,我们怎么能深刻地理解呢?如果今天直接告诉你态度考核要和量化考核相结合,你会理解吗?所以我觉得这样的方式很好,首先找出问题,再分析案例,找出原因,提出一个在实际中已经有过的解决方案,我们理解、操作起来就更容易了。"林经理说。

"是呀,林经理说得对,这也是我们每次都准备故事和案例的原因。"蔡老师说。

重新激发主动性

"每次都是我和蔡老师总结,今天我看就让林经理对今天讨论的内容做一下总结吧!林经理,你看可以吗?"姜老师对林经理说道。

"好吧,我试试看。如果有什么不对的地方,请大家指正。"林经理说。

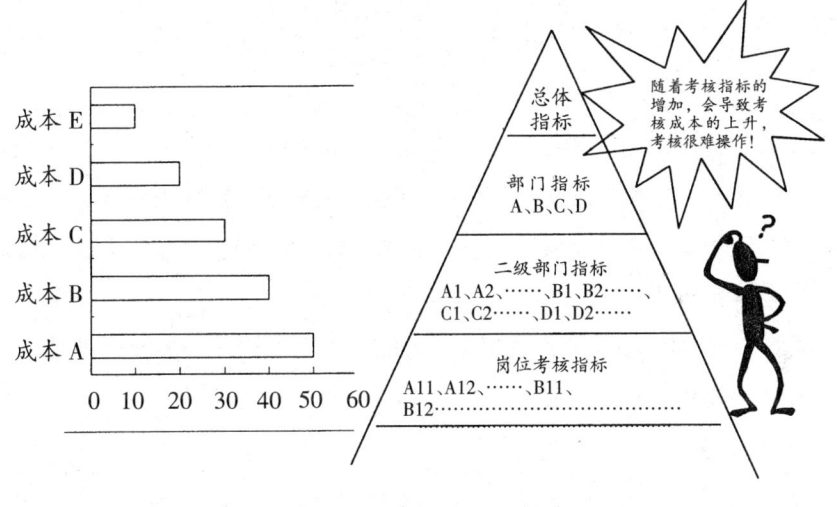

图 7-3

企业经过几个考核阶段以后,现在开始进入量化考核阶段。但是,很多企业片面强调量化考核,又进入了一个误区。大量的量化考核导致过高的管理成本,虽然有很多企业通过 IT 平台进行工作,由 IT 平台对工作质量进行监测,但是依然有很多指标难以操作。我知道某企业投入巨资建设 IT 系统,本以为能够解决绩效问题,可结果依然不理想,所以片面追求量化指标对企业来说是不经济的。

引进关键业绩指标，可以有效降低管理成本，但会产生新的问题

图7-4

很多企业为解决管理成本问题引进了二八原则，抓住重点指标进行管理，虽然有效解决了关键业绩指标的问题，但是会产生新的问题。如今天我们讨论的老鹰、猎狗和马的故事，范先生讲述的故事，以及马经理说的问题，其本质都是由于明确职责的考核带来组织氛围变化，从而导致分工、考核所涉及不到的地方自然不自然地产生懈怠情绪。表面上看没有多大的问题，但是企业运作是一个整体过程，细节出现问题会导致整体业绩的下降。

态度考核与量化考核

工作态度是产生良好绩效的一个基本原因，将态度考核与量化考核有机地结合起来，可以在创造良好组织氛围的基础上产生好的绩效。既降低了考核成本，又能够产生让人满意的效果。但是传统的态度考核操作性差，会因为评价人对标准认识的不统一，造成考核成绩与现实相偏离。如果能有效地突破这一点，考核就可以达到不错的效果。

对于这个问题，可以将态度考核细化，尽量让态度考核贴近现实，变得易于操作。C公司提供了很好的案例。首先根据企业文化、企业战略将

第七章 态度评价——让员工们都愿意往前走一步

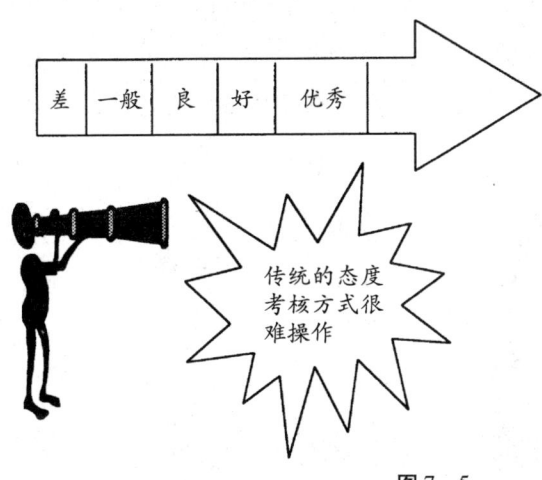

图 7-5

公司要求的态度目标分解，例如可以分解为责任感、服务意识等细化的模块；对不同职位的人员采取不同的要求，如营销人员重点要求进取心和诚信、财务要求严谨等。这样，态度考核就更具有针对性。

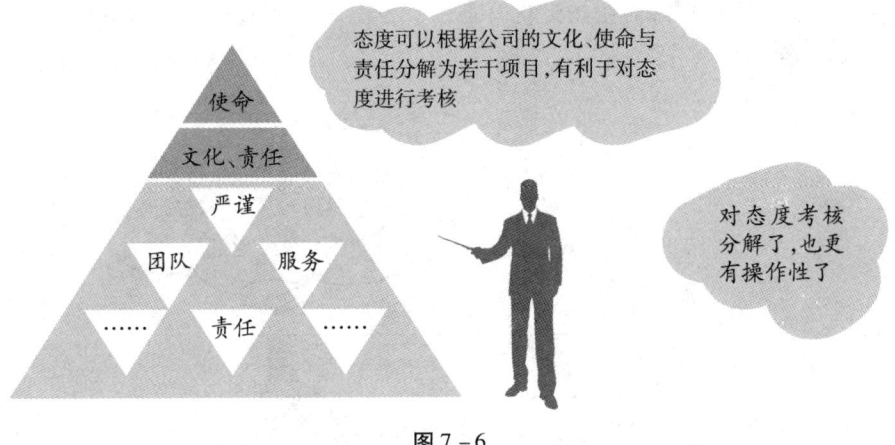

图 7-6

其次，具体到每一个态度模块，也要分出层次，对不同管理层级的人员采取不同的要求。例如，对部门经理，其团队精神的要求是"能加强团队中其他成员的合作意识，加强跨部门团队的合作意识，当团队目标利益

129

与个人目标利益冲突时，总是以团队为先"。对于一般的部门工作人员则要求"能在团队中配合其他成员，有一定的合作精神，态度端正，有时会考虑团队目标与利益"。这样，根据职位类型与管理层级的高低，选取不同的态度考核，就将态度考核比较好地进行了量化。

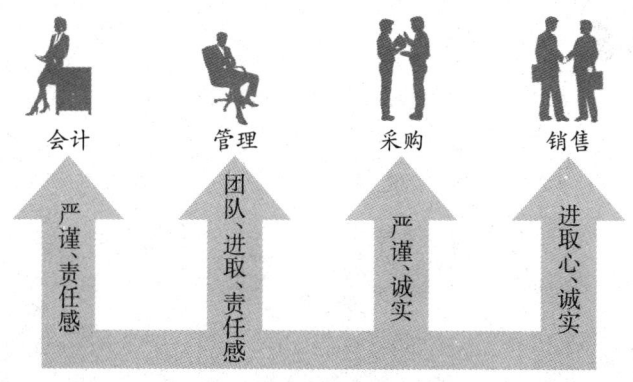

图 7-7

通过将态度考核细化并与量化考核有机地结合，就可以使考核具有很好的可操作性。这样既可以达到良好的考核效果，又可以有效降低管理成本，还能营造出良好的组织文化与氛围，使公司的价值观通过考核贯彻到工作中去。

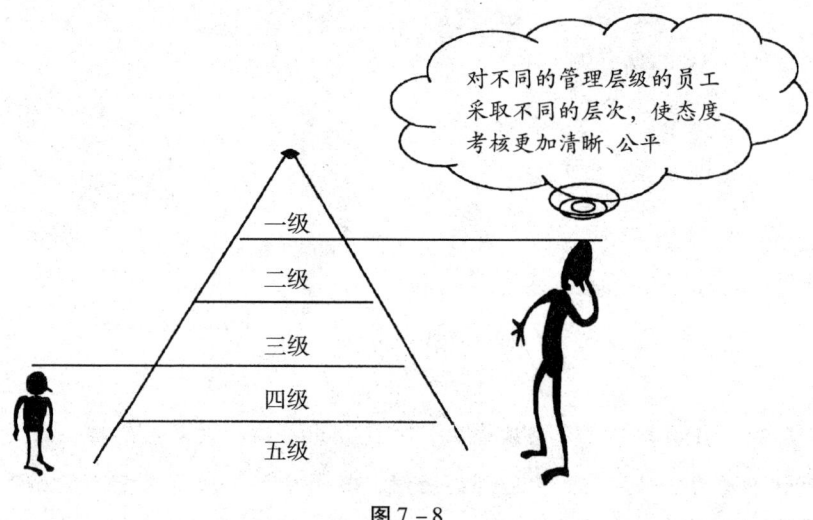

图 7-8

第八章　主基二元法——既要出色又要完美

谁更适合做龙宫的接班人

龙宫里的乌龟宰相年纪大了,准备找个人接替他的位置。龙王让他自己选一个合适的接班人。

乌龟有两个手下,一个是螃蟹A,一个是墨鱼B,他们都有很多优点。螃蟹A工作勤勤恳恳、任劳任怨,从来没有什么怨言,人品很好,工作也没有出现过什么问题。有一回龙王开宴会,北海龙王凳子腿断了,一时找不到其他凳子,螃蟹A就亲自去垫凳子,让北海龙王坐在上面。但是勤勤恳恳、不出问题就一定有好成绩吗?乌龟宰相仔细想想,觉得螃蟹A虽然没有犯过什么错误,但也没有什么特别的成绩,总也无法让上级有个惊喜。

图 8-1

而墨鱼B倒是非常机灵，上面交代下来的事情从来都照办不误，而且做得很漂亮。上次四海龙王聚会，墨鱼B跑前忙后，办得热热闹闹，大家都很满意。但墨鱼B的业绩就很好吗？也不一定，因为墨鱼B在完成上面交代的任务时，自己分内的工作却没有做好。操办四海龙王聚会时，墨鱼B管理的仓库却失火了。

那么按照什么标准来评价这两个手下呢？如果按照工作态度来评价，螃蟹A就是合适的接班人。但螃蟹A能带领手下做出优秀的业绩，让龙王满意吗？按照现在螃蟹A的状态显然是不可能的。那，按目标的完成状况来评价？这样，墨鱼B就是合适的接班人。但是墨鱼B虽然机灵，可很多自己分内的工作却没有做好。再说，考核的目标只有几个，很多目标覆盖不到的地方他可能也做不好。如果选择墨鱼B，能够服众吗？

乌龟陷入沉思中，想了很长时间也没有想通。这时乌龟突然想起了龙宫里面的智者——长须龙虾。于是，乌龟宰相就去向长须龙虾请教这个问题。

长须龙虾对乌龟说："这个问题很复杂，首先，要确定你选择接班人的标准。按你刚才说的，我觉得你选择的标准就是工作要出色，那么，到底怎么才算是出色呢？应该如何设立评价标准？"

"对，怎样的评价标准才合适呢？"乌龟问。

"我觉得你刚才说的两个人各有特色。仔细分析，可以得出两个因素，一是主要的绩效，一是基础的绩效。墨鱼B的主要业绩做得不错，而螃蟹A的基础业绩做得不错，对于业务整体来说，两个都很重要。只有综合这两个因素的评价，才能评价出合适的人选。"龙虾说。

"是这样的，但基础业绩与主要业绩之间到底是个什么样的关系呢？"乌龟问道。

"这个，要好好想想……"

临门一脚的价值

老张曾经是一个企业足球队的教练,今天也来参加论坛。老张讲了他经常碰到的问题。

 案例

足球队教练的主要工作就是寻找合适的队员,训练队伍,将队员拧成一股绳,带领球队获得比赛胜利。这个过程存在很多问题,让老张最苦恼是如何分配精力训练各个队员的技能,使他们能够在比赛场上发挥出能力来,再就是球队胜利后如何分配奖金。

球队获得胜利有两个因素,一是多进球,二是不失球。多进球,要求每个队员积极参与进攻,通过临门一脚将球踢入大门;不失球,就要队员积极防守,尽量不让对方有攻门的机会,即便对手获得了攻门的机会,守门员也能够将球扑出。

如果按最直接的结果说,守门员与射手就是球队中最关键的人物。但是,足球是由所有队员参加的比赛,拿进攻来说,大家需要不断互相传递、抢截、跑位,才能获得攻门机会,最后,由射手通过合适的力量、角度、技巧将球送入对方的大门。如果没有大家的互相传递、跑位,射手根本就不可能有射门的机会。防守也是一样,通过全体队员不断地抢截、盯人、跑动,才能大大减少对方的射门机会。即便对方获得了射门机会,由于有自己球员的干扰,对方是很难顺利射门的,这说明其余队员的防守也是非常必要的。

训练时,老张是将精力放在训练射手和守门员的技能和熟练程度上呢,还是进行整体训练?是练射门、守门,还是练传球带球?因为时间有限,每个球员又各有特色,全面照顾是不可能的。

球队胜利后,分配奖金又成了非常困难的事情。到底每个位置的球员应该怎么评价,如何发奖金?进球队员该发的奖金比例到底是多少?守门员应该发多少奖金?其余参与进攻和防守的队员又该发多少?如果这个比例掌握不好,就会出很多问题。进球队员发多了,大家就不愿意传球给别人,尽量自己进球。守门员发多了,大家防守就会不卖力。此外还有营养师和队医的奖金等。可是如果关键人物奖金发少了,形不成激励,球队也无法发展。

图8-2

老张在工作中不断调整策略,但始终找不到一个很好的方法。今天老张带着困惑来参加绩效论坛,期望能从大家的讨论中找出问题的答案。

"好,老张给我们讲的也是突出的绩效与基本工作的事情。看来在很多事上都存在这样的问题。现在请杨经理介绍一下他们公司的情况。"蔡顾问说。

第八章 主基二元法——既要出色又要完美

安全出问题怎么办

 案例

我们公司是生产多种制药中间原料的企业,有 20 个生产车间。最近有一个车间主任的位置要拿出来竞聘,但怎么聘,上任后怎么考评和管理成了目前的一大难题。由于公司是根据市场需要生产产品,每种产品随市场价格波动而利润不确定,而且不同时间每个车间生产的产品可能都会有变化,所以对车间工作的评价也就一直没有认真过,常常是各车间的考核分数差不多。我们过去对车间的考核结构是这样的:

生产及成本占 35 分,质量占 15 分,安全占 10 分,设备管理占 20 分,文明生产占 10 分,其他如工作管理等占 10 分。其中每一项都有更具体的考核项目。

不少车间基础管理做得很好,可就是干劲不足,应该有条件提高产量和质量,却做得不积极,工作也一直没有多少进展。后来公司任命一个年轻人为长线产品车间的主任,新主任干劲十足,把产量和质量都做上去了,公司领导对他很器重。但是上个月他负责的车间出了严重的安全事故,公司不得不免了他的职。现在公司要我重新做一个考核制度,要求既能促进生产,又不能耽误基础工作。这段时间,我一直在考虑怎样全面平衡考核指标。若按原来的制度,生产做不上去或者基础管理做不好对综合成绩影响不大,各车间主任当然不愿冒险提高产量了。我认为考核指标的设计决定了企业的价值导向,也就决定了企业的行为结果。我把考核指标分了 5 类,要刺激体现业绩的指标,但同时其他指标也不能忽视,因此要对指标进行分类管理。我制定的考核指标分类办法如下所示。

表8-1 ××公司车间考核指标分类应用办法

指标名称	指标内容	指标管理	指标操作
主指标	体现主要业绩	• 每月不超过5个指标：产量、质量、成本、安全等 • 直接与奖金的80%挂钩，剩下的20%与C类指标挂钩	• 以经营计划、基础目标的超额业绩部分计算
安全指标	工作安全保险	• 一次失误，在损失较小的情况下，扣除当月2/3和上月的1/3奖金 • 同类失误发生两次，扣3个月奖金 • 每年失误不得达到3次，否则同时扣年底奖金	• 安全事故 • 生产事故 • 重大投诉 • 影响公司形象事件
要求指标	重点工作要求	• 根据工作重点计划、上级要求，每月有两个以上指标与奖金挂钩，可轮流抽取基础指标	• 每1至3个月有1至两个阶段工作重点，依此重点的目标完成情况
基础指标	体现工作职能	• 在一定幅度波动，超出即与奖惩挂钩 • 同类考核中全公司第一，奖当月奖金的20% • 一个指标达不到范围或右栏一项不符合要求，扣奖金20% • 一个指标连续3次最低，扣奖金30%	• 每月对指标自检，对优缺点提供证据 • 对上两次中提出的每个缺点有改进，提出证据 • 指标不能连续3月两次都处在最低处 • 综合分值不能处同类单位考核最末一位 • 发现前期的问题可有反溯对待
奖励指标	鼓励工作导向	• 有一个特别突出即给予奖励，奖上3个月平均奖金的30% • 自己提供优秀的证据	• 指标：合理用人、内部学习、自我反省、辅导传授、信息沟通、工作有条理、设备完好、现场模范、优秀建议、工作记录优秀、支持党政工作等 • 每半年必须达到一次可奖励，同一指标在相隔4个月内重复无效；否则扣除半年内最高奖金额的50%

听完蔡顾问总结道:"杨经理说了一个很好的案例,他把各考核指标进行了分类,看起来比较复杂,但是终归是要将其化为一个结果。杨经理谈到按指标权重考核、按主要业绩方面等考评都存在一定问题。前面'龙宫接班人'、'张教练的烦恼'都是怎么看待绩效,怎样平衡基础工作与整体业绩的问题,一般情况下人们是怎么看绩效的呢?"

突出,有个性就是好吗

蔡顾问说:"大家想一想,在我们的生活中,什么样的绩效是好的,或者说什么才是好的?不管什么情况都可以,身边的、家里的都行。"

大柱说:"昨天报上登了一个人民警察的先进事迹,他奋不顾身勇擒歹徒,受伤住院后记者去采访他,对他的事迹进行了连续报道,说他思想品德好,一向乐于助人,他的邻居同事都夸他。同样一个人,思想也没变,为什么他没受伤时不报道他?我想是因为他过去虽然表现也很不错,但缺少一个特别突出的行为。现在有了这个行为,他的形象就一下高大起来了。没有突出事迹,总是些一般的先进事迹,大众是很难关注他的。现在人们赞扬他,以他为榜样,是希望他的突出行为给社会的影响更深刻。"

老陈说:"在儿子的培养上,我有自己的见解。我认为人立足于社会必须有一项技能,光上了大学是不行的。你看现在的大学生多的是,能否成功还在于其是否能抓住机会,机会是否存在于身边。我儿子喜欢音乐,我就给他买了一个萨克斯。我不是想让他成为音乐家,这会给他很大压力,他只要像克林顿那样吹吹萨克斯,能引人注目就行了。"

"你很有主意,一个萨克斯几千元,能吹着玩的学生毕竟是少数,你儿子将来肯定出人头地。"

"对,一个人要有特点,才能让人喜欢。谈女朋友也是这样,女孩子

喜欢有个性的男孩。上次我做红娘,对女方说我那同学为人老实,她直白地告诉我说光是为人老实就是没有其他优点,她不喜欢这样的人。"

图 8-3

完美就是好吗

"我们也不可能都做突出的事啊!如果你连大学都考不上,那还有什么好机会。你能像猪八戒那样逗女朋友乐,可一遇到事儿就溜了,她肯定也不会喜欢你。"李总说。

"对,基础的事情要做好,否则无论如何是不行的。你看有的公司领导做得很好,业绩也很突出,可是一旦突然发生重大安全事故,虽然他不是直接责任人,但还是得引咎辞职。"

"基础工作不但要做好,而且必须要做细致。上次我们'驴友俱乐部'组织去登山,走了没一半问题全出来了:有穿鞋不合适的,有袜子磨脚的,有背水果太多的,有平时缺乏锻炼体力不支的,还有前一天太激动没睡好觉的,结果好端端的登山计划没有完成。"

"是的，做任何事都要注重基础，有了良好的基础才有产生卓越的土壤，你的卓越表现才能扎实。一个好人不是随便产生的，一个坏人也有其产生的根源。做好事被报道的公共汽车售票员，每一天的工作都非常认真；而某个项目发生安全事故，就是因为平时就存在安全隐患。"

"所以必须在基础工作完美的情况下，再有一项突出的表现，你才是好样的。"

怎样才算表现出色

"那么，怎样才能把事情做出色呢？"

"我有一个亲戚开了一家餐馆，经常要我去帮他出主意。第一次去他那吃饭，发现菜的味道不好，首先是蔬菜不够新鲜，而且里面有沙子。这样怎么能行？我给他提出来，要他改进。第二次去吃，发现菜的味道依然不好，但已选用了新鲜的蔬菜，而且洗得非常干净。但中国菜是讲究色、香、味俱全的，于是给他提出来，要他注意。第三次去，发现口感好了，但是颜色依然不好。第四次去，发现色、香、味都有不错的改善，走的时候给他提出还要在色、香、味上继续努力。现在他的生意非常红火。"蔡顾问介绍说。

"其实对于消费者来说，去餐馆吃饭，有两个方面的要求，一是菜必须卫生、新鲜，二是菜得色、香、味俱全。菜新鲜就是基础工作，基础工作做不好，顾客一定不会满意；基础要求满足以后，就想吃到色、香、味俱全的菜肴，而消费者又会不自觉地对这三个因素进行评价。这和我们以前说的短板原理是一致的，对菜肴的整体评价取决于最差的那个因素，所以餐馆每次注重提高最短的那个因素，消费者对餐馆的评价就会不断提高。这样，我们就把事情做得更出色了。"蔡顾问说得有点眉飞色舞："其实这个不但是对企业进行绩效管理有效，对于个人的成长也同样是有效的。"

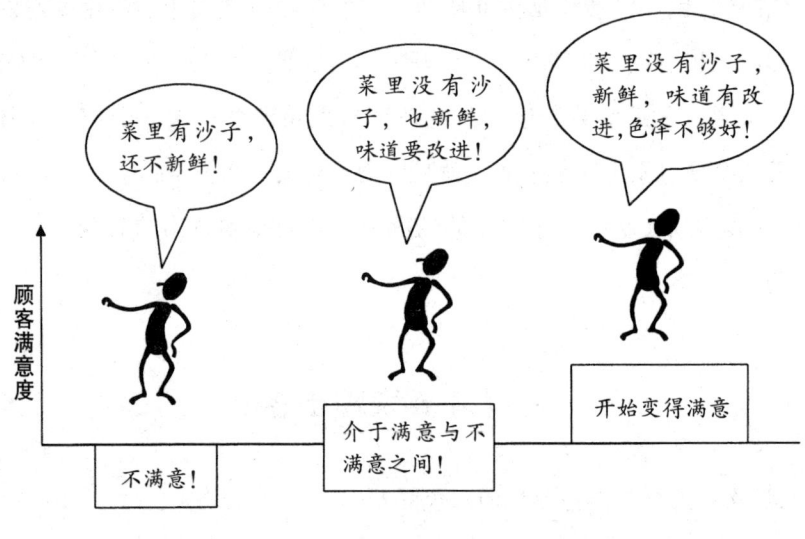

图 8-4

现今中国最值钱的职业经理人是现任职于上海某游戏公司的 T 某,号称日薪 50 万人民币。T 某以前是某跨国软件公司中国区的老总。T 是以一个工程师的身份进入该企业的,当 T 刚进入这个企业的时候,发现像他这样的工程师有好几千人,不知道自己何年何月才能出头。T 在这个时候发现了一个机会,发现 Windows 汉化的时间需要 2 年左右,也就是当 Windows 95 上市 2 年后,中国才有中文版的 Windows 销售。于是 T 建议领导成立一个项目小组——研究如何改变现有的 Windows 汉化流程,项目组经过一段时间的努力后,大大地缩短了 Windows 汉化的时间。T 因此而被迅速提升。如果 T 一开始就兢兢业业地当工程师,现在肯定没有如此的辉煌了,T 抓住了主要业绩。

"听你这个故事我很受启发,"来自某大型国有企业的黄科长说:"我终于明白我为什么工作了 20 年还是个科长,因为我只抓住了基础绩效。"

大家听后大笑。

将出色与完美结合起来

看来这里面很有名堂，姜老师已做了充分准备，大家就请姜老师系统地给大家讲讲。姜老师也不推辞，拿出图纸开始阐述。

将工作分成两部分

任何一项工作都可以分成两个部分，一个是称得上显著业绩的部分，通过努力加强这一部分工作，能够让人们觉得它非常出色，或者超出一般水平，这部分被称为显性业绩；另一部分是所有的基础工作，是支撑显性业绩产生的基础，这部分称作基础绩效。

人们对工作都会有一个主要要求，这个主要要求就是显性业绩。例如报社向你约稿，按时交出高质量的文章就是主要要求。人们也可以对工作有多项要求或整体性要求，显性业绩就是这些整体性要求中突出的一部分。例如投稿文章要求生动、活泼，资料丰富，哲理深刻，如在这些方面有一项做得很出色，即是它的显性业绩。

基础工作是产生和支持显性业绩的土壤，它包括具体的基础工作、进行具体工作的组织管理、工作者的工作技能和工作态度。例如，写文章需要合适的纸笔、构思、信息收集、写作者的状态、情绪、工作技能，等等。

用考核指标促进工作

将显性业绩与基础绩效分割开，就是为了对它们分别采用不同的管理

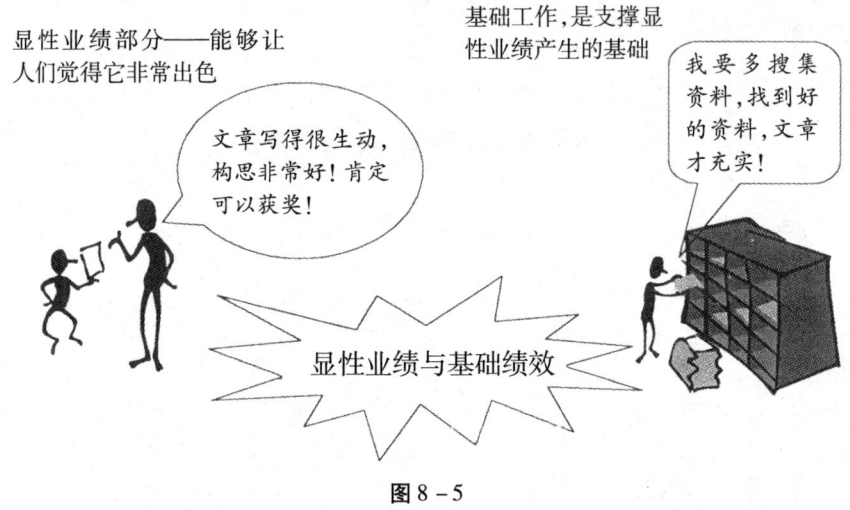

图 8-5

方法以促进工作。

显性业绩是单向的,可以制订一个评价指标引导工作者将指标完成得更好。如稿件采用量,或所采用的稿件中文章较生动的数量。

前面我们谈到工作中短板提高的方法是提高显性业绩的重要途径。如影响稿件采用量的一个重要因素是错别字太多,就必须再制订一个每千字的错别字量或减少量的指标,以控制和减少错别字,这样稿件采用量就提高了。短板指标是变化的,这个短板提高了,又会出现下一个影响业绩提高的重要因素。如错别字量减少到要求控制的程度,语句不通顺又会成为影响进一步提高稿件采用量的主要因素,短板指标就换成病句数。又如故事性合乎要求了,主题思想混乱又可能成为影响文章生动的重要因素,则主题思想统一鲜明就成为下一个短板指标。

显性业绩指标与短板要求指标,是在一个目的的指引下做事,用以评价和促进一段时间工作的正确性。但工作总有例外,如每个月都写文章,但这个月有一周需要到现场调查落实,这样就会影响写作时间和提交的文章量。因此分配写作任务时要扣除调查占用的时间,把现场调查当做一项临时任务,也作为当月工作绩效的一部分。因此显性业绩、短板要求和临

第八章 主基二元法——既要出色又要完美

图 8-6

时任务作为主要绩效与基础绩效相对应。

基础绩效是所有基础工作,包括工作的各组成部分、工作品质、工作管理、工作工具、工作环境、工作者能支持产生绩效的部分等,最后一项包括工作者的技能、知识、品性,等等。因为不同的工作者在这些方面是不一样的,优秀的工作者这方面的特质会促进工作,这个优秀的特质即成为促进工作的标准。

我们前面谈到目标管理的基础工作,如制订目标、过程管理、主动性的态度问题等,都是基础绩效涵盖的内容。基础绩效可以制订无限多的促进指标(或称考核指标),对有明确要求的方面,制订具体考核指标;对不明确要求或很难明确要求的方面,可以给一个笼统范围的指标。如对工作品质,可称达到多少百分率,或达到中等质量;对工作知识,可称达到英语六级,或有一定读写译水平。这些指标根据需要制订,根据具体情况决定量化的程度。

工作评价指标的管理

显性业绩、临时任务都要求尽可能达到最好,它是我们工作的主要方

面；短板要求促进和支持显性业绩的提高。主要绩效的三项评价指标都体现我们的主要工作成绩，是我们工作的重点，把这三项做好了，我们的工作就突出了，出色了。因此这三项工作评价指标的值越高越好，而且我们也要求它必须向高水平发展。

主要绩效的这些特点可以采用目标管理的方法，基础绩效指标则不同，因为基础绩效包括了所有支持产生主要绩效的部分，凡能够支持主要绩效指标值提高的部分，都可制订基础绩效指标。前面讲到的目标管理的一些基础工作，包括这种管理工具的应用以及态度评价，都可列为基础绩效指标，因为它们对主要绩效有贡献。

对基础绩效指标来说，我们希望它达到一个基本水平，在水平之上对主要绩效支持是必要的，但支持程度多少很难测定，它有一个逐渐量变与质变的过程。当其中某一项高到一定水平时，它也显得比较突出，也可成为我们又一项出色的成绩。因此各个基础指标值必须在基础水平之上，出色水平之下。在这个范围之下，可能对主要绩效产生负面影响，或者我们认为它不合适；在这个范围之上，是我们应该鼓励的，但它不是主要绩效的方向，是工作的一个附带成果。

基础指标为范围管理提供了一个操作上的便利。基础指标包括的范围很广，对每一个指标做出准确的测量刻度是不实际的，其一成本太高，其二也不准确。而只制订允许的最低值和奖励的优秀值，即制订上下限是相对比较容易和准确的。

因此，对于主要绩效指标和基础绩效指标的激励管理措施是不同的。主要绩效，激励其做得更好；基础绩效，在范围之下惩罚，在范围之上奖励，范围之内是应该达到的部分，不奖不惩。基础绩效的管理正如交通管理的红黄绿三色灯一样，红灯区是被禁止的，不允许指标值达到这一区，否则惩罚；在绿灯区是通行的、提倡的，指标值在这一区将被奖励；在黄灯区，不奖不惩。为了促进基础绩效水平不断提高，也应采取将其范围不断移升的一些具体管理措施。

基于以上关于真正绩效的论述,我们设计了"主基二元法考核模型",见下图。

主基二元法考核模型

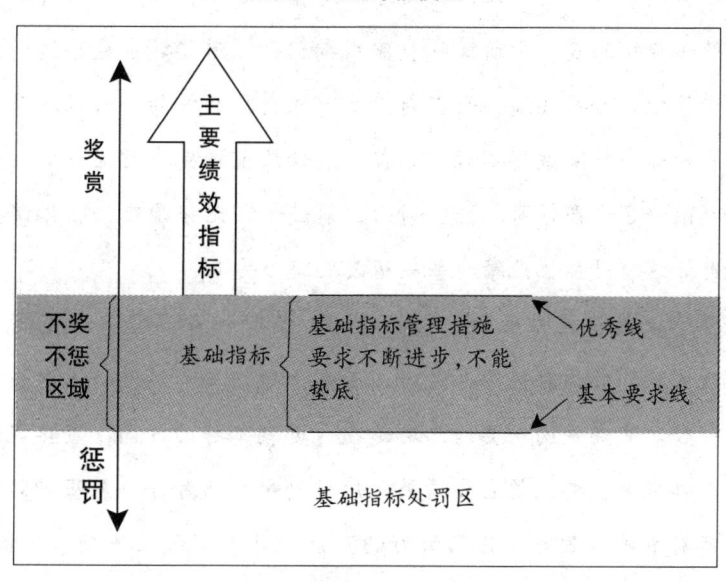

图8-7

该模型的思想就是将绩效考核设计成两部分,第一部分是"主要绩效",要求你不断提高,它是显现你绩效的重要部分;你做得越好,绩效分越高。第二部分是"基础绩效",你的表现、成果有一个范围限制,落在这个范围之内不加分也不减分,落在这个范围之外就要加分减分了。这两部分相互独立又互相促进,"基础绩效"对"主要绩效"有影响,前者好,对整体绩效是个补充,前者差,整体绩效就不会好。绩效考核就是把这两部分的考核分互相叠加,即得出真正的绩效考核分数。

主要绩效与基础绩效之间的逻辑关系

显性业绩与基础绩效都会影响整体的工作绩效。显性业绩做好了,工

作的整体绩效就会好，但是这有一个前提，就是基础绩效必须好。但是基础绩效做好了，显性业绩做不好，整体绩效也会受影响。

所以说，显性业绩是实现整体绩效的充分条件，而基础绩效是实现整体绩效的必要条件。打个比方，足球队进行比赛中，经过多次传球，最后将球传给了前锋队员，由前锋队员完成射门，球进了。在这个过程中，前锋的球进了就是显性业绩，而在射门之前队员们的抢断、传球都是基础绩效。如果传球、抢断做得不好，球就无法传给前锋完成临门一脚；如果传球、抢断做好了，前锋有机会去射门，射进了，比分改变，整体绩效就得到了提升。这就是显性业绩与基础绩效之间的关系。

主要绩效包括显性业绩、短板要求、临时任务，这是为提高显性业绩，把改变计划的临时任务也做好，着眼于短期工作促进的出发点而进行的工作整合。它们是同一类的，均是指引近期工作的方向，直接促进产生显著的工作成果，也就是主要绩效。短板要求、临时任务与基础绩效的关系是，只有基础绩效好，它们做好的可能性才大。如果基础绩效做不好，它们做好只是偶然的，做不好是必然的。因此主要绩效与基础绩效的关系同显性业绩与基础绩效的关系一样，主要绩效优秀是整体工作优秀的充分条件，基础绩效优秀是整体工作优秀的必要条件。

主基二元考核法的优点

主基二元考核法体现了现代的管理思想。

第一，它刺激显性业绩不断提升。因为这才是我们工作的目的，当每一层级显性业绩都增长后，整个企业的显性业绩就提高了。

第二，它重视把工作短板纳入绩效考核。短板不是工作者或工作管理的弱点，而是影响提高显性业绩第一位的弱点。它的提高就是显性业绩的提高，所以把它与显性业绩放入一个层次管理。

第三，将临时任务纳入主要绩效。这样可以避免工作者经常有临时任务而又无法对其进行工作评价，同时既然工作者的工作任务中能够加入临时任务就说明其必要性，就必须有相应的结果。这种方式完善了对工作者的整体工作评价。

第四，将主要绩效纳入目标管理，完全符合目标管理的特性。目标少而集中，可以将目标管理整个过程做充分；改进工作短板，本身存在着必须克服困难的勇气在里面，使目标管理工作与个人工作激励、个人愿望、成就感结合起来，形成"工作目标—个人意志—工作达成—自我成就—企业整体目标实现"的完整路线，从而使主要绩效做得更加优秀。

第五，每一阶段的工作短板在变，临时任务在变，使工作成为既有短期管理促进，又动态地与整体工作合为一体。短板从基础绩效中转移过来，也就建立了主要绩效与基础绩效的动态变化关系。

第六，基础绩效采用范围管理，既将无穷的工作管理内容纳入其中，又使它简化可操作。因为制订任何方面的标准，确定其及格线和优秀线比制订更多的等级刻度要方便多了。

第七，基础绩效采用红黄绿三色管理，红色为必须改善区、黄色为一般区、绿色为优秀区，再配以一定的管理制度，促进基础绩效平台提升，使各项基础工作均处于改善提高之中。

第八，主要绩效与基础绩效可以完全个性化。基础绩效先以特别突出的问题制订指标，以后逐步去完善，在未完善前可以将内容及其要求均以范围示之。

第九，简化管理。只要理解了主基二元考核法，就会发现它的操作其实非常简单，但却包含了丰富的信息。可以月月实施绩效考核以促进绩效，且不用担心它会影响被考核者的精力和情绪。

第十，激励管理。既时刻鼓励优秀和鞭策落后，又利用主要绩效和基础绩效的叠加，拉开优秀绩效者与后进绩效者考核分的差距，通过统一的考核分数标准展示各个对象的绩效结果。

因此，主基二元绩效考核法是绩效考核和工作管理方法的新突破。

姜老师一口气讲了近两个小时，大家都聚精会神地听着，不断有人点头称是。姜老师讲完后，蔡顾问请大家把自己的工作绩效试着也这样划分，并在回去后介绍给同事，特别请杨经理把自己制订的考核内容再仔细想想。

既要产量，也要安全

杨经理回去后把他制订的考核制度中的部分内容 E-mail 给了大家。他认为自己受原先的思路影响太大，可能还没有完全理解主基二元考核法的精髓，所以要大家多提意见，尽可能地帮助他。

......

第三章　月度工作考核

......

第十二条　考核结构：分四种指标，即主指标、辅助指标、要求指标和奖励指标。要求指标和奖励指标根据公司管理的需要设定或暂不要求。

第十三条　主指标是生产业绩指标，由产量、质量、成本、安全等方面构成的指标。其中安全指标为倒扣分指标，它们与奖励系数共同构成考核的基本分，基本分是测算经营者的奖金基础。

第十四条　辅助指标是生产基本保障指标。其中每一项指标设定出一个最低要求分值，低于此分值，将参与扣除基本分，对特别优秀的，参与奖励基本分。辅助指标占基本分的15%。

第十五条　要求指标是在考核前 1 个月，根据公司和车间工作需要而设定的一至三个指标。可以是辅助指标或辅助指标的某一方面指标，当已列入要求指标时，在辅助指标中可不再做要求。要求指标分值为基本分的10%~30%，增加总的考核分值。

第十六条　奖励指标指公司设定的"内部学习"、"工作协调"、"反省激励"、"沟通团结"、"优秀建议"、"文化建设"等，作为鼓励工作方面的指标。车间在其中某一方面做得特别优秀的给以奖励，奖励分值为当月基本分的10%。

第十七条　安全指标应用办法，见附表。

第十八条　辅助指标内容。

规范生产：按公司规定和生产制度计划组织好生产，文明生产；

设备管理：设备的基础管理和设备保养；

人员管理：劳动纪律与合适用人；

环境管理：现场管理、卫生、清洁；

记录信息：工作资料记录、传递和信息沟通；

改进提高：对不足之处的及时改进。

第十九条　辅助指标惩罚管理办法。

每月对每个指标进行自检，向考核组提供优缺点的证据；

改进提高指标中有实质内容，对上两次考核组提出的每个缺点有改进，并提供证据；

各指标不能连续三个月有两次处在最低值；

不能有一项指标处于全公司同类考核中的最低分值；

综合分值不能在同类车间考核中处于末一位。

上述五点有一点不符合，即扣除当月奖金的10%~20%。所有指标后期发现前期评判错误的，在有证据的情况下，具有可追溯性，对前期考核分进行更正，同时也相应更正奖惩。

第二十条　辅助指标奖励管理办法。

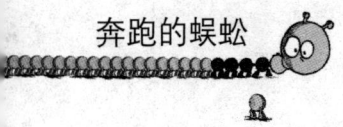

某项指标连续三个月得分处在全公司同类考核最高处；

某项指标特别优秀，打破公司记录，获得公司领导认同，提倡作为公司榜样。

上述两点有一点相符，即奖励当月奖金的10%~20%。

……

第九章　战略发展
——需要引进战略绩效测评

让鸬鹚长期抓大鱼的诀窍

村庄旁边有一个湖，湖边住着两个渔夫 A 和 B。渔夫自己打鱼，将鱼拿到市场上去卖，工作非常辛苦。

图 9-1

一天，一个外乡人来到村庄，看见渔夫打鱼很辛苦，就对他们说："你们可以不用这样辛苦地打鱼，有一种鸟叫鸬鹚，它们会抓鱼，你们可以买一些鸬鹚来帮你们打鱼。"渔夫听了觉得这个主意非常好，于是都买了一群鸬鹚。从此，渔夫们只要指挥鸬鹚去抓鱼就可以了，不用自己去打鱼。

过了一段时间，大家发现渔夫 A 打到的鱼总比渔夫 B 打到的多，大家都说渔夫 A 厉害。又过了一段时间，大家发现情况发生了变化，渔夫 B 打的鱼越来越多，而且都是能卖好价钱的大鱼，而渔夫 A 打的鱼却越来越

少。大家觉得很奇怪,为什么会这样呢?渔夫 A 也觉得很奇怪,就去登门拜访渔夫 B。

"我们的鸬鹚数量一样多,又同在一个湖中打鱼,为什么刚开始我打的鱼多,后来却越来越少,而你恰恰相反呢?"渔夫 A 问道。

"我们的鸬鹚虽然一样多,但是我们的方法却不一样,所以会有不同的结果呀。

"你买了鸬鹚后,每天按照每只鸬鹚打到鱼的数量给它们发食物,平时也不让它们休息。这样做,刚开始的时候可能效果不错,时间长了,鸬鹚非常辛苦,会厌倦抓鱼。另外,不知你注意到没有,湖里的鱼也非常聪明,你的鸬鹚每天抓鱼,时间长了,鱼也学会了怎样躲避鸬鹚,而你的鸬鹚却用老办法抓鱼,当然能抓到的鱼会大大减少了。"渔夫 B 解释道。

"那你是怎样利用鸬鹚抓鱼的呢?"渔夫 A 问道。

图 9-2

"我刚买回鸬鹚的时候,并不着急让鸬鹚赶快去抓鱼,而是让它们用一段时间去适应这里的情况。等它们完全适应了,才让它们去抓鱼;当我发现鸬鹚很累的时候,就会让它们休息。同时,我会根据湖里鱼的变化,观察大鱼的生活习性,然后再训练我的鸬鹚学习新的抓鱼方式。所以,我的鸬鹚越来越适应这里的情况,抓到的鱼也就越来越多、越来越大了。以后我还准备让一部分鸬鹚专门培育小鸬鹚,明年,我的鸬鹚数量会增加一倍。"渔夫 B 说道。

两个渔夫使用一样的鸬鹚,因为所关注的重点不同,得到的结果也不同。那么,他们关注的重点有什么本质上的区别呢?

渔夫 A 一开始就尽量让鸬鹚多抓鱼,他只关注近期的收益。而渔夫 B 注意观察鱼的生活习性,制订方案有目的地训练鸬鹚,并让鸬鹚有充足的时间休息。他不但关注近期的利益,还关注远期的利益。时间长了,他们的结果当然会不同。

路为什么越走越窄

听完故事,李总着急地问:"姜老师,蔡老师,你们给我分析一下,我公司的路为什么越走越窄,现在都快关门了。"

李总 7 年前在广州开了家化妆品贸易公司,有 10 个员工,一直经销套装和散装化妆品。头 3 年公司效益非常好,接下来两年起伏较大,这几年眼看就要经营不下去了。

公司刚创立时,李总认识了一个厦门的化妆品生产商,从他那里买来

桶装化妆品原料再进行分装。厦门人的产品是治疗雀斑的，很符合当时市场需求。那时化妆品市场很混乱，厦门人同时向多家公司供应产品，包括很多知名的大企业，各公司买回他的产品再加点颜色、香料，装入自己品牌的化妆盒中卖给经销商。

李总后来创立了自己的"妙玉"品牌。为了见效快，他往原料里面多加了增白剂。因为怕有副作用引起纠纷而曝光，又想快速获得第一桶金，所以李总的销售路线不是商场而是美容院，而且定价很高。一小瓶化妆品的成本只有20～50元，他批发给美容院或经销商的价格是100～250元，有的美容院和经销商卖给顾客是500～600元。李总的口才很好，他总是亲自出马到各地游说开展销会，加上见效快，因此产品深受顾客喜爱，销量很好。

李总知道第一代产品可能会有问题，于是立即寻找货源，准备开发第二代系列产品，并且找到了台湾一个生产抗皱美白产品的原料供应商。效仿第一代产品，李总在其中也添加了见效快的原料，加上大规模宣传，一时间他的"妙玉"一代、二代产品迅速窜红到黑龙江、新疆，而且都先收款后发货。忙的时候他在广州有20多个人搞包装、发货。很快他就赚到了第一桶金，不但还了朋友的欠款，还在家乡给父母买了一套房，自己也在广州买了两套房一部车。

有了成功的经验，李总摸索出了经营套路：买有效的产品，添加自己需要的原料，注册品牌，推销宣传，接受订货，收钱。而且在经营中李总认识了全国几十个经销商、上百家大美容院，还增加了"绝代"、"叶绿香"等品牌。

3年前，他看准了一个台湾人的原料，一下进了200万的货，准备大干一场。可是没想到货发出去没见效果，用户纷纷要求退货，台湾人却跑了，结果公司一下陷入困境。他把车抵了出去，目前勉强维持着经营。

现在市场环境变了，李总也不敢再做见效快但可能会有副作用的产品，而且美容院的化妆品也不像以前那么好卖，至于先收款后发货就更不可能了。李总曾设想做品牌美容院或专卖店,但这需要较大的投入和可靠的产品,实施起来很难;想改变经营模式,动员下岗工人做直销,但不知怎么操作。

现在李总已经筋疲力尽,他说:"谁说打工的被剥削,我那些员工跟我这几年,全靠我一个人养着。没有我,公司早垮了,他们7个人两个月卖出去的量还不如我一个人出去跑一趟呢,根本帮不了我什么忙。真想把员工都辞了自己一个人干。"

李总的故事讲完了,大家开始讨论,有的说他不该买房把钱压着,有的说他经营方式不对,应该赚了钱后走商场,有的说他当初不应该太黑心把价格定那么高。

"经营方式是随着市场形势而变的,不走美容院李总当初不会发展起来。要是不买房,可能现在还存不下房子呢。"蔡顾问边说边在白板上写:"你们看,李总赚钱的来源有四种。现在这四种还能带来收入吗?"

美容院,需要特效美容品——产品中隐藏的问题迟早会暴露

顾客,需要满足美容需求——产品只是一时的

李总,必须宣传推销,促使客户相信——由于确实存在问题,已失信

员工,必须能销出产品——他们技能较低

图9-3

大家一看,的确,李总的企业已没有什么前途了。蔡顾问说:"等一下我们再分析为什么,现在先听潘总讲一下他们企业的事情。"

怎么评价子公司

潘总,昆明竹纸集团的总经理助理、企业管理部部长。这次来深圳出

差,经同学介绍来参加讨论会。潘总向大家介绍了他们企业的情况以及他的困惑。

竹纸集团在云南、四川、广西、贵州等地都有下属造纸企业。但他们的造纸厂不同于别的造纸企业,这些厂是以竹子为主要造纸原料,他们用竹子做原料的最少比例也在60%以上。

造纸厂的产品是纸浆和纸,它们都有严格的国家和市场标准,因此各厂的产品与市场上的产品是同质的。产品价格随市场波动,企业决定价格的余地不大。而且集团为了利用市场的机会与间隙,对销售业务常有指令,并准备把销售权都集中在总部。

传统的造纸原料是木材、芦苇、稻草等,由于芦苇等农作物不易规模使用,一般企业多用木材做原料。但近几年中国竹子造纸技术已趋成熟,用竹子造的纸,同等条件下价格比木材造的每吨低1 000元,而成本却降低了2 000元。并且竹子3年长成后就可以年年生年年砍,木材却要5年以上才生一轮。在我国木材资源奇缺、荒山野地又极易生长竹子的情况下,发展竹子造纸对企业、对国家、对农民都是一件大好事。竹子可以随处生长,由农民自愿砍伐下来拿到市场上售卖。

竹纸集团每年每个当地企业少说也得消耗几十至上百万吨竹子,原料时常短缺。这并不是竹资源不够,而是竹资源外流:被当地有些小造纸厂收购走了;或是用于做脚手架、编竹篮甚至当柴烧;农民由于农忙或阴雨天不愿去砍竹子。当竹原料不够时,企业只有停工,或者改变工艺流程用木材。而改变工艺流程就要改变设备条件,增加费用,这样做有的企业所付出的成本还不如停工合算。所以竹纸集团各个厂每年均有停工期,最长的要停5个月。

竹纸集团的造纸厂都是当地收购竹子的大户,能够稳定市场价格,为政府增加农林税等各项财政收入。因为野生竹子没人收就变不了钱,也就交不上税,所以许多当地政府也对造纸厂收购竹子给以政策支持,主要体现在对农民少征林产税和有关费用。另外,竹纸集团大多数造纸厂都有翻倍产量的扩建或技改计划,这样当地自然生长的竹子肯定不够用,必须要有计划地建立人工植竹基地。种竹子也得靠当地政府和农民进行,有的地方政府将国家的"退耕还林"政策变为"退耕还竹",把国家补贴款与基地建设联系进来。这样每个造纸厂就必须与当地政府密切合作,既要降低成本收购竹子,保证生产,又要督促政府鼓励农民有计划地种竹子,以便将来扩产时能有竹子用。在现有条件下,企业与政府有很多关系要处理好,解决一些与竹原料相关的事情成为各下属造纸厂重要的业务内容。

潘总遇到的问题是怎么评价各个厂的业绩,怎么给各个厂厂长发奖金。

事实上,各厂的产量除了与工人努力、管理水平有关以外,还与竹原料的供应有关,收益也与管理水平、竹子的市场价格有关。这里边还有为增加农民积极性,企业拿出钱来与政府专项基金一起扶持农民的支出。另外,还要考虑各厂的发展,这里除了各厂技改计划提出和完成的情况外,还存在考核各厂长通过政府推动农民扩大竹子种植面积的绩效。所有与竹子有关的事都和企业与当地政府的关系、当地政府对竹资源的重视程度有关。这些情况把潘总搞糊涂了,而他又是一个极其认真的人。

"谁能帮助潘总呢?"蔡老师说:"下午我们再讨论,我们再来听听俞总的烦恼。"

员工为什么对公司不忠诚

俞总40多岁,戴着一副宽边眼镜,看样子像一个学者而不像一个企

业家。

俞总早年毕业于北京邮电学院,在地方电信部门工作了十几年,派驻国外工作两年。回国后,他在深圳科技园创办了自己的通信科技有限责任公司。这个公司由俞总控股,有一个股东任副总经理,其他股东不参与公司日常经营。公司主要做高新技术的通信工程,40多人,都是20多岁的年轻人。公司在北京、上海设有分公司,在香港、美国有合资公司,合资公司是为了联合当地的资源优势及为了未来资本运作而成立的。投资者也是看到公司较强的技术优势和发展前景才投资的。公司现在是业内顶级海外公司的银牌代理商,现在做的项目有国家某部委的卫星通信项目及某证券交易所的卫星通信项目。

公司业务很繁忙,有的员工曾累出胃病,俞总自己有一半时间在国外。他说公司以后要像国外公司一样给大家分配股份。从合资公司的安排及俞总对期权制度的赞赏看,俞总是下了这个决心的。IT行业变化太快,公司的员工不但工作努力,学习也很勤奋。通信类人才有个国际资格考试,就像高级程序员、系统分析师这种计算机类专才一样,他们也有CCNA、CCDP之类的国际资格考试。越是高级人才越珍贵,一个公司拥有高级证书人才的数量决定了公司的实力,也决定其在投标项目中的胜算程度。俞总的技术是一流的,但他没有时间去拿高级证书。公司现在请不起已经取得高级证书的人才,俞总就鼓励自己的员工去考试,还给他们提供实验条件、往返机票。

俞总遇到的烦恼是,他唯一的两个获得高级证书的员工先后辞职了。

"虽然他们拥有了高级证书,可技术还没有达到年薪50万的水平,还需要磨炼,结果他们却到外企去了。"俞总伤感地说:"要知道,他们不走,5年后他们手中的股份会价值500万,而且是美元。"

保持公司战略发展——战略绩效管理

遇到这么复杂的问题可不多,大家都盼着姜老师和蔡顾问说两句。于是两位老师阐述了他们的观点。

 总结

我们从前面几位老总的烦恼中可以看到他们在复杂的环境下要求企业持续发展所碰到的问题。面临这些问题,你不能简单从财务报表、财务指标上解决问题或找到问题的根源。对于这些问题,你再怎么思考具体业务的绩效促进,都是无济于事的。因为每一件事都与其他很多方面的事相关联,要提高一个方面的绩效,就得提高另外多个方面的绩效,而这些方面又涉及更大的范围。所以让人无所适从,晕头转向,正所谓狗咬刺猬,无从下口。

李总的企业发展萎缩了,不知道接下来该怎么做。对美容院而言,李总只有拿出真正的特效产品,才能长久立足。但这涉及开发新产品和重新寻找其他的美容院。对于李总自己,他的公信度已经降低,必须改变工作方式,不能再出去宣传推广了,应由其他员工替代,但是其他员工目前还没有这个能力。对顾客来说,要求产品必须是高效用、多品种的,而且品牌的形象要好、要稳定。因此要解决李总的问题,必须拿出一套整体解决方案。但是我们能不能帮李总建立一套思想方法,使他能关注到企业经营的变化,或者从目标方向上调整企业的经营呢?

实际上潘总正在找一套平衡企业各方面发展的指标,并以此指标检查各子公司的绩效,而这些指标也正是潘总所在的竹纸集团下属企业发展方向的指引。各位下属厂长把集团提出的指标做好了,就是绩效好了,也就能多得奖金。这些指标涉及财务上的成本费用、技改推进、管理优化、竹

原料收购、竹基地建设、处理政府关系等,这是个整体性绩效问题。

俞总的企业不大,每个员工都是顶梁柱,获得高级证书的员工承担的责任更大。俞总有公司发展的宏伟计划,可是员工不知道、不认同。500万、1000万美元,那是你俞总认为的价值,员工看到的只有每月2万元人民币的工资和实际的工作环境。这里有一个与员工沟通、重视员工发展的问题。只有拥有好的员工队伍,企业才能发展,这也是企业长期发展的问题。

现在把李总、潘总、俞总的问题归纳为企业在发展中,从某一时间切面看,出现的某些不支持企业发展的问题,是企业战略绩效管理的问题,是战略发展指引与评价的问题。企业要想长期发展,就需要各个方面支持它的发展。因此我们首先要理出个思维框架,找出各个方面存在的问题,分而治之,当所有方面都支持企业战略发展了,目的也就达到了。

关于战略绩效测评,国外已经发展了一种平衡计分卡工具。

平衡计分卡——战略绩效分解及评价工具

平衡计分卡是哈佛商学院教授罗伯特·卡普兰和咨询公司总裁大卫·P·诺顿,在总结多家绩效测评处于领先地位公司经验的基础上,于1992年发明并推广的。该方法不但完全改变了企业绩效评价思想,而且还推动企业自觉地去建立实现战略的目标体系,在产品、流程、顾客和市场开发等关键领域使企业获得突破性进展。据说世界500强企业有80%在不同程度上应用了平衡计分测评法。平衡计分卡从四个重要方面来观察企业。

1. 客户角度:顾客如何看我们

向顾客提供产品和服务,满足顾客需要,企业才能生存。在顾客所关心的时间、质量、性能、服务和成本上下工夫,企业就能够保证工作有成效。

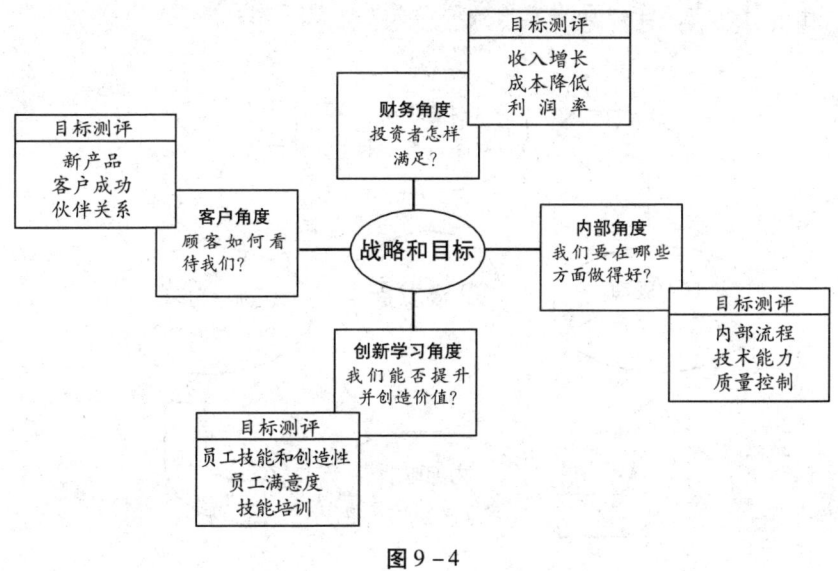

图 9-4

2. 内部角度：我们必须擅长什么

一个企业不需要样样都最好的，但是它必须在某些方面满足生产产品的机能，拥有竞争优势，才能立足。找出这些方面，制订考核指标，将其越做越好。

3. 创新学习角度：我们能否持续提升并创造价值

企业必须不断成长，这包括人力资源、产品线、技术、能力等方面的进步，还必须有自我成长的能力——学习的能力。

4. 财务角度：我们怎样满足股东

企业主营的直接结果是使股东获得财务价值的回报，确定企业的财务目标，仍然是绩效测评的内容。

对以上四个问题的回应，确定若干主要目标及表现目标达到程度的测评指标，即能够较全面地定位和评价各个层次的企业经营工作。

平衡计分卡四个方面存在内部驱动关系,见下图:

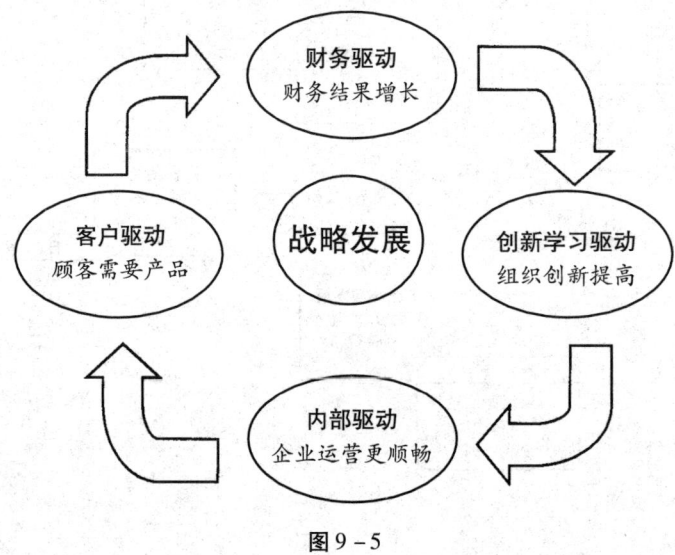

图 9-5

国内企业应用平衡计分卡的比较少,主要是还不太理解,不会应用。

化妆品贸易公司的平衡计分卡

我们看了卡普兰教授的平衡计分卡,对战略绩效管理的方向和评价指标有了一个初步的认识。我们再来看看李总的化妆品贸易公司的发展问题。

战略绩效管理首先得有个战略目标,它是指企业在一个相对长的时间阶段上发展的愿望,李总化妆品贸易公司的战略目标是什么呢?

表 9-1　小公司战略目标分析

提议的公司战略目标	其他人对此评价
小公司,没有目标	不可能,那为什么不关掉?
把公司做大	不一定,可能小公司赚钱、大公司难管理、赔钱
赚到钱	一直以坑害顾客赚钱,或这次赚完下次不赚了,肯定也不愿意

第九章 战略发展——需要引进战略绩效测评

（续表）

提议的公司战略目标	其他人对此评价
能够持续经营	持续经营中没有别人或理想中赚得多也不答应
做化妆品，成为品牌公司	那要评估是否有风险和是否有足够利润
实践出更好的机会	可不能让人等太长久了
有搞头	对，可这"有搞头"是什么意思呢？大概是这样吧： 不会亏＋很快赚到钱＋可能把公司做大 是否这样表述小公司的战略目标： 有前景地持续经营，在可接受的时间范围内获得理想利润

战略目标是"有前景地持续经营，在可接受的时间范围内获得理想利润"。那么从哪些方面来考察企业是否实现这个战略目标或者沿着这个战略目标在前进呢？

获得利润肯定是一个，也就是财务角度的结果；让顾客满意也应该是一个，它能给公司带来进一步的利润；创新学习也应该是一条，它能让公司进步，李总就吃亏在公司其他员工能力太差；内部管理是不是呢？小公司搞好内部管理，比如职责明确、严格考核、流程清晰、制度健全，是否能促进达到战略目标？不一定。小公司要的是灵活，要互相补位，要人性化管理，忙时加班，闲时休假，它的管理更艺术、更随机。

那么，促进小公司发展的是什么呢，我们看到很多小公司，路子走对了就发展起来了。对，应该是"路子"。对李总的公司来说就是"营销策略"做得对不对。不同时期不同环境不同资源能力需要不同的工作"策略"，李总也很自然地设计了品牌美容院、专卖店、直销等策略。每一条策略实施起来会有不同的结果，刚开店时选择进商场而不是进美容院，肯定成长得更困难。我们谈了利润、顾客满意、创新学习、行为策略四个方面，还有别的方面吗？没有了。

对"营销策略"怎么评价？从以下几方面可判断公司实行的"策略"是比较好的。

①一定的时间范围销量在增长,成本在下降。

②企业应用该策略熟练,能够有把握地实施工作方案,下一步情况可预测、稳定。

③能够产生新的机会,有长远的好的影响。

④该策略能够运转比较长的时间,一直带来利润。

这样我们就可以做出化妆品贸易公司的平衡计分卡了。

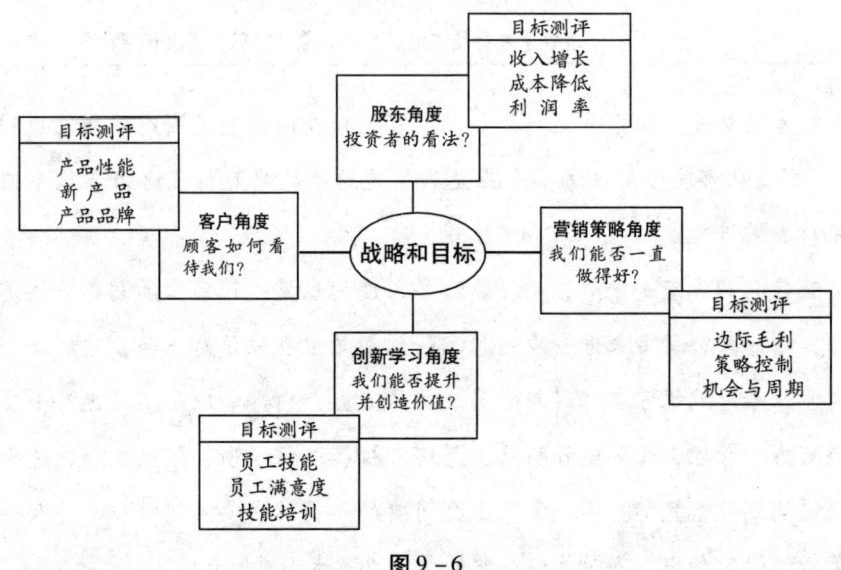

图9-6

这个平衡计分卡的作用在于,李总用它给公司制订发展目标,并定期检查目标的实现程度,发现工作中不达标、有问题的地方及时补救或修正,从而避免衰退,促进企业发展。

竹纸集团子公司的平衡计分卡

竹纸集团子公司的战略目标比较清晰,它要求完全用竹子造纸,企业扩建,利润增多。具体表述为:发展企业,应用竹子造纸并获得最大利润。

造纸厂内部管理优化可降低成本费用,还可提高效率,算是一个战略绩效方向；创新学习是支持内部管理优化的，帮助企业进步，也应为一个绩效方向；财务方面实际就是集团对子公司的要求，利润不受控无意义，产量稳定状况下每个厂超过设计生产量并不一定是好事，成本降低代表工作努力了改善了，应该是子公司的绩效；顾客角度呢，由于产品与市场上的是同质的，价格又是市场价，客户服务仅是完善管理的一个职能，客户关系影响对价格的弹性不大，因此顾客角度对竹纸造纸厂的发展意义不大，所以竹纸集团的平衡计分卡中无顾客角度一项。

从潘总的描述中，竹原料供应对企业的影响最大。由于原料短缺，有的厂每年甚至可停产5个月，这个状况不改善，企业不可能再进行技改扩产，这是企业发展致命的一环。竹原料供应最直接的是竹子采购价和采购费用。它与企业的工作方式、成本费用有关，也与政府支持、督促、组织农民种竹、砍竹、卖给造纸厂有关。竹原料长远的影响是企业扩产后能否有原料供应，与企业的政策及政府的支持行为等有关。因此竹纸集团子公司的平衡计分卡与卡普兰的一样，也是四个方向，不过把顾客视角换成了"竹原料供应"视角。这个平衡计分卡是如下所示。

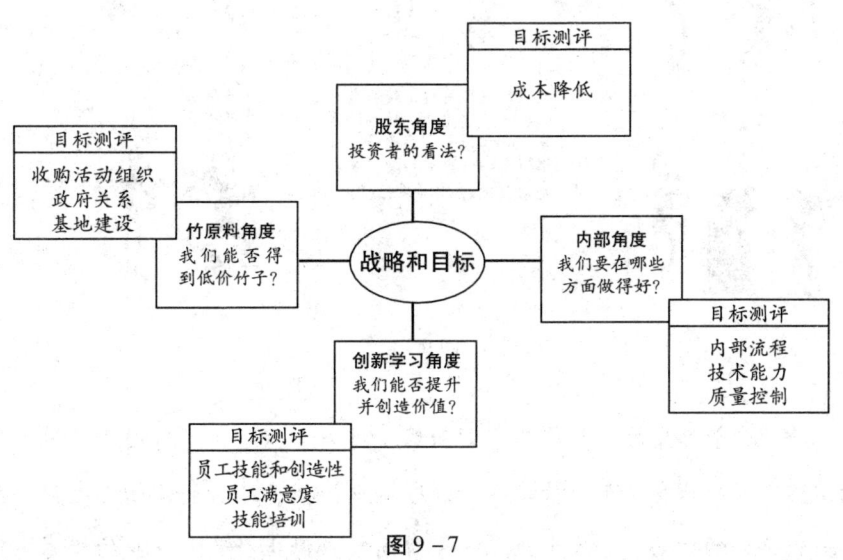

图9-7

大家可以根据学到的知识，回去后自己制订俞总公司的平衡计分卡。

另外假设一个问题,如果潘总的企业把各造纸厂的竹原料相关业务独立出来,成立各个竹原料公司,其任务是以最低的竹子价格保证当地造纸厂的原料供应,这时各子公司的平衡计分卡又该怎么制订?

平衡计分卡的实质及应用

平衡计分卡的实质

平衡计分卡的实质是将企业的战略发展落实到具体工作的绩效上,从而约束每一项具体工作按企业战略发展的方向产生绩效,使企业整合起来的绩效最大,最符合企业发展的需要。简单说,平衡计分卡是对企业战略发展的绩效关联定位和绩效测评的工具。

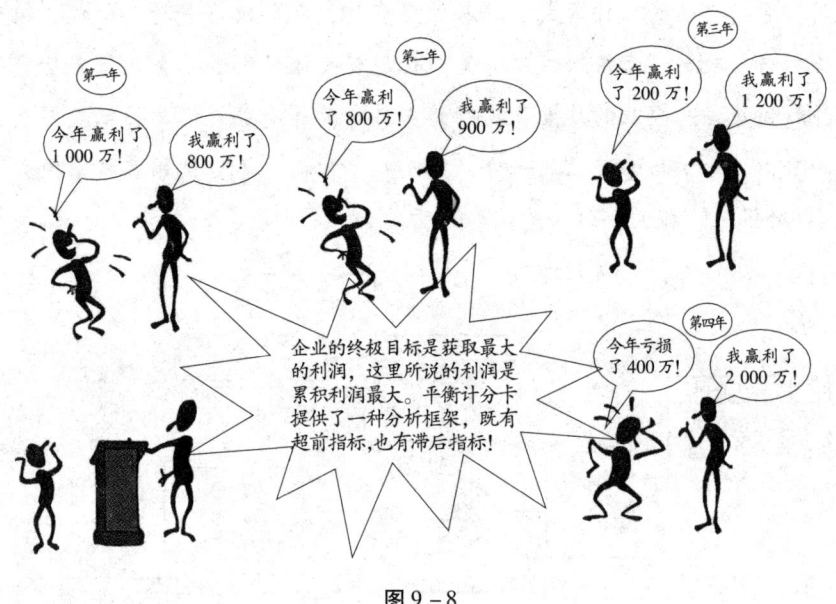

图9-8

企业的长远发展,需要各个方面的支持因素,这些支持因素从不同侧面直接或间接地支持企业持续经营。这些支持因素从时间切面上来说,就是一个方面的结果。如果企业在一个时间断点停止经营,企业的投资人可能只要一个特定的结果。但如果要企业持续经营的话,从经营过程的一个时间切面上看，就有这个特定结果与对产生它构成支持的其他因素的结果。因此我们要以这个特定结果为中心，找出那些特定因素，看它们的结果是否在恰当地支持这个特定结果，可能对这些因素做多了而浪费资源，也可能对这些因素做不到位而支持作用不大。用另一个表述就是，这些因素是我们称的指标，因素的结果就是指标值。

大多数企业的终极目标是获取最大的利润，企业的经营是让它不断地产生利润，累积利润最大。不能今年获利1 000万而明年获利10万，可以今年获利500万而明年获利600万。这只是以两年为考虑，实际的考虑是永续的。这样就得有使企业年年产生利润的其他因素。进一步分析会发现，这些对产生利润的支持指标中大多是预测产生利润的指标，即为超前指标；利润只是当时的结果反映，对企业是否发展再获取利润，它是滞后指标。如前面的例子中顾客角度、行为策略角度、创新学习角度、内部管理角度、员工发展角度、竹原料采购及基地建设角度中的大部分指标预示了企业未来经营的利润收入等结果，将其组合起来就有可能获得下一阶段这类结果的准确数值，是超前指标。

平衡计分卡的分析框架

对比我们过去曾收集总结的某些大企业的评价体系，卡普兰提出的企业战略绩效分析框架更具逻辑性和通用性。这种思维方法对任何企业都适用，但是我们也不能将其教条化。卡普兰提出的财务角度、顾客角度、内部业务角度、创新学习角度是针对一般企业的。这类企业有一定规模，经营状况稳定，以经济利益为终极目标。

平衡计分卡的分析框架可以应用于各类需要长远发展的组织，包括政府组织、非盈利组织，无论该组织的规模类型是什么样，但是具体的组织必须针对具体情况。为了便于说明，我们将平衡计分卡一直与企业联系在一起，这个"企业"实际上是各类需要长远发展的组织。

李总、潘总的例子中我们已经按照其企业的特性改变了平衡计分卡的四个方向。针对具体的企业，卡普兰的四个方向可能都会有变化，或增加或减少一个方向。比如一般的小企业没有内部业务方向，金融类企业会增加风险控制方向，集团公司中子公司可能会增加信息传递方向，多数连锁店会增加品牌形象方向等。

平衡计分卡的结果应用

平衡计分卡是对企业战略发展的绩效关联定位和战略绩效进行测评的工具。

从定位上说，平衡计分卡通过指标指示企业应有的发展方向，将指标值确定下来，就成为各个方向的目标。企业可以用它来提醒自己，是否按预定的方向在经营和发展，如果经营或发展不平衡，就该赶快补救，否则企业的持续发展就会出问题。

从评价上说，它是考核企业长期发展的考核指标框架。企业应用它来评价其在长期发展过程中各领域模块的发展状况，达到了什么程度，是否支持企业长期发展，等等。因此它可以用来评价企业的年度经营结果，考评经营者的业绩。用平衡计分卡考评企业，可以避免偏重短期利润而损害长远利益的经营行为。因为若是这样，那些支持企业发展的超前指标就会评价很低，经营者就不会得到较好的考评结果。

另外一点值得说明的是，平衡计分卡是对企业发展的各个方面提出要求，缺少一个方面企业就不能得到发展，因此对平衡计分卡各个方向的结果要一视同仁，不能偏废。那种将四个方向分别赋以权重的方法是违背这个原理的。如将平衡计分卡四个方向分别赋以40%、25%、20%、15%的权重，假设三个方向得高分，最后一个方向得分近于零，最后总分为80分，看起来还可以，但实际上缺少了15%这个方向，企业可能就完蛋了，其他方向得分再高也是没有意义的。

第九章 战略发展——需要引进战略绩效测评

定位功能　　　　　　　　　　　　　评价功能

图 9-9

有些人听说过平衡计分卡，但两位老师讲的内容还是有相当的冲击力，大家纷纷表示要回去消化消化。两位老师也好像完成了一项艰巨而重要的任务。最后蔡顾问请大家把俞总的问题好好想一下，有收获的话发个邮件，下次讨论继续深化平衡计分卡。

第十章 平衡计分卡——一个部门都不能少

聪明的狼王

森林里住着一群狼,他们一起捕猎,一起分享食物,一起抵御强敌的进攻。

狼群的分工非常明确,有的狼负责驱赶猎物,有的狼负责外围巡逻,有的狼负责抓捕猎物。每次捕猎,狼群依靠他们成功的战术,无往而不利,很难有猎物能逃离他们的进攻。

狼群中有一只年轻的黑狼,非常强壮也很聪明,跟着狼群一起出征几次以后,认为自己可以单独捕猎,不用再和别的狼协作了。一天,黑狼对狼王说:"我要去单独狩猎了,我一个人也能做得很出色。"

狼王说:"你去吧。但是要注意,你毕竟还年轻,如果不行就回来吧。"

黑狼离开了狼群,开始自己狩猎。黑狼在狩猎前也制订了自己的战术。可是黑狼没有独立狩猎的经验,依然沿用狼群的狩猎战术。结果一上阵施行,就出现很多问题。只有自己一只狼,忙着诱敌时,就无法在外围巡逻,更谈不上抓捕猎物了,经常是顾此失彼。过了一段时间,黑狼已经筋疲力尽,却一只猎物也没有抓住。黑狼只好回去找狼王,向他求教:"我和狼群用的是一样的方法,但是却抓不到任何猎物,看来单独的一只狼很难用这些战术去狩猎。"

狼王说:"我以前也一个人行动过。群狼捕猎的战术是非常成功的,但是当你一个人进行狩猎时,就不能生搬硬套这些战术,而是要灵活应用,在变化中使用。"

图 10-1

"那怎样变化地使用呢?"黑狼问。

"抓捕猎物包括驱赶猎物、外围巡逻、最后出击等几个步骤。狼群先将猎物赶到空旷的地方,防止猎物逃跑,抓最强壮的,因为这样可以给我们带来更多美味的肉。而你自己一个人时,就应该将猎物赶到一个狭窄的地方,这样,猎物很难逃跑;由于地方狭窄,你就不用外围巡逻了。最后,由于你是个体作战,你可能要找一些瘦弱的猎物下手,这样,你成功的可能性就会大大提高。"

黑狼单独狩猎,却生搬硬套狼群的捕猎方式,结果当然不好。黑狼怀疑战术是否正确,其实,不是战术不正确,而是黑狼没有充分地理解、灵活地应用。

人力资源能用平衡计分卡吗

今天,不少人是带着问题来的。某公司人力资源部的史经理首先发话了。"上次听了有关平衡计分卡的研讨内容,感受很深。平衡计分卡的几个部分是互相驱动的，比如说，按卡普兰通用的四个角度，企业学习提高就能改善内部管理，优化业务流程，也就能更好地为顾客服务；只有服务好了顾客，企业才能获得利润，达到投资者获得利润的目的。这种驱动关系也就形成了超前指标和滞后指标，如果学习提高搞不好，肯定会影响到公司利润。这是对一个企业的平衡计分卡。

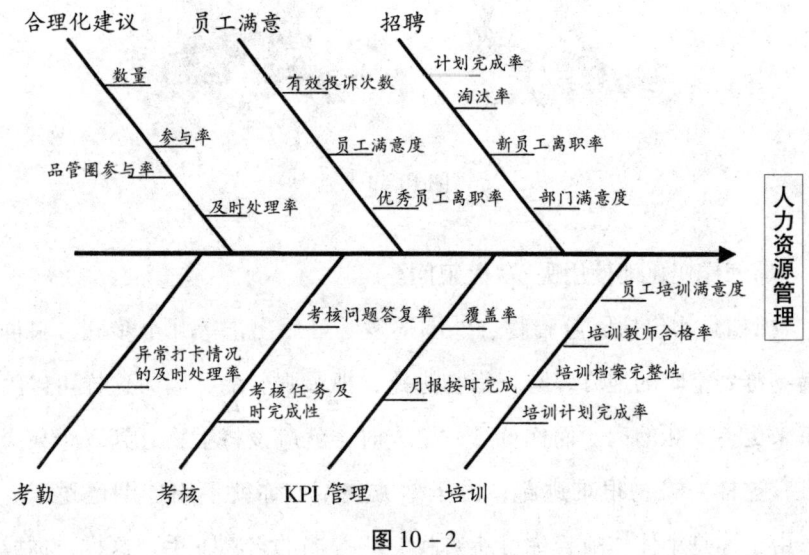

图 10-2

"我们公司用的是关键绩效指标 KPI 法，是从战略目标分解下来的部门绩效指标，说白了就是人力资源部各业务内容的考核指标。关键绩效指标 KPI 体系，可以从公司最高目标分解下来，而平衡计分卡却不能。但是关键绩效指标 KPI 是业务领域的评价指标，是一个死东西，既不体现各指标之间相互的关系，又没有超前滞后之说，而且只能就工作本身达到目标的情况做一下反省。对于不是直接业务领域的事情及一些小事并不完全涉及，如工作管理、信息沟通、相互协调、创新学习等方面，而正是这些方面的工作才能提高部门的绩效，同时促进其他部门的绩效。我也想做一下部门的平衡计分卡,可是无从下手。从财务角度,如果一味节约,工作就没法干了,内部客户角度勉强可行,但内部客户服务好了与财务并没有关系。蔡顾问、姜老师你们怎么看这个问题?"

蔡顾问说:"等大家把问题都说出来我们再一起讨论吧。"

总经理办公室的绩效问题

"姜老师,我也碰到了对我们部门年终评价的问题。我给大家谈谈我们公司和部门的事情,你们看看对于我们部门怎么进行年度考评?"

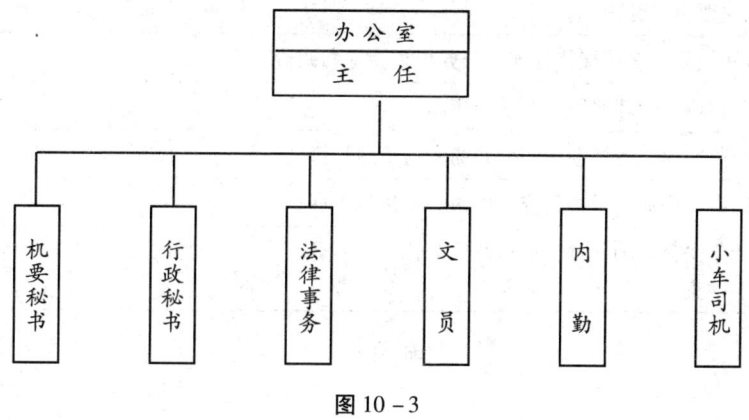

图 10-3

问话的戴经理是一个大型集团公司的总经理办公室主任。该公司的黄总经理是技术员出身,最初员工只有 500 名。公司经过三次飞跃,现在成为拥有 3 000 多名员工的上市公司。公司虽然有多个副总,但还是黄总一人说了算,办公室的工作大部分围绕黄总进行。原来公司的管理部门没有考核,管理人员拿全公司的平均奖,基层员工常有意见,戴经理也想建议在机关推行部门的半年或年度考评。他想首先拿自己的部门开刀,可是自己部门的工作那么多那么杂,又没有一个严格的工作标准,怎么考核?他记着考核最重要的目的是改进工作,但如何操作却一直理不出头绪来。他

拿出办公室的业务结构和主要职能，想请大家出个主意。

主要业务职能
1. 制定公司行政、办公管理制度和程序，并对其执行情况进行检查和评估
2. 负责日常行政公文的拟订、收发、归档及管理
3. 负责集团公司和分、子公司重要合同、协议的管理
4. 负责公司重大活动、重要会务的传达与通报
5. 跟踪公司会议决议的执行情况、提供反馈信息
6. 负责公司印章、文件、资料的打印、复印、收发与管理
7. 代表公司与相关政府机构对接及各办事处的办公室管理与控制
8. 集团法律事务管理
9. 负责集团客人来访接待处理、公务用车管理和调遣
10. 业务招待、管理费用的控制与管理
11. 组织落实集团各类会议和公共场所的使用与管理
12. 集团办公用品、设备的统一申购、配备与管理
13. 负责集团公司的文件、资料及档案管理及对分、子公司文件、资料的管理进行指导、检查

图 10－4

财务部的平衡计分卡

"听了史经理和戴经理的问题，似乎大家都想要一份部门平衡计分卡。"胡经理起身讲话："平衡计分卡并不是什么好东西，我们公司建立了平衡计分卡系统，很难用起来。其一是数据统计很难，成本太高，其二是它和关键绩效指标 KPI 差不多，就是把关键绩效指标 KPI 重新组合了一下，而且多了一些不可量化的指标。我不觉得它是战略绩效的落实，有些指标放上去很牵强，而且如果按卡普兰的四个方向来考核，我觉得这四个方向的重要性或工作内容差别很大。我今天把这个表带来了，大家讨论讨论。"

表 10－1　××公司财务部门平衡计分卡

绩效板块	衡量要素	指标名称	指标定义/衡量标准	设立目的
财务表现/投入产出	组织增幅	资金需求及时满足率	及时到位的资金占总资金需求的比率	优化资金的预算及流量管理，合理拓宽融资渠道
		净利润增长率	计划期内，公司的净利润增长率	旨在促进财务部通过全面预算的有效控制，促进公司最终成果的增长
		回款率	当期回款额与同期销售额之比	促进回款，提高资产质量和资产安全性
	生产效率	财务人员比例	计划期内，财务人员平均数占公司员工平均数的比例	使人员规模控制在合理的范围内
	成本控制	管理费用率降低率	计划期内，公司管理费用支出占销售收入的比率的降低率	促使财务部通过全面预算管理有效地提高管理费用支出效果和降低管理费用率
顾客反映	客户满意	服务满意度	各部门对财务部提供的财务服务的满意度	提高财务服务的质量
内部流程	信息	财务信息	财务报告、报表及财务分析信息的质量及及时性	提高财务信息的及时性和质量
组织学习	组织气氛	部门员工士气	员工对管理者、管理体制、工作环境等方面的综合满意程度	直接反映部门的工作效率

个人的平衡计分卡

听了几个经理的困惑，林经理也迫不及待地拿出自己的平衡计分卡，他说："我按照上次研讨会的内容，给自己也制订了平衡计分卡，分四个方面，如下所示。

图 10-5

①财务角度：性价比，即我的产出与发的工资相比，老板肯定希望越高越好。

②内部角度：做好工作管理，比如工作安排、时间管理等。

③创新学习：完成学习知识、技能的任务。

④顾客方面：内部顾客满意，干好工作，搞好人际关系等。"

对林经理的平衡计分卡，意见分成两派，互相争执不下。一派说平衡计分卡是针对企业发展的，个人不能用，另一派则说这个做得很好。

小唐反应很快，马上做了自己的平衡计分卡，如下所示。

①财务角度：收入增加。

②内部角度：完成好工作，找个漂亮的女朋友。

③创新学习：完成学习知识、技能的任务。

④顾客方面：处理好人际关系等。

有人说，要是这样做，不是把平衡计分卡庸俗化了吗？有的人查过平衡计分卡的资料，说是很难对个人，只适用于企业，并且要有很高水平的管理基础呢。

大家都等着两位老师给评说评说。

部门平衡计分卡应该是怎样的

蔡顾问说："在我们所能收集到的所有资料中，都没有部门级和岗位级的平衡计分卡，而且一般也脱离不了卡普兰原创的财务、顾客、内部管理、创新学习四个角度。因此今天对我们是个挑战，如果我们有结果，将是一个革命性的创新，开创贯通使用平衡计分卡的新方法。"

姜老师问："记得上次研讨平衡计分卡时，谈到平衡计分卡的实质。为什么我们谈到的李总、潘总他们企业的平衡计分卡都不一样，谁来回答？"

史经理说："平衡计分卡是企业战略发展的绩效关联定位和评价工具。因为两个企业的经营环境不一样、战略目标不一样，所以它们的平衡计分卡不一样，而且和卡普兰的平衡计分卡也不一样。"

"好，既然这样，我们为什么要求部门的平衡计分卡与企业的一样呢？"姜老师问。

有人说因为它们是一个整体，有人说部门没有战略目标，还有人说部门有其职能战略，但也不能等明白了职能战略再考评呀。最后大家认为部门可以没有战略，但部门是要长期存在下去的，应该有支持其完成职能的各个方面。

蔡顾问问："为什么卡普兰设定一个财务角度，并且将所有其他角度都最终归于财务方面？"

有人说卡普兰的四个角度任何企业都有，有人说每件事都会有支出或收入，还有人说财务是企业的命根。最后大家明白了卡普兰的案例是企业,是研究企业战略发展;财务上的投资收益是每个企业、投资者真正关心的方面;实际上卡普兰的财务角度只是表象,企业真正的目的是投资者所设立的,因此这个财务角度真正的含义是投资者需要的角度。

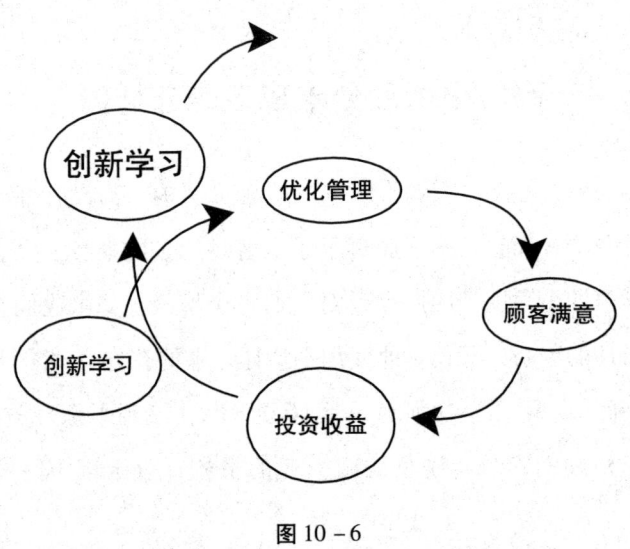

图 10-6

"我们总结一下前面的讨论,平衡计分卡是在企业长期发展的方向上,几个产生成果的重要领域的指引,以及对各方向上成果测量的指标集合。"姜老师说:"卡普兰所指示的四个方向最根本的就是投资者所关注的投资收益。但这个投资收益是有一个价值产生过程的,是依顺序推导产生的,就像这个图一样,先有一个组织的创新学习,然后才能够优化管理,它的产品才能使顾客满意,最后产生投资者所期望的投资收益,这时企业就成长了。

"为解决即将面临的新问题,企业又开始创新学习,这样新的一轮又开始了。这是一个持续的、有一定周期的过程,所以在这个周期中前一步骤可预测后一步骤,是后一步骤的超前指标;后一步骤是前一步骤的结果,是前一步骤的滞后指标。"

姜老师接着说:"有了前面的讨论,我们想一想部门运作的根本是什么呢？"

有人说是发挥其部门职能，还有的人说是完成部门的目标任务。

姜老师说："记得主基二元考核法吧，我们要抓住问题的主要方面，部门运作的根本就是，设立这个部门的上级想要部门做的主要事情，就是显性业绩。部门职能是部门在企业这个组织中，在各种各样流程、工作内容的作用下产生的，也是为了更好地体现部门的显性业绩而产生的。"

"对，是的。"大家齐呼，这一下点破了部门平衡计分卡设立的主题，大家开始了热烈讨论。很快，大家找出了部门平衡计分卡的四个角度：部门显性业绩，部门职能，部门绩效管理，创新学习。

第一，部门显性业绩角度：设立这个部门，上级第一位的要求是什么？每个部门的任务可能很多，但在一段时间内，上级对它有一个主要要求。完成这个目标，该部门的工作业绩就好了。

第二，部门职能角度：工作固有的要求是什么，本部门必须完成哪些职能，才能在组织中做得更好？部门存在于组织及其工作流程之中，在工作体系中，把对工作的固有要求做好，就能够完善企业的工作，为企业目标做贡献。

第三，部门绩效管理角度：怎样管理部门，能使工作绩效提升？部门绩效的产生需要一定的工作管理，对促进和保证提高绩效的充分必要条件做得怎样？

第四，创新学习角度：我们怎样提升能力以满足环境的变化？

姜老师边说边开始在白板上画出部门平衡计分卡。

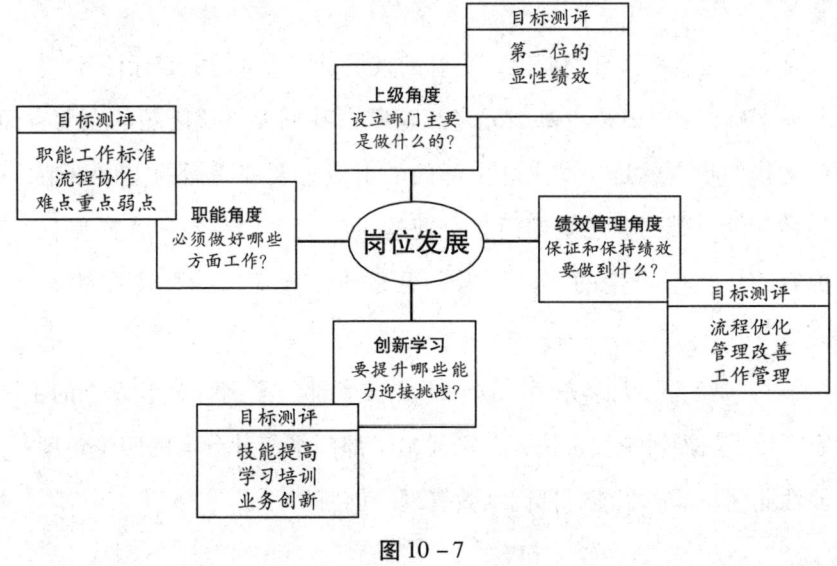

图10-7

部门与企业平衡计分卡的关联

"既然这样,那么部门平衡计分卡与企业平衡计分卡之间有什么关系呢?"有人问。

蔡顾问做了进一步的阐述。

部门平衡计分卡是部门一段时期发展的绩效关联定位和绩效测评,它从整体上支持企业的战略发展,但部门平衡计分卡却并不能直接从企业平衡计分卡上分解得到,因为它们是两个不同主体。

企业平衡计分卡是企业面临环境及针对自身情况建立的BCS(平衡计分卡),企业有多个部门,特定部门只是企业管理或业务的一个单元,它们面临的环境是不一样的;它们的发展结果、结果产生的循环也是不一样的,这就决定了部门平衡计分卡与企业平衡计分卡是完全不同的两套体系。

但是部门的长期发展必须与企业的战略发展相一致,部门的目标是企业目标的分解,从发展和目标上,企业与部门是一致的。由于企业目标是企业的显性业绩,隐含在企业平衡计分卡之中,所以上述的一致性体现在部门平衡计分卡中,即部门的显性业绩与企业平衡计分卡相一致,也就是部门显性业绩是企业平衡计分卡的一部分,或是说企业显性业绩的分解。

各部门的显性业绩与企业平衡计分卡建立关联,次一级部门的显性业绩又与上一级部门的平衡计分卡建立关联,这样就建立了企业各级目标关联的目标体系。在这个目标体系中,下一层级组织的显性业绩目标是上级组织平衡计分卡的一部分或是其分解,上级平衡计分卡依靠下级组织将自己的平衡计分卡落实。由于各级组织的平衡计分卡在一段时期内主要绩效体现在其显性业绩上,因此这个目标体系就成为显性业绩之间建立的目标体系。这个目标体系与关键绩效指标 KPI 建立的目标体系是不一样的,前者是以显性业绩目标向下分解,而每一组织的多类目标是以显性业绩目标为核心,有逻辑推动关系;后者只是依层级向下的分解。这个目标体系传导到终点即为岗位的显性业绩,也涉及岗位平衡计分卡。

"大家听了可能会感觉理论性太强了。"蔡顾问说:"这些知识大家如果一时无法理解的话,略知一二就可以了。关键是要明白部门也能够建立平衡计分卡,且必须以平衡计分卡的原理和实质来建立,不能随便照搬;还有一点是要知道岗位也能建立平衡计分卡,整个平衡计分卡系统是有关联的,但不是直接分解关系。"

岗位平衡计分卡

姜老师在白板上写完,转过身道:"刚才我们讨论了部门平衡计分卡,

现在我们来讨论岗位平衡计分卡。"

有人问:"为什么部门平衡计分卡是四个方向而不是三个或五个方向呢,它们之间有何联系呢?"

姜老师说:"问得好,实际我是怕给大家说多了,你们不一定听得下去,我一直在等有人问部门平衡计分卡为什么是四个方向。"

姜老师笑了笑接着说:"我们说平衡计分卡设立的初衷是为了获得即时利益而同时考虑长远发展,它们之间有内在的必然关联。我问一下,这个即时利益和长远发展各是什么?"

大家七嘴八舌地回答:即时利益就是投资者的需要,对部门和岗位就是上级设立它们在这一阶段的第一需求;发展需要就是组织成长,岗位做得更好。

"很好。"姜老师说:"组织成长和岗位工作做得更好,怎么才能达到呢?卡普兰给我们指引了一个最好的方向,就是学习、提高、创新,因为创新是人类进步的阶梯。这样建立了平衡计分卡的两个方向,但这两个方向还不是直接关联的,它们不存在促进和循环关系,我们可以用这两个方向去推导。对于岗位平衡计分卡,要把显性业绩做好,必须有什么样的基础呢?"

大家一下想到了主基二元法,于是齐声说道:"基础绩效!"

"对,是基础绩效。"姜老师说:"基础绩效是显性业绩的支撑,但从组织工作体系上说,岗位职责应该是对显性业绩最直接的支持。另外,岗位只是组织的一部分,它最重要的作用体现在组织给以的空间,同样,岗位向组织整体的奉献也是岗位职责。那么我们马上遇到下一个问题,要使岗位职责做得好,我们还必须做好什么?这就是从绩效角度来说,我们必须能够提高绩效,才能做好岗位工作。提高绩效可有多种,从工作管理上说,工作者要按流程制度工作,要做计划,经常总结;从工作帮助方面,要应用适当的知识,应用适当的技能和工具,包括理解力、判断力等;从

第十章 平衡计分卡——一个部门都不能少

工作者本人来说，必须忠诚守信，有强烈的责任心，积极进取，任劳任怨，等等。"

"哇，姜老师，这不是回到了'德能勤绩'了吗？"有人问。

姜老师顿了一下，说："我们提高绩效是为了把岗位工作做好，那我们怎么才能做到提高绩效呢？对，我们要学习，学习知识、学习技能、端正思想态度，并将工作方式方法创新。你们看，岗位平衡计分卡刚好就是四个方向，这四个方向并非是随意或照抄上去的，它们有内在的联系。请蔡顾问把这四个方向写出来，谁来主动说一下它们的内在联系？"

蔡顾问在白板上写下了岗位平衡计分卡，它也有四个方向。

第一，上级角度：设这个岗位的主要目的是什么？

即这个岗位的显性业绩是什么，按计划目标，主要达到什么成果？

第二，岗位角度：在组织系统中，工作需要你做什么？

即该岗位在工作体系中的哪些主要职责，能保持组织的运行。

第三，绩效角度：如何管理工作和应对工作你才能起到作用？

即怎样应用知识技能、怎样对待工作和管理才能提高你的绩效？

第四，创新学习：怎样持续应对变化而创造价值？

利用培训等手段，员工既要提高自己应对变化的能力，又必须超前于变化。为了更好地服务于企业战略，部门内的创新、改进、学习和训练做得如何？

大家边看边讨论，有人推荐林经理回答姜老师提出的问题，林经理也不推辞，看着白板发表他的见解。

"岗位平衡计分卡的四个方向有其内在的逻辑关系。它的核心是上级角度的显性绩效。做好显性绩效必须以做好充分的岗位职责工作为基础，

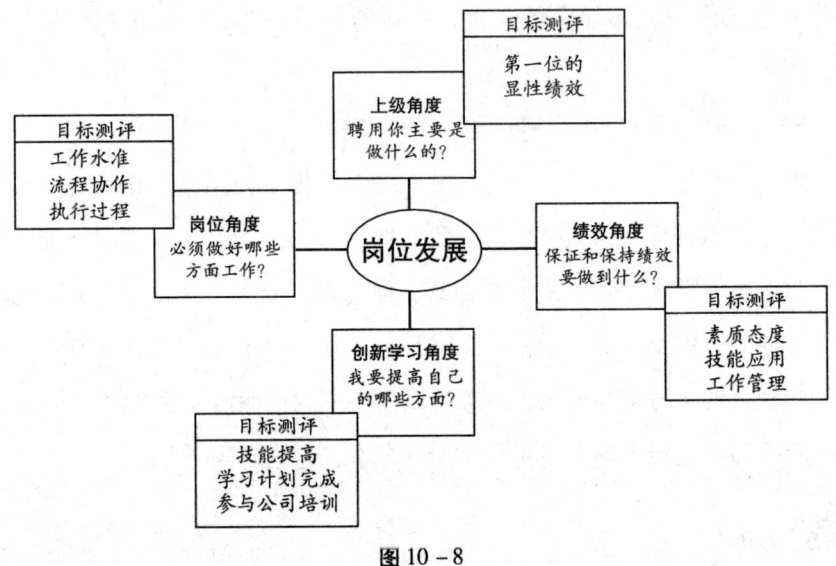

图 10-8

而做好岗位工作就必须提高绩效,加强工作管理与应用工作技能,这就需要学习提高和创新;学习提高和创新是由于显性业绩做得好,需要面临更多的工作挑战和工作任务,所以四个方向是一个完整的闭合循环,一环扣一环互相促进。"

"刚才有人说这讲的是'德能勤绩',你怎么看待?"姜老师问。

林经理说:"这里的'德能勤绩'与过去说的'德能勤绩'是不一样的。这里的'德能勤绩'是从岗位工作发展的角度来说的,是对岗位工作的整体性评价和要求,它是岗位工作发展角度评价和促进体系中的一个环节;过去应用的'德能勤绩'是假设一个人的品德好、态度好,工作绩效就好,是单向的愿望,它不一定成立。"

"说得好!"大家为林经理鼓掌。姜老师接着说:"两个'德能勤绩',一个是从工作发展角度来评价的,一个是对现在工作的评价。在岗位平衡计分卡中应用'德能勤绩'是必须的、正确的,现场工作评价应用它却存在问题。现在谁来解释一下平衡计分卡与主基二元法的关系?"

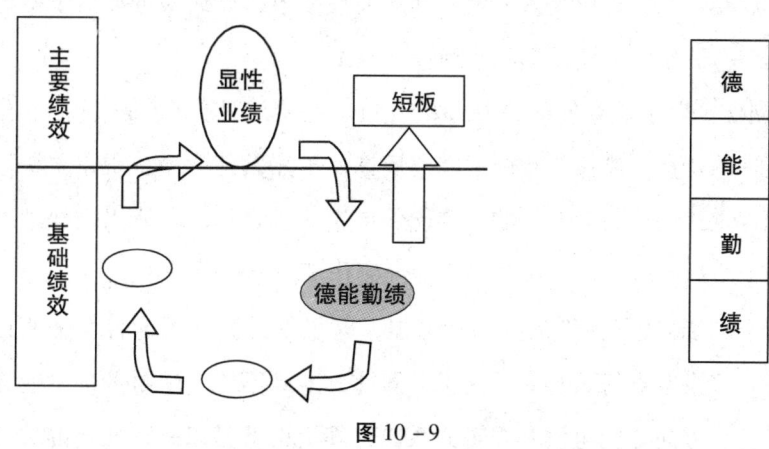

图 10-9

大柱站起来说:"主基二元法中显性业绩指标就是平衡计分卡的一个方向,基础绩效指标实际上是平衡计分卡除显性业绩指标以外的其他三个方向的所有指标;它们内容是一致的,但平衡计分卡的指标可能比主基二元法中基础绩效的指标更精炼一些,所以主基二元法的基础指标更细、内容更多。这些都是指在同一时间段的情况下,但一般来说,平衡计分卡的时间跨度要大一些,主基二元法的时间跨度要小一些,两者在整体内容上是一致的。"

大家听到大柱理解得这么深刻,而且一口气讲出来,感到很意外,报以热烈的掌声。

蔡顾问又说:"好,我们深入研究了部门平衡计分卡、岗位平衡计分卡,对平衡计分卡的原理和意义有了深刻理解。现在谁来说说今天开始时几位经理说的案例?"

贯通平衡计分卡

马经理走到白板前发表自己的意见。

"对于史经理的人力资源部,每年的工作重点可能是不一样的。今年工作重点是什么?这就是人力资源部的显性绩效,然后根据部门平衡计分卡的框架,制作人力资源部的平衡计分卡。

"同样,对于戴经理的总经办,他的显性绩效是什么?根据他们公司黄总经理的特点,应该是政令跟踪与反馈。虽然其他方面也很重要,但黄总经理肯定认为这是第一位的,它能保证企业正常运转,所以戴经理的平衡计分卡应以政令跟踪反馈为显性业绩制作部门平衡计分卡。

"至于胡经理财务部的平衡计分卡,这仅仅是套用了卡普兰平衡计分卡的格式,没有理解其实质。这张平衡计分卡既不能反映财务部的业务发展,其各个方向之间也没有逻辑关系,充其量也就是以一种变异的关键绩效指标 KPI 方式制定的绩效指标。"

马经理的一席话得到大家的一致同意,并给以热烈鼓掌。

蔡顾问说:"今天大家深刻理解了卡普兰平衡计分卡的原理,把企业平衡计分卡深化,彻底延续到岗位平衡计分卡,我们姑且称之为'贯通平衡计分卡'。所有文献资料中都没有如此详细明确地提出过,这完全是我们讨论、应用、创新、总结的结果!"

贯通平衡计分卡总结

平衡计分卡可以上下贯通建立

平衡计分卡是组织战略发展的绩效关联定位和测评工具,只要一个组织有长期发展的规划,就有它的平衡计分卡,无论其大小,无论其所处的地位。

企业分为董事会、集团公司、分、子公司、事业部、大部门、小部门、团队、岗位等多个组织层次,各个层次上的组织都可建立其平衡计分卡。

各级平衡计分卡是依照其发展方向及其所处的环境独立建立的,但它们上下层级之间又有密切的关联,这种关联是发展的关联,显性业绩的关联。

在组织的各个层级上应用平衡计分卡意义重大,其一,是保证整体战略发展绩效的要求落实;其二,是使各层组织均有自己的战略发展,且使重要工作得到保证;其三,每个组织平衡计分卡各板块的业绩互相促进,存在超前指标、滞后指标,可以预测组织发展趋势,掌控组织发展;其四,组织各层级的显性绩效可以建立目标体系,目标简练集中,又为平衡计分卡所支撑;其五,平衡计分卡使整个组织全部都有战略发展,或称长远发展。

平衡计分卡应用于年度考核

平衡计分卡是组织战略发展的绩效关联测评工具,可以用于一个组织的长期考评,比如半年度、年度考评。考评的是这个组织发展断面上各个方面的绩效结果,每个方面的结果与其他方面既独立又有联系。其联系是平衡计分卡内在互相促进关系,它们共同构成了该组织发展状况的判断。

表10-2　贯通平衡计分卡与其他考核方法的比较

	对比要素	贯通平衡计分法 BCS	关键绩效法 KPI	传统绩效测评法
管理趋向	管理思想 应用对象 应用业务 对业务的影响	全方位、立体测评 战略、企业、部门、岗位 越大越复杂越有作为 本位一体化最优,团队及其成员,顾客,供应商	若干关键成功因素测评 战略、企业、部门、岗位 范围相对独立 重点突出,方向明确	财务数据成果 企业、部门、团队 经济组织、企业 无明显影响
行为方法	制作思路 测评指标数 操作难易 制作方法	战略目标,分层单独制订 每个组织15~20个 难 战略目标——分多个角度——关键指标	从战略目标起,由上至下 5~8个 难 鱼骨图列出关键成功因素CSF、关键绩效指标等	收益等财务指标 3~5个 容易 根据上年财务报表

（续表）

对比要素		贯通平衡计分法 BCS	关键绩效法 KPI	传统绩效测评法
结果特性	对企业的影响	对管理体系、方向有影响	对流程关键环节有影响	急功近利
	时间特性	指出方向，向前看	指出部分方向，向前看	总结，向后看
	可比性	自身不同期次部分可比	纵向、部分横向可比	纵横方向均可比
	副作用	影响到管理系统	容易让工作不全面	容易有短期行为
	对绩效影响	保持长远绩效，不偏不倚	对工作主要方面有进展	仅获某方面绩效

大家把贯通平衡计分卡总结后，觉得有了更深刻地理解，纷纷表示要回去在自己企业、部门和岗位的工作中试验一下。

第十一章　绩效与薪酬——确保有效激励

给猎狗分骨头的最佳方案

猎人带着猎狗去森林中打猎，猎狗将兔子赶出了窝，一直追赶它，追了很久仍没有抓到。后来兔子一拐弯，不知道跑什么地方去了。猎人看到这种情景，讥笑猎狗说："小的反而跑得快多了。"猎狗回答说："你不知道我们两个的'跑'是完全不同的！我仅仅为了一顿饭而跑，而他却为了性命而跑呀。"

猎人想，猎狗说得也对。我要想得到更多的猎物，就得想个好办法，让猎狗也为自己的生存奋斗。猎人思前想后，觉得有必要给猎狗引入竞争机制，在竞争中表现优秀的会得到更多的奖赏。

图 11-1

于是，猎人就多买了几条猎狗，并规定凡是能够在打猎中抓到兔子

的，就可以得到5根骨头，抓不到兔子的就没有饭吃。刚开始猎狗们很反感，但随着时间的推移，也逐渐适应了这种机制。这一招果然奏效，猎狗们纷纷努力去追兔子，因为谁也不愿意看见别人吃骨头，而自己却没有吃的。

过了一段时间，问题又出现了，猎人发现虽然每天都能捕到五六只兔子，但兔子个头却越来越小。原来有些善于观察的猎狗，发现大的兔子跑得快，逃跑的经验非常丰富，而小兔逃跑速度相对比较慢，逃跑的经验也少，所以小兔子比大兔子好抓多了。而猎人对于猎狗的奖赏是根据其抓到兔子的数量计算的，不管兔子的大小。那些观察细致的猎狗最先发现了这个窍门，就专门去抓小兔子。慢慢地，大家都发现了这个窍门。

猎人对猎狗们说："最近你们抓的兔子越来越小了，为什么？"

猎狗说："反正大小对奖惩没有影响，为什么要去抓大的呢？"

猎人决定改革奖惩办法，按照兔子的重量来计算给猎狗的食物。这样改革后，猎狗们都尽量去抓大的兔子。这一招好像起到了很好的作用。

过了一段时间，猎人发现邻居家的猎狗和自己的一样多，可抓到的兔子却比自己多得多。猎人很奇怪，就去问邻居。邻居介绍说："我的猎狗中有能力强的，有能力差的。我就让能力强的去帮助能力差的，让他们之间互相学习。另外，我将猎狗编成几组，每一组猎狗分工配合，这样，抓到的兔子数量就明显上升了。"

猎人觉得这样的方法非常好。回家后也决定让自己的猎狗互相学习、互相配合，并将猎狗编成几个小组。实行一段时间后，猎人发现效果一点也不好，猎狗们根本就没有学习的积极性，每个小组抓到的兔子数量反而没有以前单干时抓到的多。是哪里出了问题呢？

让猎狗们互相学习，提高抓兔子的本领，这点肯定没错；将猎狗分成几组，分工配合，应该也没有错，因为猎人的邻居就是这样做的呀。猎人决定和猎狗们开会讨论，猎人对猎狗说道："我让你们互相学习，提高抓兔子的技能，你们为什么不愿意学习呢？另外，为什么配合起来还不如单干的时候成绩好呢？"

猎狗说："抓兔子已经很辛苦了，学习还要占用我们的时间，抓到的兔子当然少了，但骨头还是按照以前的分配方式，你让我们怎么愿意去学习呢？另外，你将我们编成几组，分骨头的时候却没有考虑到我们是怎样分配工作的，我们每个小组内部经常为分骨头而打架，你让我们怎么合作？"

猎人觉得猎狗说的也有道理，决定彻底改革分骨头的办法。不管猎狗每天能否抓到兔子，都给固定数量的骨头，抓到兔子以后，还有另外的奖赏。但是仔细一想，还有很多问题，因为现在是按照小组来工作的，小组中有的猎狗负责追赶兔子，有的负责包抄，有的负责在外围巡逻，防止兔子从包围圈中逃跑。每个小组按照抓到的兔子来领取奖赏，小组内部应该怎样分配呢？骨头数量是永远不变，还是过一段时间调整一次？分工不同的猎狗得到的固定骨头数是否该一样呢？猎狗会不会自己跑出去抓兔子，而不上缴呢？

面临着一系列的问题，这回猎人可犯难了。

企业一般的薪酬规律

"姜老师，今天讲的这个故事很有意思。我想你今天是要讲薪酬与绩效之间的关系吧？"林经理说。

"之所以每次聚会之前要讲一个故事，就是想引出问题，让大家有目的地思考。"蔡顾问说。

"今天讲的故事我觉得很有意思，你是在说薪酬与绩效之间的发展历史。猎人对猎狗的考核与激励有几个阶段，如下表所示。

表 11-1 考核与激励的几个发展阶段

阶　段	特　征	存 在 的 问 题
引入竞争	引入竞争机制，增加猎狗的数量，对能够抓到兔子的猎狗给以奖赏	没有考虑到质量问题，只是按照数量给以计酬
综合考评	考虑到质量与数量并重，综合评价猎狗的绩效	单兵作战，猎狗之间没有学习，没有发挥分工协作的作用
协作分工	引进猎狗之间的培训与协作分工	激励机制没有改变，导致猎狗不愿意参与学习，也不愿意协作
系统思考	改变激励机制，固定薪酬与浮动薪酬同时存在	没有确定不同分工的猎狗应该得到的固定酬劳是多少，也不知道怎样将激励机制和绩效有机地结合起来

"这些问题是大大小小的企业面临的共同问题，我也算是跳槽高手了，经历了很多企业，这些企业绩效与激励机制之间没有几个是完美的。"王经理说。

"这些问题我也遇到过很多，但是总也不能将绩效与激励机制很好地挂起钩来。我讲讲我公司的情况，请大家为我把把脉好吗？"陈总说。

程序员为什么不认同公司

总的来说，我的问题是怎样掌握绩效与薪酬之间的关系。我们公司是从事软件开发的，创业初期，人员很少。两年以后，订单开始增加，对编程人员的需求也增加了，但问题也随之而来。以前，除了核心编程人员以外，公司没有一般的程序员，全部是兼职。订单多了，就不能全是兼职的了。而软件的订单是项目制的，忙的时候需要的人手非常多，订单不多的时候，又不需要那么多的编程人员，总之，订单不连续。对编程人员的绩效与薪酬就不好操作了。

我和公司几位高级管理人员商讨后决定,对编程人员采取固定薪酬+绩效薪酬制。其中绩效工资在程序员的收入中占40%的比例,按照项目的总金额、制定详细的编程计划、计算编程人员的数量与工作时间发放。如果能够按照计划完成工作,并且客户满意的话,对编程人员再进行额外的奖励。

这个制度实行以后,公司有效地降低了成本。但运作一段时间后,新的问题又出来了。

首先,公司的编程人员和公司之间是一种松散的雇佣关系,编程人员对企业的忠诚度非常差,他们始终都有一种不安全感。有一次我在网上搜索,发现我们所有的编程人员都将自己的简历挂在人才网站上。很多编程人员都在外面兼职,他们普遍认为,反正同谁合作都一样。

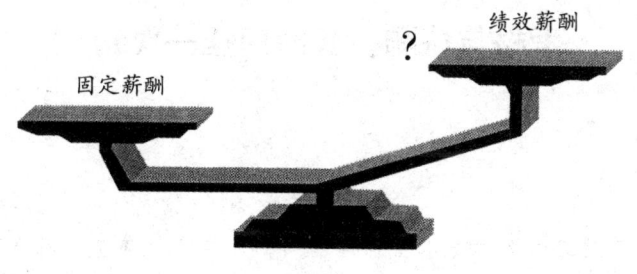

图 11-2

其次,编程人员对公司的认同感很低,在工作中积累的编程经验,根本无法沉淀在公司内部,全部沉淀在编程人员自己的身上了。当编程人员经验丰富后就开始和公司讨价还价,谈不拢就离开公司。最后,公司只好又去寻找新的编程人员。时间长了,公司的核心竞争力就很难形成。

公司高层管理人员感觉到问题的严重性,这样的薪酬制度在公司小的时候可以有效降低人工成本,使公司在竞争中有一定的成本优势,但是随着公司的扩大,这样的薪酬机制会限制公司的发展。

我们决定对薪酬制度进行改革，改变绩效工资在薪酬中所占的比例。但是，绩效薪酬的比例多少才能合适？固定成分低了，很难招到优秀的编程人员，固定成分高了，又难以调动编程人员的积极性。

"你们几位也帮我出出主意？到底怎样才合适呢？"陈总对大家说。

"你也遇到了和猎人一样的难题，昨天我和蔡顾问准备寓言故事的时候，就觉得薪酬与绩效之间的关联问题是一个难题，肯定有很多企业为这个问题发愁。"姜老师说。

"这个问题的解决方法应该是……"蔡顾问正想说对这个问题的看法，今天刚来参加聚会的赵总就抢着说："大家能不能先听听我的问题，最后一起解决？"

考核与薪酬多长时间挂一次钩

我们公司是进行城市污水生物治理的，现在年销售额已达 5 000 万元，员工有 100 多名。

随着公司的扩大，公司高层想改变过去小企业随意的管理模式，决定以绩效管理为突破口，在企业内引入考核。但是，考核一定要与激励相结合，如果与激励没有结合点，考核的作用就会大打折扣。过去企业规模小的时候，基本上没有什么考核，全部都由公司老总凭主观判断，薪酬基本上是固定的。

公司要引进考核，但如果每月、每季度计算绩效工资，操作起来很麻烦，在公司绩效管理方法、制度不完善的基础上，很难操作到位。最后公司决定绩效工资不纳入平时的工资体系，而在年底调整薪酬、提级时考虑。但是问题也随之产生了，大家平时根本就不在乎考核成绩。我和公司其余领导通过对员工的访谈发现，很多员工觉得反正是年底才兑现考核，他在这个公司能做多长时间还很难说，根本就无所谓考核不考核。

"所以，今天我来参加论坛是看有没有什么好方法来解决我所遇到的问题。"赵总说。

"两位遇到的问题都是绩效管理如何与对员工的激励相结合的问题，这在我们咨询过的企业中是普遍存在的问题。绩效管理如果与激励体系无法很好结合，就无法落到实处，其约束控制作用将大打折扣。"蔡顾问说。

"道理我们都明白，可是怎样才算是合理的结合，用什么样的操作方法才能做好呢？"赵总急着问道。

"我也有些问题要问，能让我先说说吗？"何经理问。

"好吧，您先讲讲吧。"

为什么绩效工资的作用失效了

何经理是深圳一个房地产公司的人力资源部经理。公司在房地产界中算是中等规模，有50多位员工。公司过去有完善的薪酬制度，薪酬水平在深圳也算是比较高的，对于薪酬分配，公司员工基本没有意见。随着公司规模日益扩大，为提高管理水平，促进公司的业绩提升，最近公司开始推行绩效考核。考核成绩与基本工资的20%挂钩，每个月计算一次。刚开始的时候，大家都非常紧张，害怕自己成绩不好，一是影响收入，二是面子不好看，工作业绩在一段时间内得到了明显提升。但是，经过了半年左右

的运作，却出现了这样的现象：开始，员工都找着自己的主管争考核分，相互攀比，每个部门的领导也在给员工之间找平衡。最后每个部门成员的考核分都差不多，考核分差距很小；后来，有员工出现工作失误还说："不就是扣分扣几块钱吗，爱扣就扣去。"——员工的神经已经麻木了，根本起不到通过考核改进工作和激励的作用。

"公司让我拿出有效的方案来，我找了很多资料，也设想过很多方法，但是仔细一推敲，都发现存在很多问题。听说你们这里经常讨论绩效问题。我想，我所遇到的问题就是绩效如何与薪酬挂钩的问题，特地赶来请教大家的。"何经理说。

按什么原则发工资更有效

姜老师开始讲绩效薪酬的原理。

"对激励机制最直接的体现就是员工的薪酬，薪酬应该具备这样几个原则。保健——实现对员工生活的保障功能；激励——激励员工与公司同步发展，在公司的发展中获得更多收益；还有一个就是公平——体现内部公平与外部公平，内部公平就是内部的员工之间薪酬比较，外部公平就是对于市场工资水平来说，公司所付给员工的工资与市场水平的差。如果违背了这样几个原则，公司的薪酬就会出问题。

"比如说，如果薪酬的保健功能出了问题，员工就没有安全感，对公司、对组织的认同度当然会降低。刚才陈总所说的案例，就是出了这个问题，企业规模小的时候运用那样的薪酬制度是可行的。但是，企业大了，如果还采取这样的方式，就很难招到高素质的员工，人员的稳定性也会很差。我曾经在一个企业里做过一次测试，为业务人员设计两种薪酬模式，一种是'高底薪＋低提成'，一种是'低底薪＋高提成'，如果按照现在的销售额，销售人员如果选择了'低底薪＋高提成'的薪酬模型，收入会有一定程度的提高，如果销售业绩大幅度提高，薪水会大幅度增长。但遗憾的是所有的销售人员都选择了'高底薪＋低提成'的薪酬模式，这说明大多数人都是害怕风险的。所以，设计薪酬模式与激励机制的时候，一定要充分地考虑薪酬的保健作用。

图 11-3

"设计薪酬的时候还要关注激励作用，如果处理不好，绩效管理就很难落到实处。很多企业完全采取固定薪酬，虽然也实行了考核，但是考核只是和员工的晋升挂钩，这样做将大大降低绩效管理的作用。像赵总的企业，以前就是处于这样的状态。但激励作用体现到什么程度，对不同的人员是否应该采取一样的模式来进行，是需要进一步探讨的问题。

"还有一个原则就是要实现薪酬的内部公平性与外部公平性。在寓言故事中我们谈到，猎狗进行了分工以后，猎人想给猎狗发固定数量的骨头，但是给分工不同的猎狗如何发放骨头就是这个问题，几只猎狗之间都存在这问题。在拥有几十个、几百个岗位的企业中，问题就更突出了。如果没有一套科学的评价体系，员工就会产生不满情绪。这在赵总的企

业中表现得很明显,公司领导凭借主观判断,来判定员工的薪酬,时间长了,员工之间一定会产生不满。这里面有两个问题,一个是如何评价岗位,另外一个问题是如何评价个人,这是一个薪酬的专门问题,今天我们就不讨论了,在我们写的另一本书《拿多少,业绩说了算》有专门论述。

"关于薪酬的外部公平性,刚才我们说的陈总的企业,就存在这样的问题。在公司忙碌的时候,编程人员的工作量饱和,收入也高,而工作不饱和的情况下,收入就会急剧下降,与市场上类似人员相比,编程人员会产生心理不平衡,最后离开公司。这样的问题不但在陈总的软件公司,在很多广告公司、顾问公司也同样存在这样的问题。

"最后,也是今天我们想讨论的重点问题,就是薪酬如何与绩效进行关联的问题。像刚才何经理所讲的房地产公司就存在这样的问题,虽然公司实现了业绩与薪酬挂钩,也充分考虑到了薪酬的保健作用与激励作用,但是却没有将薪酬与考核之间的关系搭配好,结果导致了两个极端:一个是员工争着要考核分,一个是员工根本就不关心考核,使得考核作用大大降低,这与当初设计考核与薪酬的初衷相去甚远。赵总公司的薪酬问题是一个采取多长的周期将绩效果与薪酬挂钩的问题。周期太长了,尤其是在沿海经济发达地区,员工流动率比较高,很多员工对长期的激励不是很在乎是很正常的。"

"说得好,你这些话正说到我心里去了。我总觉得有些不对劲,就是不知道是哪里有问题,你这样一说,我就很清楚了。姜老师,那你说到底什么样的薪酬机制才能将激励与绩效两个方面有机地结合起来呢?"陈总问道。

"总的来说,我们认为在企业不同的发展阶段,企业应该采取不同的薪酬模式,但都要与绩效紧密结合。当企业发展到了一定的阶段后,我们就觉得一定要做到:不完全关联。"姜老师说道。

"那什么是不完全关联呢?"陈总问道。

绩效与薪酬的不完全关联

很多企业都采取了绩效工资制度,一般都使用"基本工资+绩效工资"的薪酬模型,但是在考核如何与薪酬挂钩上面,往往使用不恰当,出现问题。何经理的公司就是采用了这样的方法,而使用这样的方法可能导致考核失去了原有的意义。

面对这样的问题,一般的解决方法有两种。一种方法是绩效与月度、季度的薪酬不进行挂钩,考核成绩在年底发奖金、调整薪级的时候使用。这样操作能够部分解决何经理所说的问题,但是周期比较长,在人才流动率很高的地区,其适用性会打折扣,很可能削弱考核对员工的督促作用。还有一种方法,也是我们比较赞成的方法,是每月的工资与考核不直接挂钩,将绩效工资固定,每半年或者季度调整一次。前段时间,我和姜老师在东北也遇到了这样一个企业,所说的问题与何经理所说的问题基本一样。我们在设计与绩效挂钩的绩效薪酬时,首先,将每个岗位的绩效工资分为不同的级别,设置为 A、B、C、D 四个级别。然后,每个月进行考核,考核成绩与当月的工资不挂钩,每个季度综合计算考核成绩。最后,将考核成绩进行排队,确定参与排队员工的绩效等级,将排队后的等级与绩效工资等级相对应调整绩效工资的级别。这样的绩效薪酬制度实行 1 年多来,效果比以前好很多。

为什么同样的考核评分,效果却不同呢?前者,员工每月关注的是工资,不让自己吃亏别人占便宜,结果考核失去了原有的意义;后者,每月关注的是真实的工作评价,能够帮助自己改进和提高。考核结果通过一定的时间跨度与工资挂钩,减弱员工将绩效换算成工资的想法,使绩效考核

真正做到评价工作的目的；同时绩效结果又体现到绩效工资的级别上，就可以促使员工改善工作，提高或保持较好的绩效。这就是该绩效薪酬系统成功的关键。

薪酬的其余问题

"两位老师，听了你们介绍的案例后，我觉得有些地方还不是很清楚，比如，平衡公司内部薪酬的公平性。"赵总说。

"公司薪酬内部公平性的问题，就是使用统一的尺度来评价公司内部每个岗位的相对价值。我们知道，应该将公司的所有岗位放在一个坐标系中进行评价，这统一的尺度就是对公司的岗位进行统一的价值评估，也就是我们刚才说的岗位价值评估。"蔡顾问介绍道。

"那你能否介绍一些关于岗位价值的工具呢？"赵总问。

蔡顾问打开电脑，给赵总介绍了岗位价值评价的工具和方法。

"看了岗位价值评估模型后，我大概明白了，岗位价值评估模型就是一个坐标系统，里面有很多个维度。在进行岗位价值评估的时候，就是按照每个维度进行打分，最后得出岗位得分数。每个岗位之间相比，就是岗位的相对价值。"赵总说。

"这里面还有一个问题，这个问题处理不好，也会产生一些问题。这个问题就是在薪酬设计过程中，一定要将企业利益、团队利益、个人利益结合起来。尤其对于管理人员，这一点更为重要。比如当企业的目标完成情况不好，部门的目标完成情况也不好，但个人的业绩好的时候，到底个人的绩效工资是否发放的问题。一般地，对于管理人员，我们设计的体系都会将公司绩效、团队绩效与个人绩效之间良好地结合起来。"蔡顾问说。

"昨天我看了一个资料，数据显示美国很多企业也面临着这个问题，也在采取将个人利益、团队利益、公司利益结合起来的薪酬机制。"姜老师补充道。

"另外,奖金发放还存在以下几个问题。"姜老师又说。

"第一,按照行为指标发奖金,还是按照结果指标发奖金?这个问题看起来简单,实际上很值得我们深思。按照行为发奖金,行为可能好,而结果可能不好;按照结果指标发奖金,很多结果有时候体现不出来努力程度。

"第二,奖金发放的时机问题,也就是什么时候发奖金合适。

"第三,同一个集团或者同一公司内部,不同的分、子公司,不同的事业部,不同的分支机构如何平衡奖金问题。

"⋯⋯"

"哇,还有这么多问题呀!"大柱摇头说。

"时间和篇幅有限,我们在专门讨论奖金的时候再做详细讨论吧。"姜老师说。

确保薪酬与绩效相配合

绩效与薪酬之间的关系

企业雇佣员工,付给员工薪酬,其目的是获得绩效,最后形成企业的利润,所以,薪酬与员工绩效之间存在着密切的关联。那么,到底按照什么样的关联程度发放薪酬呢?是完全按照绩效来付薪,还是按照部分绩效来付薪呢?如果是按照部分绩效来付薪,那么,按照多大的百分比来付薪呢?这是每个企业都需要考虑的问题。如果解决不好,会导致各种各样问题的发生。

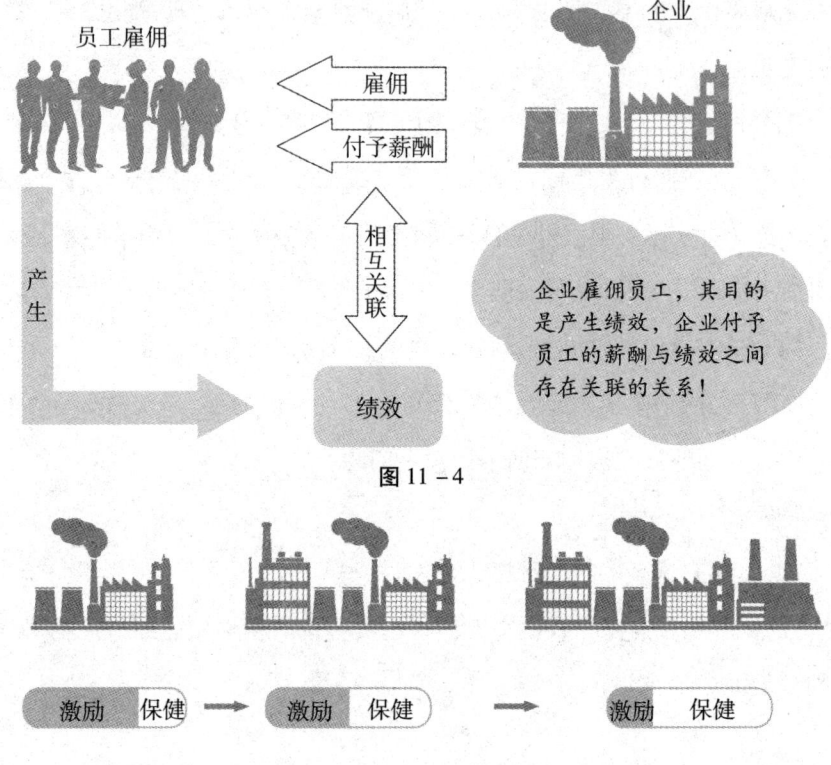

图 11-4

图 11-5

薪酬的功能

薪酬要实现两个功能，一个是保健功能，一个是激励功能。同时，还要保证两个公平性，一个是内部公平性，一个是外部公平性。所谓保健功能，就是维持员工的基本收入与基本生活的功能，激励就是与员工的绩效相挂钩，只有这两个功能很好结合起来，薪酬的作用才可能比较好地实现。实现这两个功能以外，还要兼顾公平性。公平性有两个要素，一个是内部员工之间的相对公平性，即岗位与岗位之间。还有一个要素就是外部公平性,即薪酬与外部市场价格之间的比较。只有在实现了保健、激励功能、兼顾内部公平与外部公平后,薪酬才能比较好地发挥其应有的作用。企业需要根据自己的发展状况与行业状况,决定绩效薪酬在薪酬总额中占有的比例。

绩效与薪酬的关联周期

如果薪酬与绩效挂钩,那么,多长时间会影响绩效管理的效果,影响薪酬对员工的激励作用呢?如果选择比较长的周期,如半年或1年,员工会因为关注短期效益而不关注长期的利益,使绩效管理的作用降低。如果选择比较短的周期,使考核与薪酬挂钩,就对公司的绩效管理系统提出了很高的要求。如果绩效管理系统设计不合理,操作上就很困难。时间长了,员工与经理会对绩效管理系统丧失信心!

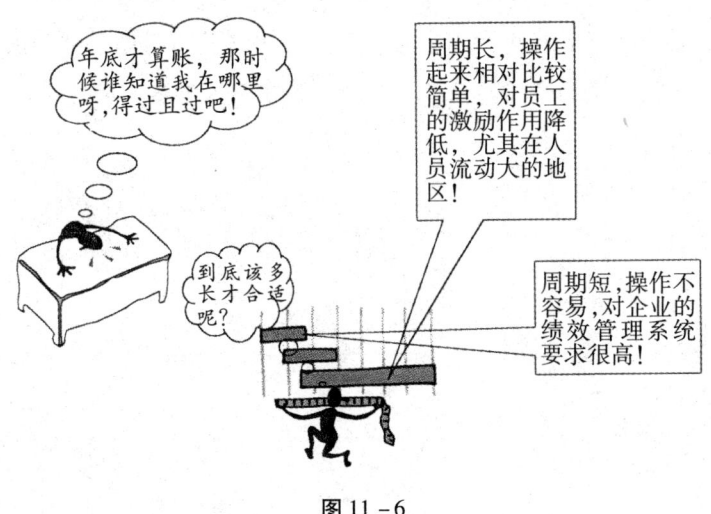

图 11-6

绩效与薪酬的关联程度

在设计绩效工资系统的时候,如果使用完全关联,即考核分数完全决定绩效工资的数量。在考核并不完善的情况下,会产生很多问题。例如,工作量非常大,会大幅度地提高管理成本。员工对考核成绩的关心超过了

图 11-7

对绩效本身的关心，经常为考核分数与上级争吵。主管为平衡同下属员工的关系，也会为下属找平衡。时间长了，由于绩效与薪酬的完全关联而导致考核失去了原来的作用与意义，使绩效管理陷入了难堪的境地。

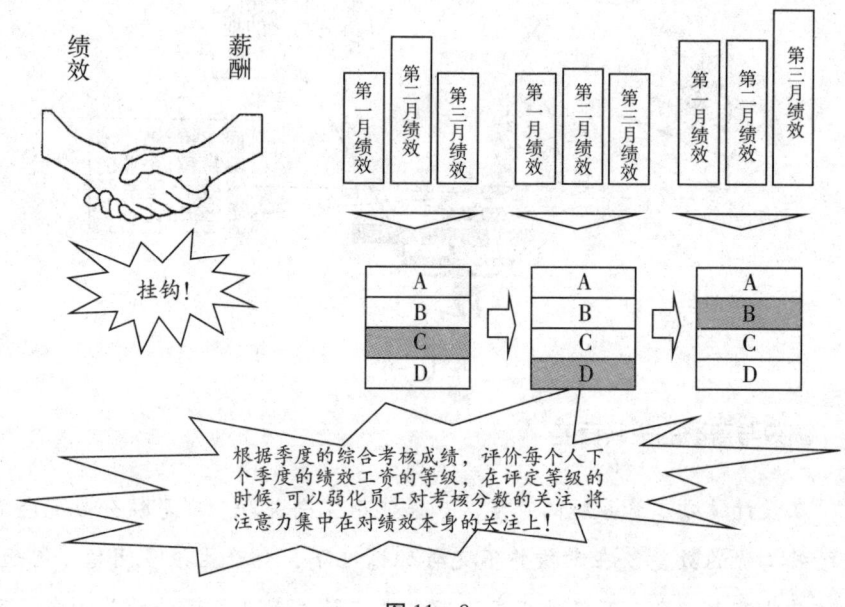

图 11-8

第十一章 绩效与薪酬——确保有效激励

所以在这种情况下使用不完全关联是一个比较好的方法。所谓不完全关联就是考核成绩与薪酬挂钩，但是评价方式采取新的方式。比如，可以综合一个季度每个月的绩效评出一个数值，然后同一个层级的员工进行排序，根据排序情况来决定员工的绩效工资等级，按照绩效工资等级来发放绩效工资。

"绩效与薪酬的关系涉及很多具体问题，它的设计要根据企业的实际情况。我们今天只是给大家提个醒，真正做起来是要相当细致的。"姜老师最后说。

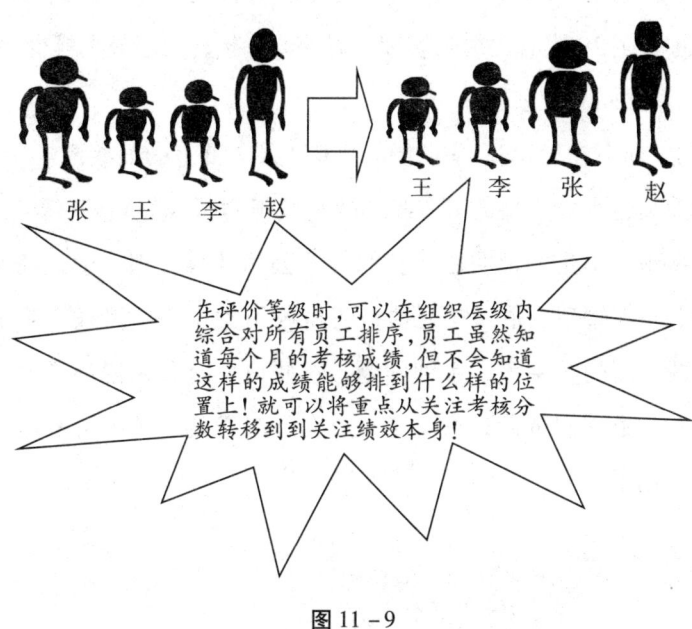

图 11-9

第十二章　整体绩效管理
——让每个员工都跑起来

绩效论坛的回顾

"今天是我们这个论坛最后一次讨论绩效管理问题了。到今天为止,我们已经进行了10次有关绩效管理的讨论。我想,大家或多或少都有一些收获吧?"蔡顾问对大家说。

"我的公司正在运用我们讨论的很多结果,员工的面貌有了很大的变化。经营业绩也有一些起色了,我还要继续努力。"李总感叹道:"但是,我还是有些地方不是非常明白。我们讲了公司绩效管理、个人绩效管理、目标管理、重点管理、主基二元法,还讨论了关于态度考核、分清责任、绩效与薪酬之间的关系等一系列问题,这些概念对我来说都是比较新的。单个来说我知道它们是什么意思了,放在一起我就不是很清楚这些方法、理论怎样应用了。"

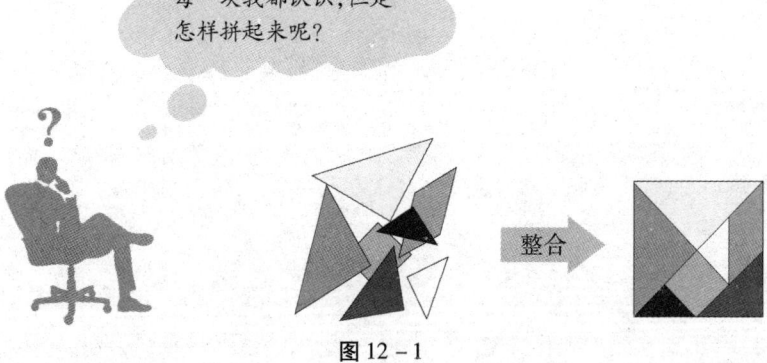

图 12-1

第十二章 整体绩效管理——让每个员工都跑起来

"不识庐山真面目，只缘身在此山中。我也有这样的感觉。两位老师，你们能否再给我们讲解讲解，这样我们才能学到系统、完整的绩效管理思想。"马经理说。自从偶然参加了一次论坛后，马经理始终坚持来这里参加讨论。

"今天我们再次聚在这里的目的，就是要将我们所讨论过的问题串起来，给大家一个完整的体系。"姜老师说。

蔡顾问开始回顾每次论坛的主题了。

绩效论坛一共有10次讨论。分别是：第一次，什么是绩效；第二次，怎样评估绩效；第三次，目标管理；第四次，短板管理；第五次，分清职责；第六次，激发主动性；第七次，主基二元法；第八次，企业平衡计分卡；第九次，贯通平衡计分卡；第十次，绩效与薪酬的关系。

主要内容如下所示。

第一次，什么是绩效。绩效存在于工作生活的各个方面，大家一起讨论了在各种情况下的绩效概念，总结了绩效的目的，以及通过什么过程可以达到这些目的。

第二次，绩效是怎样评估的。通过几个案例讨论绩效考评中出现的问题，然后，我们归纳总结了各种考评方法的优缺点，最后提出优秀的考评方式要满足什么样的要求。

第三次，目标管理。通过案例揭示没有目标管理会造成什么样的问题，并指出了一些错误的"目标管理"概念，总结出应该怎样进行目标管理。

第四次，短板管理。讨论了短板管理的问题，指出在工作中我们要想提高绩效，必须不断提高我们工作中最短的那一块"木板"，总结了使用短板管理时的注意事项。

第五次，**分清职责**。我们讨论了在绩效管理中如何分清责任的问题，提出通过流程的改造分清责任，提高管理效率。对于企业非常重要但又无法分清责任的领域可以采取共同轮流负责的概念。

第六次，**激发主动性**。过度的量化考核会助长一些弊端，解决这些弊端还得加强对品德素质的管理。提出态度的考核对于企业的管理也很重要，可以有效地降低管理成本。

第七次，**主基二元法**。通过讨论各种存在于我们工作与生活中的例子，提出了主基二元法的思想，并将其应用于工作促进的考核中。最后总结了主基二元法的原理、作用，并给大家介绍了应用案例。

第八次，**企业平衡计分卡**。大家讨论了怎样评价公司发展性绩效的问题，通过对几个案例的分析，提出了如何运用平衡计分卡，指导和促进公司发展，测评公司绩效的方法。

第九次，**贯通平衡计分卡**。我们将企业的平衡计分卡深化到部门和个人，实现平衡计分卡的组织贯通，更加深入地揭示了平衡计分卡的机理，并提出其操作模型。

第十次，**绩效与薪酬的关系**。我们一起讨论了绩效与薪酬之间关联性的问题，最后总结出在将薪酬与绩效之间进行关联的注意事项。

蔡顾问如数家珍地将这10次论坛所讨论问题的要点列举出来。

"大家是否注意到，我们是按照一个特定的内在关系来讨论绩效的。"姜老师说。

"什么样的内在关系呀？"林经理问道。

专题讨论的作用

现代社会是不能容忍效率低下的现象的，实际就是希望做任何事情都能达到最高绩效。我们的讨论正是奔着这个主题，只不过是以工作、企业经营为背景，当你掌握了这个方法论后，我相信这些原理可以应用在任何想要提高绩效的方面。

我们是沿着绩效考核、考评这条线来进行讨论和研究的，因为进行考核指标的设定就是给出绩效导向，考核方法的确定就是绩效促进模式的选择，也就是通过考核、考评的内容、方式、导向来指导绩效管理，提高绩效。

我们讨论的内容可做如下分类。

第一，从认识绩效的角度，即第一、第二次讨论，了解绩效的内容、范围、测评方法等内容，这将为以后的考核内容与指标的设置提供帮助。

第二，给出促进绩效提升的重要法宝——目标管理和短板管理，即第三、第四次讨论，这是绩效管理的重点。

第三，提出绩效管理中应注意的问题——责任划分、态度考核，即第五、第六次讨论，为考核内容及指标设置提出相关的思路。

第四，创新提出考评工具，即第七、第八、第九次讨论，提出主基二元法、企业平衡计分卡、贯通平衡计分卡。

第五，绩效管理的保障机制——绩效薪酬对绩效考评的影响，即第十次讨论，为使考核能真正起到作用提出了意见。

我们的创新

蔡顾问说："我们的讨论，虽然以实际的案例、智慧碰撞、顾问老师总结的形式进行，但这些内容和思想大部分是创新的。"

总结

主基二元法是我们第一次提出来的,部门平衡计分卡、个人平衡计分卡也是我们深入研究了卡普兰的企业平衡计分卡后提出的。有些资料也写过"岗位平衡计分卡",但一直没有明确说明;已有权威学者指出平衡计分卡的缺陷是没有支持集团与下属机构动态联系的理论框架,也没有把它与个人考核联系起来。对于这些问题我们已做了充分的解答。接下来将这方面知识整合的整体绩效管理也是崭新的内容,它通过我们创新的工具将战略绩效真正落实到基层。

对目标管理,我们研讨了正确的原理和工作方法,提出目标要少而集中;对短板管理,我们给以它非常重要的地位。对职责明晰与否、流程改造、激发主动性、绩效与薪酬的关联等问题的处理方法,以及下面将提到的把它们完全应用在一个系统中,等等,这些均是十分重要的管理思想,必将为企业经营带来效益。

另外,在每次的讨论中,除了应用大量的案例外,还总结了很多绩效方面的知识和工作模板,如第一、第二次讨论给出的一些表格及下面将提到的整体绩效管理系统等。同时我们在讨论中有意留下一些让大家发挥的空间,有些案例并没有给出完全正确的答案,甚至现在还空着,如谈企业平衡计分卡时俞总的通讯公司案例,这些都是希望大家能开动脑筋,提出自己的看法。

企业整体绩效管理的复杂性

"刚才听两位老师介绍了这10次讨论的主要内容,那么,如何在企业的运作中使用这些工具与方法呢?"林经理问。

"首先从企业绩效管理的复杂性谈起,我们知道,企业经营是最明显的绩效促进系统,也是复杂的绩效问题的代表。对绩效有影响的因素千千万万,我们归纳成下面这张图,姜老师说。

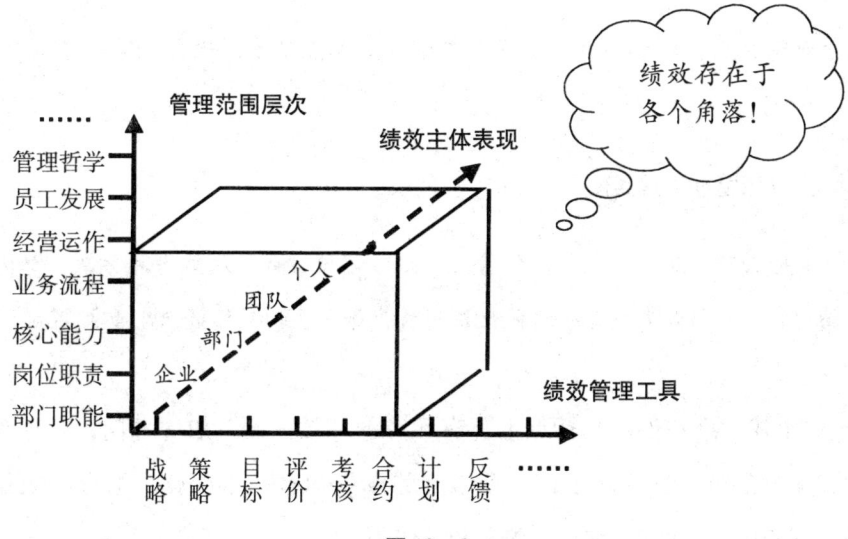

图 12-2

对绩效产生、绩效表现的主体维度

投资者绩效、董事会绩效、集团公司绩效、子公司绩效、部门绩效、团队绩效、岗位绩效等,各个主体通过自己的努力获得期望的,或要求的绩效结果。

对绩效管理运作的范围和层次维度

管理哲学问题。不同的管理哲学引导不同的工作方法,也影响长短期、不同工作内容绩效。

员工发展问题。员工是产生绩效的基本单元,员工目标与企业目标的一致性、员工个人特质均对绩效产生影响。

经营运作问题。同一绩效主体和工作目标,不同的经营运作方式将导致不同的绩效结果。

业务流程问题。流程再造就是因为不同思想、不同表达的流程对绩效有重大影响。

核心能力问题。不同主体核心能力是不同的，才产生了它们各方面的差异。

部门、岗位职责问题。不同分工责任更产生了难以比较的绩效。

……

对绩效管理工具维度

战略管理、策略管理、目标管理、绩效评价方式、绩效考核方式、绩效合约内容、绩效计划内容、绩效反馈形式，等等，均对绩效产生重大影响。

"上述三维中任一坐标点上都有无穷的绩效内涵，如'部门，管理哲学，绩效合约'这一点上，三个维度的点位均有很多变化，综合绩效结果，其变化范围可想而知。"姜老师介绍说。

"这个问题看起来有些复杂。不过，我还是大概理解了你所讲的内容。你看我说的对不对，影响企业绩效的因素有很多，绩效是依附于企业、董事会、团队、个人而产生出来的，也就是说，企业、部门、董事会、团队、个人都会产生绩效。"林经理说。

"对，是这个含义。"蔡顾问赞许地点点头。

"在企业的运作中，很多因素都会影响主体产生绩效，也就是说，很多因素会影响企业、部门、团队、个人的业绩。这些影响因素包括公司的管理哲学、员工的发展、业务流程、核心能力、岗位职责，等等，这些因素都会从不同角度，从不同程度影响企业、部门、团队、个人产生绩效。

"从第三维度理解，就是使用不同的绩效管理工具，在绩效管理主体身上产生的绩效是不一样的。

"所以，在这个三维坐标系中，一个因素的变化，都会导致别的因素跟着发生变化。"李总说。

"对，你理解得很深刻。所以说企业绩效管理是一个非常复杂的过程。"姜老师说。

"这和我去买衣服是一样的，衣服的款式、颜色、品牌、价格都会影响我；服务员的介绍，店面的装修也会影响我是否会购买；另外，我当时的心情、陪我一起去买衣服的人的建议、我是否有充分的时间也会影响我是否购买、购买什么样的衣服。换一个人，他也会受这些因素的影响。"大柱说。

"是这样的，我们只有在真正理解了绩效的复杂性后，才能对其进行有效的管理。"蔡顾问说。

整体绩效管理体系

姜老师接着介绍："我们在第二次讨论时提到'绩效管理循环'法，其基本意思是把各种范围的绩效管理过程分为'绩效计划、绩效实现、绩效检查、绩效反馈'四个阶段。这里我们是另一种完全不同的思路。"

图 12-3

绩效计划、实现、检查、反馈均以绩效的内容为基础。

工作行为，是以绩效考核的内容为导向。

绩效考核的内容，是从工作、管理、改进到关联等全方位的内容。

绩效的管理行为，是以管理好绩效考核点位的绩效为准绳。

绩效范围层次，是以投资者、董事会、公司、部门、岗位的组织层次为基础。

绩效的结果，是绩效考核、考评的结果测量的定性或定量结果。

每一点的绩效都有不同范围和层次的绩效的联结。

每一点的绩效都与不同时期跨度的绩效相关联。

……

所有这些共同构成了我们的**绩效管理体系**。

这个绩效管理体系全部集中在下面这张图上。

企业整体绩效管理体系

各级组织主体	战略传递	目标分解	短期绩效测评	长期绩效测评
投资者	绩效定位	具体目标	月度考核	年度考评
集团公司 →	BSC1	EPI1	$\dfrac{EPI_1+DI_1}{BPI_1}$	BSC1
↓	⋮ ↘	⋮	⋮	⋮
子公司 →	BSC2	EPI2	$\dfrac{EPI_2+DI_2}{BPI_2}$	BSC2
↓	⋮ ↘	⋮	⋮	⋮
部门 →	BSC3	EPI3	$\dfrac{EPI_3+DI_3}{BPI_3}$	BSC3
↓	⋮ ↘	⋮	⋮	⋮
岗位 →	BSC4	EPI4	$\dfrac{EPI_4+DI_4}{BPI_4}$	BSC4

图例注解：
→ 直接映射、传递、分解关系
— 直接关联或为一部分相同
⋯ 隐含关联或一定程度关联

BSC 平衡计分卡
BPI 基础绩效指标
EPI 显性业绩指标
DI 要求指标（短板等）

图 12-4

第十二章 整体绩效管理——让每个员工都跑起来

各级组织主体有投资者、董事会、集团公司、子公司、部门、岗位，他们从组织关系上是上下级。

各级组织的绩效定位以各自的平衡计分卡为工具，这界定了它们的绩效产出领域、产出方向、产出结果。这是以持续发展为背景的，是它们发展切面的综合绩效。各级组织的平衡计分卡并不以分解、传递的形式落实到下一层次的平衡计分卡，它们之间仅有隐含的关联关系，是以部分指标分解建立关联的。

各级组织一定时期的首要目标是它们的显性业绩。它是所在组织平衡计分卡的核心绩效，它在上下级组织之间存在分解关系，下级组织的显性业绩指标也是上级组织平衡计分卡的分解。

各级组织的短期绩效测评或称月度考核用主基二元法为工具，主要绩效包括显性业绩、短板要求和临时任务。

各级组织的长期绩效测评或称年度考评用平衡计分卡为工具，用平衡计分卡确定的绩效内容或指标为工具进行年度考评。

各级组织的平衡计分卡的内容也是主基二元法中主要绩效与基础绩效的内容，也就是说，基础绩效的内容是平衡计分卡内容中除显性业绩和短板要求以外的所有内容；但是由于主基二元法应用在短期绩效评价，它包括了应该包括的所有内容，平衡计分卡应用于长期绩效评价，它只包括约定的内容，所在主基二元法的内容要多于平衡计分卡的内容，只不过它们涵盖的内容是一样的。

"工作行为，是以绩效考核的内容为导向，意思就是指团体、个人的工作行为都是以考核内容为导向的。上次我讲了一个故事，不知大家是否还记得，就是马、鹰和猎狗的故事。猎人让马、鹰和猎狗各司其职，并按照业绩发放食物，这就导致大家只做规定的事情，忽略了团队协作。猎人所说的'各司其职'，就可以等同于考核的内容，所以马、鹰和猎狗的行

为就按照这个考核的内容来进行。"蔡顾问解释说。

"哦,是这样啊,怪不得我在公司按照销售额来考核销售人员的时候,会出现问题呢!这些销售人员就追求销售额,天天替经销商说话,要求降价,因为这样产品就会好卖。原来最根本原因就是我设计的考核内容有问题呀。"陈总拍着脑瓜说。

图 12-5

"绩效的管理行为,是以管理好绩效考核点位的绩效为准绳的。就是说,绩效结果说明两个问题,一个是说明被考核者的成绩,一个说明管理者的成绩。被考核者成绩的好坏,与管理者是有直接关系的。"姜老师补充道。

"对,应该是这样。我以前手下有个经理经常说下属工作不力,绩效不好。我觉得下属的绩效不好,与他的管理是有直接关系的,怎么能光说手下不好呢？"马经理说。

"绩效范围层次是以公司、部门、岗位组织层级为基础的，公司有公司绩效、部门有部门绩效、岗位有岗位绩效。

"绩效的结果，是以绩效考核、考评的结果测度的定性或定量的结果，也就是考核的结果，它代表了绩效的多少。"蔡顾问接着解释说。

"剩下的我基本明白了，你让我说说，看说的对不对好吗？"马经理说，"各个级别都使用自己的平衡计分卡，而不是像我们以前认为的那样向下面传递。我们前面讨论了企业、部门、个人的平衡计分卡，这几个平衡计分卡之间已经暗含着逻辑关系了。各级别组织的目标——显性业绩已经包含在平衡计分卡的范围内了。平衡计分卡和主基二元法之间有一定的关系。基础绩效就是平衡计分卡除了显性业绩和短板要求以外的所有内容。我的理解对吧？"

图 12-6

整体绩效管理通用程序

姜老师接着介绍:"我们谈的绩效管理体系是以短期考核和长期考评为基础的,假设我们短期以月为准,长期以年为准,其操作机理如下。"

第一,**梳理企业的战略**。明确企业的战略目标,及自己的战略和战略目标;这个"自己"是企业的各个组织层级的单位,也包括岗位个人,下同。

第二,**制定年度平衡计分卡**。它按照企业的战略,自己长期发展的绩效方向,确定包括显性业绩在内的各个板块的绩效指标及其需要达到的目标。这是全年工作的总方向,一切计划、行动措施均以此为基础。依此应用目标管理、绩效计划、绩效合约等相应的绩效管理工具。

第三,**制定月度主基二元法考核的绩效指标**。即从平衡计分卡中分出主要绩效与基础绩效。上面说的上年度平衡计分卡,若工作管理非常细的话会有月度平衡计分卡。主要绩效包括显性业绩、短板要求和临时任务,基础绩效包括所有基础工作,以管理完善进步的进程逐步填充其内容,在没有完善以前,以工作弱项制订考核指标,采用红黄绿三色指标管理法操作;依此应用目标管理、绩效计划、绩效合约等相应的绩效管理工具。

第四,**主要绩效中的显性业绩、短板要求、临时任务按目标管理方式进行操作**。在制订各种指标、实现绩效的过程中注意应用前面谈到的职责明晰与否的工作方法,采纳第一、第二次讨论的成果。

第五,按考核期开始制订的指标及考核内容进行绩效考核。

第六,按考核反馈管理过程的要求,进行反馈及进行下期月度考核。

第七,若有必要,调整平衡计分卡的内容。

第八,按考评期开始制订的指标及考评内容进行年度绩效考评。

第九,按考评反馈管理过程的要求,进行反馈及下期年度考评。

第十,若有必要,调整战略目标及滚动制定自己的发展战略。

"这个就比较好理解,我明白你说的意思了。"李总说。

对考评要求的回复

姜老师接着说道:"我们在第二次讨论考核系统时提出了10点要求,看我们整体绩效管理体系达到得怎么样。"

总结

①既全面,又重点:平衡计分卡就是全面,显性业绩或主要绩效就是重点。

②既客观,又主观:用量化指标的同时,我们并不排斥用态度类判断的主观指标,前者多出现在主要绩效,后者在基础绩效中出现。

③既简单,又复杂:用主基二元法将众多考核内容简化分类管理,主要内容就集中在主要绩效之中。若将基础指标全部搞清楚,要将平衡计分卡应用好,却是一件非常复杂的事。

④既量化,又质化:除②所列方面外,将基础绩效指标采用红黄绿三色管理,即是一种质化。

⑤既局部,又整体:整体绩效管理体系是把各层次的考核全都联系在一个系统之中。

⑥既普遍,又特殊:经过深入分析、理解和应用,平衡计分卡、主基二元法可应用于任何需要长短期考核考评的组织。

⑦**既独特，又关联**：每个组织都是针对自己进行平衡计分卡、主基二元法考评、考核，可以得到量化的或等级式结果，它们应用于同一套体系，因此具有可比性和关联性。

⑧**既短期，又长期**：用主基二元法针对短期考核，平衡计分卡应用于长期考评。

⑨**既计划，又应变**：将临时任务纳入主基二元法的月度考核中，使常规计划的工作绩效测评中有了应变的成分。

⑩**既考评，又管理**：目标管理、短板管理、职责明晰及其管理方法、主基二元法、平衡计分卡、贯通平衡计分卡、考核指标导向、绩效与薪酬的关系、整体绩效管理体系中蕴含丰富的管理思想，它们既在一个考核体系之中，又是绩效促进和提高的经营管理活动。

至此，我们完全达到了在我们过去无法想象的矛盾统一体之中，建立了一个有丰富内涵的绩效管理体系，一套经营管理思想。

有待继续研讨的问题

绩效体系向公司治理的延伸

公司治理主要指公司的股东、董事及经理层之间的关系；广义上还包括股东、董事及经理层与相关利益者（如员工、客户、供应商、债权人和社会公众等）之间的关系，以及遵守有关法律，法规和上市规则等。其核心是由于所有权和经营权的分离，所有者与经营者的利益不一致而产生的委托—代理关系。这种"委托—代理关系"也是一种职责、工作界限、工作效益的关系，应用主基二元法、平衡计分卡，处理全面的、部分的、明确的、模糊的责任、界限、绩效，正是所用得当，但还要做很多研究。

测评董事会绩效

董事会绩效与赋予董事会的职责有关,也与董事会成员的工作作风、偏好及其工作组织有关,将董事会绩效纳入绩效管理体系也是可能的,这也需要进行很多工作。

关于经济增加值 EVA

我们知道 EVA 是经济增加值,它是股东投资于某企业而不投资于其他企业多得到的收入。它实际上是平衡计分卡中投资者角度的内容,将投资者的要求高度浓缩成单个指标,不但可以应用于公众公司,也可应用于非公众公司。将 EVA 作为企业的显性业绩、投资者要求,是可以肯定的,但怎样将其应用于"主基二元法—平衡计分卡体系",还有待于更进一步工作。

量化管理体系

很多领导者偏好用数字说话,我们开发的整体绩效管理体系中大部分绩效指标量化是有基础的。建立企业量化管理体系及其数字化绩效软件管理系统是必要的,也是能够办到的,还有待于后期投入大量的工作。

绩效与薪酬的关系

这一轮的"绩效论坛"只是粗浅地从对绩效考评效果的影响出发,谈到了绩效薪酬,还未完全展开,也没有在新思想指导下对薪酬系统作进一步研究,因此这部分的内容还有大量工作要做。

价值链"主基二元法—平衡计分卡"管理体系

我们这次的整体绩效管理体系只是在企业本身的系统内着眼,对于向

外延伸的企业价值链尚未涉及，未来可将其扩展，把整个价值链纳入其中。

我们从认识绩效开始，在大家的共同研讨下，逐步挖掘出了一个绩效管理体系。

它既包含了我们日常工作的操作方法，也包括了一些管理思想或者说对怎样提高绩效的工作思路，还有更高深的系统管理问题。有的人经验多一点，想的问题深一些，对这个系统就理解得深刻；有的可能现在还不太理解，没关系，那是你还没有碰到这些复杂的问题，或者你过去没这样想过。你们可以隔一段时间再拿出这些内容思考思考，或者与其他人讨论讨论，你们一定会有新发现的，毕竟绩效问题存在于我们的人生过程之中，谁都不可避免。

另外，我们说绩效问题无处不在，包括我们的生活，但我们的研讨是以工作、企业经营为背景的，这样更有共通性，可能好讨论一点。若大家将我们讨论的内容应用于工作之外时，也可以告诉我们，将来我们再做一个论坛，为社会、为天下人的绩效服务，使我们国家、社会发展得更快，这也是我们每个人的责任。

对主基二元法与平衡计分卡的应用，目前还不是太多，也希望大家在理解的基础上敢于实践。任何思想、方法在实践中都会发现新问题，我们研讨的范围也不例外，如果碰到问题，欢迎大家和我们沟通，让我们一起来将它应用于实践中吧！

对主基二元法与平衡计分卡理解深刻而又愿意钻研的同志，我们列了六个更复杂的专题。有些内容其他学派已经研究得很深，如 EVA，但从我们这方面去研究，肯定你会走在前面，也许会获得意想不到的收获，还可能会发现我们前面讨论中搞错的问题，我们两个顾问也不是永远正确的。但是，可以肯定地说，你任何一点进步都会对企业经营带来效益，所以大家如果有时间就多研究研究它们，算是自己的成果吧。

总算对整体绩效管理体系已有了一个完整的交代，剩下的就是理解、沟通和实践了。希望我们能保持联系，咱们下次再见，谢谢！

祝大家在各个方面都有高绩效！

祝大家身体健康，生活幸福！

第二部分

外三篇

第一章　理解绩效排名

到底要不要做绩效排名

农民蔡大叔在自家院子里养了很多动物。蔡大叔自封为"院长",随着院子里的动物越来越多,蔡大叔也越来越有当领导的感觉了。

但是动物多了,麻烦也随之而来。如何给动物们分配口粮呢?口粮分为精粮和粗粮,粗粮在生产中打药比较多,吃了容易得病,这个有的是,随便吃;精粮则是纯绿色无公害的蔬菜,但是数量少。如果精粮每个动物都分,就是大锅饭,现在的操作模式就是这样的,每个动物都发标准精粮。这肯定要制订一个规则来分。

蔡大叔的组织结构如下:院长下面有猪圈,猪圈里有不同的猪——黑猪、白猪,主要职责是长肉,等着被杀;牛圈,有奶牛,主要职责是挤奶,有黄牛,职责是耕地;鸡窝,有蛋鸡,职责是下蛋,有公鸡,职责是打鸣;狗舍,有看家护院狗,职责是看门,有宠物狗,职责是陪蔡大叔散步;马圈,有千里马,主要职责是在景区,让乘客拍照,有驮马,主要是职责是拉货。

分粮的规则应该如何制订呢?蔡大叔发扬民主,先问问动物们自己的意见。

猪圈的"圈长"向蔡大叔建议:"我们通过考核来确定给每个动物的精粮如何?"

图 1-1

蔡大叔觉得这个建议好,但是如何考核呢?

猪圈"圈长"说:"给他们几个打分,按照分数的高低发。"

蔡大叔说了:"动物很多,我没法一一打分评价呀。"

猪说:"每类动物都有'圈长'、'窝长',由我们给每个动物打分,您再最后审核一下就可以了。"

蔡大叔觉得这个建议好。于是下个月就开始执行,考核办法是:每个动物的标准精粮数量×考核分数/100。

第一个月,马圈的圈长很认真,详细制订了每匹马的考核标准,打分结果,最高的千里马只有70分,驮马们只有60分左右。而猪圈的圈长有私心,觉得不能亏待了手下,最高分给了100分,最低分是99.999分。月末,按照这个标准发精粮。粮食发放下去后,动物们议论纷纷。

马圈里士气低落,纷纷埋怨起领导来。马圈的千里马跟驮马说:"你看咱们圈长多傻呀,给我们打的分数这么低,害得我们的精粮这么少,天天吃转基因,天知道我们生出来的小马是否会变异。"

驮马说:"人笨没办法,我们成绩差,不也是恰恰说明了领导的成绩差嘛。"

猪圈却是另外一个景象。大多数混吃等死的猪都很开心,觉得领导英明神武,给大家打高分,大家一团和气。但是有些长肉快的猪并不开心,因为大家分数差不多,分的精粮也差不多,但他们长肉快,业绩却没有得到充分的肯定。

狗队长负责监视动物们,把动物们的议论告诉了马圈和猪圈的圈长。马圈圈长觉得很委屈:自己严格执行了蔡大叔的考核制度,结果被人骂不说,以后这圈长的位置能否保住都难说。马圈圈长暗下决心,下次干脆全都打 100 分。而猪圈圈长很高兴,虽然有一小部分长肉快的猪不满意,但是大多数猪还是满意的,猪圈内很和谐。

第二个月开始打分分精粮,所有动物的分数不是 100 分,就是 99.999 分。按照这个成绩发,大家的口粮都是标准口粮,和没考核一模一样了。

第三个月,蔡大叔发现问题了,自己虽然制订了一个考核的规则,但是操作下来,和没考核一模一样了。怎么解决这个问题呢?

于是,蔡大叔再次召集动物们开会,让大家献计献策。

狗队长是负责看家护院的,听到蔡大叔问,马上提议:"我们来个排队考核吧!每个月底,院长您打分,然后按照打分的高低,进行强制分配。第一等是优秀,按照标准精粮的 1.3 倍发精粮;第二等是良好,就按标准精粮的 1 倍发精粮;第三等是待改进,按照标准精粮的 0.7 倍发精粮;第四等是差,不发精粮。而且,对每个等级的动物数占比要做要求。第一等,比例要小于 10%,第二等,比例要小于 20%,第四等,比例大于 10%,剩下的就是第三等的。我问过旁边院子的姜大叔,他就是这么干的,效果很好。"

狗队长的建议,没有得到动物们的响应,蔡大叔由于有上次的经验教训,没有马上表态,最后对动物们说:"我去姜大叔那里考察下再说吧。"

对绩效排名的讨论

经过12年的风吹雨打,荔枝公园的茶社早就关门了,而且很多人已经不习惯当面交流,大家更多地通过网络、手机交流了。蔡顾问、姜顾问早就将讨论问题的阵地转移到互联网上。最近,蔡顾问开了个微信群,大家一起讨论绩效的问题。蔡顾问的微信名:老牛,姜顾问微信名:爱思考的姜大虎。蔡顾问将故事发到微信群,马上引起了大家的议论。

不死鸟(某公司HR):对,我们公司就这样的,都是上级领导给员工打分。开始的时候,有些人认真,有些人全打高分,结果,认真的人吃亏,全打高分的人得到了群众的爱戴和追随。

Bobo(蔡顾问的助理):那现在是如何处理的?

不死鸟:我们也在头痛,不知道怎么办才好。

张三疯(某公司HR经理):我觉得,人力资源部应该统一考核标准,并严格执行,这样就可以解决这个问题。

不死鸟:我们公司好几百号人,岗位数就有200个以上,怎样严格执行考核标准呢?每个岗位的标准都去制订,所花费的时间非常长,而且,情况随时都在变化。就是这些都做到了,打分的时候,有些该扣分的地方,领导讲情面没给扣,我们是无从知晓的。

老牛(蔡顾问):"这是很多企业所面临的一个重要问题——考核结果是否需要排名。"

爱思考的姜大虎(姜顾问):"没有排名,考核标准很难统一,但是,做排名又是一个双刃剑。"

张三疯:"为什么是双刃剑呢?"

老牛:"比如您有一个瓶子,瓶口很狭窄,瓶子里面装了三个乒乓球。每个乒乓球都连着一条绳子,瓶口只能容得下一个乒乓球通过。现在,比赛的规则是,看谁先把球从瓶子里面拉出来,现在由a、b、c三个人每人

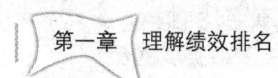

拉着绳子的一头,您说球能出得来吗?"

Bobo:"肯定拉不出来,因为三个人都拉,乒乓球就卡在瓶口了。"

老牛:"对,只要给员工排名,就意味着给员工创造了竞争的关系。现在把规则改一下。还有一只瓶子,和第一个瓶子一样,再加一组 d、e、f 三个人拉着绳子的一头,看哪一组能先把球拉出来,这样球可以拉出来了吗?"

Bobo:"可以,因为每一组的三个人已经变成了合作关系。"

老牛:"对,所以说一搞排名,就给员工建立了竞争关系。"

不死鸟:"老牛,你这么一说我就糊涂了,到底要排名吗?"

老牛:"我觉得,排名是很有必要的。统一标准,依我的经验,最多只能做到某些职位,所有的职位都统一标准是很困难的。没有排名,考核很容易流于形式,而且很多公司考核的结果,还会和职位的晋升、年终奖挂钩,如果没有排名,大家分数都很高,难道大家都提拔、都长工资吗?"

老牛贴出了某公司的排名方案:

等　　级	A	B	C	D	E
人员比例	10%	15%	65%	5%	5%
奖惩系数	1.2	1.1	1.0	0.8	0.6

不死鸟:"老牛,那么要如何排名呢?"

绩效排名在企业推行绩效考核过程中是一个重要的问题。我曾经在一个大型集团作咨询的时候,就这个问题专门讨论过一次。需要推行排名的理由如下:

①如果没有排名,绩效推行到最后,往往是大多数人的成绩都很高,

尤其是职能部门的员工。因为其业绩很难量化，定性指标比较多。只要有一两个部门经理故意给员工打高分，其余经理就会跟风，结果大家成绩都很高。这和没有绩效一样，最后导致的结果就是，量化指标比较多的职位分数比较低，因为其考核指标往往具有刚性。

②没有排名，年底加薪会没有标准。每年年底，企业需要给员工加薪，加薪分为两类：一类是整体加薪，随着物价水平提高，企业效益变化，给所有的职位都加薪；另外一类是个体加薪，因为其表现突出，对企业有较大的贡献。在个体加薪的时候，往往需要参照其业绩、能力、现有薪酬的高低三大要素进行加薪。如果要用到以业绩作为加薪的依据，按照考核分数来加薪，如果所有人的分数都很高，这又等同于整体加薪了，所以，排名的结果是企业加薪的一个重要依据。

③没有排名，职位晋升往往也会很困难。职位晋升需要考虑到很多因素，工作业绩的好坏也是其中重要的参照之一。没有排名，所有人都是高分，那业绩的参照作用也就大打折扣了。

当然，在企业推行绩效排名也有其客观困难。不同职位其考核指标不同，目标的高低不同，工作忙闲不同，指标的刚性不同，各个部门人数的多少也不同……由于这些客观存在的"不同"，要把他们的成绩放在同样一个尺度下进行排名，这就需要人力资源工作者们认真考虑了。

如何排名

院长蔡大叔接受了上次的教训，决定先考察下姜大叔家。

姜大叔院子里的情况和蔡大叔家里的差不多。虽然两家有竞争关系，但是看到邻居来取经，姜大叔还是热心地介绍自家院里的情况。

姜大叔说："我以前也遇到过类似的问题。动物少的时候，谁偷懒，谁认真，我一目了然；动物多了，靠我一个人就看不过来了，所以只能把考核的权力交给圈长们。但是这些家伙都愿意做老好人，不愿意得罪人，我只好给他们搞了排名。"

蔡大叔看到姜大叔这么做，自然觉得有信心了，回家后马上采用了狗队长的建议，给每个圈里的动物按照考核排名等级，分配精粮。

圈长、窝长们虽然有意见，但既然蔡大叔这么定了，也就只能按照要求执行下去。第一个月一考核下来，立马就出了问题，动物们纷纷抗议，甚至有些动物罢工。蔡大叔吓坏了，马上召集所有动物开会，听听大家的意见。

驮马代表说："按照业绩分配口粮当然好，但是我们这些驮马干的都差不多，院长您要求每个月一定要选出谁是最差的，我们很难接受，我们圈长也很难做。"

宠物狗说："您一定要进行排名，但我们宠物狗就只有两只，按照您的规定，优秀只占10%，这样 $2 \times 10\% = 0.2$，我们就没有优秀了，这样也不公平！"

听到动物们的反对声，蔡大叔犯难了。

排名的比例问题

Bobo："动物们提出的是个排名的比例问题。"

快乐阿福（出版社经理）："老牛，你觉得排名要按照什么样的比例分配才合理呢？"

老牛："关于排名的比例，我看过好多公司的方案，比例各不相同，要根据具体情况具体分析。"

张三疯："啊，怎么个具体情况具体分析法啊？"

快乐阿福："对，我们都等着听答案呢。"

老牛："按照什么比例排名，要考虑几个问题。咱们先谈谈卓越的比例。卓越的占比要考虑人数的问题，也就是要考虑企业各个部门的人数。

我曾经去过一家企业，硬性规定卓越的人数不能超过员工总数的2%，即100人里面，只有2个人可以被评价为卓越。但是企业的总人数只有300多人，部门有10多个，换句话说，也就是说，没有任何一个部门的人数超过50人。那这2个卓越的名额，到底给哪个部门？部门人数比较多的时候，怎么设定排名的比例都容易操作，而如果大多数部门的人数都比较少，这时排名的比例就需要和人数相匹配了。"

快乐阿福："对，像我们出版社，每个部门人数都比较少，如果我们要排名，是不是卓越的比例就得适当放大？"

老牛："可以这么说。至于差的比例应该是多少比较合理，要考虑更多的问题了，比如适应性问题。从来没有推行过绩效的企业，一开始时，选差难度会比较大。这里面有两个问题：一、绩效方案不够成熟，不成熟，往往很难评价出谁差；二、经理人对绩效需要一个适应过程。所以，有些企业干脆在刚开始推行绩效的时候，不强制规定差的比例。"

张三疯："还有这么做的？"

牛老师："当然有了。"牛老师马上拿出了案例。

员工绩效考核得分在相应层级员工范围内进行排名确定绩效等级，分A、B、C、D共四级，按四舍五入的方法确定A级员工名额，因并列排名超出比例的人员统一归入下一绩效等级。员工绩效等级及等级比例具体见下表：

绩效等级	A级	B级	C级	D级
考核得分（S）	S≥80		80＞S≥60	S＜60
等级比例	≤20%	等级比例不做限定		

不死鸟："这样做，矛盾可能会少。"

快乐阿福："但是，真有差的怎么办呢？"

老牛:"这里不是说不选差,是可选可不选。随着绩效考核越来越成熟,再慢慢考虑强制差的比率。从正常情况来看,大多数企业需要维持一定比例的淘汰率,没有淘汰机制,时间长了也是有问题的。"

设计绩效排名,首先要考虑排名要分为几档。几档才是合理的呢?在我们所走访的企业里,有的分三档,有的分四档,还有些分五档。在设计分档的时候,第一,要考虑企业中各部门的规模大小。因为分档分得越多,意味着区分度越高,同时也意味着人数要比较多,这样才容易区分。如果企业规模不大,大多数部门的人数只有几个人,甚至只有两个人,分档太多,也就不容易操作。第二,需要考虑企业绩效的成熟度。考核标准清晰明确,这时候区分是比较容易的,档次分多几档也没问题,而如果绩效不成熟,考核出来的成绩都差不多,档分多了,也不容易操作。

谁和谁排名

蔡大叔接受了动物们的提议,决定修订排名的比例。这个时候,新的问题又产生了。

马圈圈长提出:"我们马干活多、功劳大,给您赚的钱多,您在所有的动物之间都按照同样的比例分配名额,这不公平。"

猪圈圈长说:"对,我们功劳更大,马和牛挤奶干活给您赚钱,而我们干的都是玩命的活儿,肥了之后,立马要进屠宰场,我们应该分配更多的名额。而宠物狗就是陪您玩玩、散散步,凭啥和我们一样的名额?"

宠物狗马上不高兴了。"我们宠物狗都是通过选美比赛选出来的,可以说,我们是精英里面的精英,应该分更多的卓越名额才对。"

还是狗队长聪明,看到大家纷纷说自己的功劳大,马上出来和稀泥。

图 1-2

"大家说的都有道理,院长一定会充分考虑大家的意见的。这个话题今天就到此为止,等蔡院长充分研究之后,过几天再和大家讨论。"

动物们走了之后,狗队长开始给蔡大叔分析了。

"院长,针对他们的问题,我有三个解决方案,您看合理不。"

"方案一,您以每个圈、窝、队为单位,您先评价它们的分数。然后,被评价为卓越的单位,多给它点卓越的名额,评价最差的,多给它点差的名额。"

"方案二,由每个圈长、窝长给动物们打分,然后按照各个圈长、窝长打的分数,再来给所有的动物来次大排名。"

"方案三,维持现状,在各自的单位内排名。"

"前面两个方案,可以在一定程度上解决动物们所提出的问题。"

蔡大叔陷入深深的思考中。"到底哪个方案好呢?"

对排名方案的研讨

爱思考的姜大虎:"这就是谁和谁排名的问题。"

Bobo:"对,这个问题非常重要。我和蔡老师去企业做咨询的时候,很多客户,尤其是非人力资源部门的领导们经常会问到这个问题。"

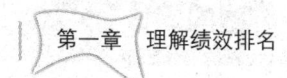

张三疯:"老牛,你觉得哪个方案更好?"

老牛:"谁和谁排名是个大问题。在企业当中,这个问题一般也是被问的概率最高的问题之一。常见的排名方案有以下三种:

"①部门之间第一次排名,排名靠前的部门,多分配优秀的名额,排名靠后的部门,多分配差的名额。然后,部门再根据所分配的等级名额,对员工进行排名。

"②部门之间不排名,每个部门领导给部门内的员工评价打分,然后,将所有部门的员工放在一起,按照领导打出的分数对员工进行排名。

"③部门内部排名,不跨部门排名。"

不死鸟:"您给分析下每个方案的特点吧。"

老牛:"好。这三种方案在实际操作中我都见过,现在简单谈谈每个方式的优缺点。"

第一种方案是一种注重团队的方案,因为只有部门成绩好,员工成绩才能更好。同时,这可以帮助 HR 很好地回答并解决下面这个问题:有些部门领导经常会说,我们这个部门与员工都是精英里面的精英,我们这个部门最差的,都比那个部门最好的员工强,如果在部门内排序,就无法体现不同部门的差异。但是,这个方案也有明显的缺点:每个部门的职责不一样,尤其是职能部门的目标弹性往往比较大,比较容易实现,而业务部门的目标刚性比较强,也就不容易实现。按这样的方式排名,职能部门很容易排名靠前。

第二种方案是最没操作性的方案,因为部门领导知道,自己给员工评价打分后,是要和其他部门的员工进行 PK。这时,每个人肯定希望自己的员工排名靠前,因而自觉或不自觉地都愿意给员工打高分。

第三种方案,在部门内排序,是矛盾比较少的方案。但是,这个方案

也会遇到一个难题：有些部门人数比较少，比如，我见过有些企业一个部门只有2个员工，公司规定10%的名额是优秀，在只有2个人的情况下，$2 \times 10\% = 0.2$，四舍五入，也就是没有优秀。遇到这个问题，通常的解决方法是，将几个小部门合并起来，这样人数就比较多了。但是，给谁不给谁呢？这时又可以参考方案一了。

总之，大多数企业都是采用方案一或方案三，或者两者相互结合。

张三疯："听您这么说，我大概明白了，我想先从方案三开始操作，然后再慢慢过渡到方案一去。"

第二章　绩效排名存在的问题

你好我好大家好——轮流坐庄怎么办

蔡大叔想了一晚上，终于决定按照狗队长建议的方案一开始操作。运行的前几个月没有出现什么问题。过了 4 个月，蔡大叔感觉不对劲了。因为，猪圈里除了圈长外，还有 5 头猪，前 4 个月排名里面，有 4 头不同的猪都分别当了第一名，最后一名也是由 4 头不同的猪当的。是不是猪圈圈长给大家轮流坐庄了呢？第五个月，蔡大叔特意观察猪圈圈长如何给大家排名，果然不出所料，前四个月唯一没有得过第一的那头猪成了第一，唯一没有当过最后一名的猪成为了最后一名。

图 2-1

蔡大叔马上找来狗队长，让狗队长暗中调查一下。狗队长私底下分别找了几头猪了解情况。原来，猪圈圈长为了谁都不得罪，暗中找每头猪都谈过话。大意就是，大家都不容易，谁也别争，谁也别抢，圈长安排大家

轮流当第一,轮流当最后一名。

这下可把蔡大叔气坏了,真是上有政策,下有对策啊。狗队长对蔡大叔说:"院长,您也别生气,我觉得这样也挺好。"

"你知道我们搞绩效的初衷是为什么?如果要大锅饭,我们何苦推行这个东西?"蔡大叔怒道。

看到蔡大叔发火,狗队长也不敢说话了。

那么,应该如何解决轮流坐庄的问题呢?

应对轮流坐庄的解决方案

蔡顾问将这个故事贴进了朋友圈,立马引来无数围观。

"对,我们公司的很多部门领导就是这么干的。"
"我觉得也没什么不好,要我是领导,也会这么做。"
"真聪明呀,我以前怎么没有想到这么办呢?"
"好主意!"
"世界上还有比中国人更聪明的人种吗?"
"有什么好办法解决呢?"
……

看到这些留言,微信群里的家伙也七嘴八舌地说起来了。

张三疯:"看来HR真难干呀,你出一招,别人就有应付的方式。"

快乐阿福:"为什么企业的部门领导会这么干?"

老牛:"这是我们首先要考虑的问题,大家为什么会轮流坐庄呢?我也经常和企业非HR部门的领导进行过交流。原因主要有两个:第一,有些部门领导大锅饭、搞平衡的思想根深蒂固,认为推行绩效会给自己惹麻烦;第二,考核标准定得不好,分不出好坏和差异来。"

第二章 绩效排名存在的问题

快乐阿福:"第一条我容易理解,第二条是什么意思?"

老牛:"所谓考核标准定得不好,就是说大家的考核成绩都差不多,分不出好坏差异来。对于第二条,以后有时间我会专门来探讨这个问题。我们先说说,要不要轮流坐庄呢?"

"当然不要。"几个家伙不假思索就说出了答案。

"如果不要,大家觉得该怎么办?"

快乐阿福:"要是我,就把这样的经理干掉。这样的人是不适合当主管的。"

老牛:"哈哈,你是总经理,一个人说了算,这样做当然也可以。但我认为从制度上应该有个解决方式。可以参考以下的操作。

通常企业的考核周期既有短周期的月度季度考核,也有长周期的年度考核。如果你把年度考核的奖励放大,就很难轮流坐庄,因为年度是很难轮流的。如果你把短周期考核的奖励放大,就容易产生轮流坐庄。"

张三疯:"看来,人民的智慧是无穷的,哈哈。"

总结

"上有政策,下有对策。"一旦进行绩效排名,有不少经理人就会采用轮流坐庄的方式来平衡手下员工。这样操作的结果,等于大锅饭。如果真的不想让部门经理给员工轮流坐庄,可以将考核周期分为两类:短周期考核和长周期考核。短周期是指每个月、每个季度的考核,长周期考核是指年度考核。如果我们设计考核方案的时候,将每个月、每个季度的奖励比例放大,经理人是很容易给手下的员工轮流坐庄的;如果我们将平时的奖励缩小,将年终的奖励比例放大,经理人就很难操作轮流坐庄。

那么,该如何放大或缩小呢?可以从以下这几个角度操作。

1. 绩效工资

短周期考核的绩效工资的比例可以比较小，比如，每月绩效工资占全年总绩效工资的比例只有40%，年终绩效工资占总绩效工资的比例为60%。

2. 加薪

年终考核排名的结果与第二年加薪挂钩。这样年终排名的结果将影响明年1年的工资。

3. 职位的晋升

将年终排名与职位晋升挂钩。

通过以上这几个方式，都可以放大年终奖励的比例，这样经理就很难轮流坐庄了。

干得好反而评分少——排名的平衡问题

蔡大叔为了解决轮流坐庄的问题，将考核周期分为月度与半年。每月的奖励小，半年的奖励占很大比例。这样操作，猪圈的圈长就很难安排大家轮流坐庄了。有次，狗队长听到猪圈圈长私底下说，院长这样做，我们很难搞平衡了。听到狗队长的汇报，蔡大叔心里暗暗想：小子，和我斗，还嫩点。

高兴了没多久，半年考核到了，由于半年考核的奖励比例比较大，动物们都很关注。狗队长催促蔡大叔快出各个圈、窝的考核成绩。

狗队长越是催促，蔡大叔却越发愁，迟迟不公布成绩。于是，狗队长问蔡大叔："院长，考核时间都过了15天了，动物们都等着领精粮回家过

图 2-2

端午节呢。"

"按照什么成绩公布呢?"蔡大叔问。

"院长,以前我们不是花了好多时间细化了动物们的考核标准吗?比如,我么看家狗,考核安全;奶牛,考核牛奶的收入;千里马,考核拍照收入;宠物狗,就考核您的领导满意度。"狗队长说。

"你说得轻巧,真要按照这个分数排名,按照 100 分制来说,你小子知道谁的分最高吗?"蔡大叔说。

"宠物狗,我很满意,打分 100 分。看家狗,没出啥安全事故,也 100 分,因为我们这个村里,已经太平了 50 年。奶牛,由于外村有些人向牛奶里掺入了三聚氰胺,导致我们牛奶很难卖,半年了,收入基本为 0。千里马,由于我年初期望太高,目标定得很高,连 50% 都没达到。按照这个分数排名,宠物狗和看家狗第一,千里马第二,奶牛最后一名。你觉得这个成绩可以公布吗?最辛苦的反而分数最低;很轻松的,反而分数高!要是公布了这个成绩,他们肯定要造我的反。"

听蔡大叔这样一说,狗队长满头都是汗。

如何解决平衡问题

这个故事唤起了 Bobo 的回忆,Bobo 这几年一直跟着蔡老师做咨询。

对这个问题深有体会。

"老蔡，对哦，我们可不止一次碰到过这个问题了。上次在佛山的一个企业里访谈，不少部门经理说过这个话：干活的分数低，不干活的分数高。这话虽然不对，但是也代表了一个问题，就是职能部门和业务部门放在一起排名，不好平衡。"Bobo 说。

玉树凌风一直没发言，这次终于开口了："我们企业也有类似的问题，以前靠领导拍脑袋打分，然后排名。很多人反对，说不科学，要按照业绩指标打分评价。后来用了业绩指标打分评价之后，发现如果真按照这个分数高低排名，往往职能部门的分比较高，业务部门的分数比较低。"

张三疯："为什么？"

玉树凌风："我们是个国有企业，工会是个独立的部门，工会的考核指标有一个工会活动开展的次数，目标是 4 次，结果搞了 6 次，超额了。而销售部的考核指标是销售收入，目标 23 亿人民币，比去年整个翻了一番，是很难实现的。"

张三疯："明白了，老牛老师，有啥好的方法吗？"

老牛："方法当然有，可以这样操作。方法一，如果企业部门比较多，可以将职能部门和业务部门分开排序，这样，两者之间不用直接比较，就规避了这个问题。方案二，针对不同的考核指标，设计不同的记分规则，也可以有效地规避这个问题。"

张三疯："方案二，如何设计呢？"

老牛："这个就比较复杂了，以后我们可以另外找时间说这个话题。"

不死鸟："我看蔡老师就是个说书的，一到关键时刻，就来个且听下回分解。"

在做绩效排名的时候，企业内部各个部门的工作性质会有比较大的差

异,虽然每个部门都有其目标指标,但是有些部门的目标是具有刚性的,也就是说目标完成的难度比较大,这些部门往往是以业务部门为主,比如销售、采购和生产部门。这些部门的考核指标量化程度比较高,而且一般企业都要求其目标年年提高、年年增长,就会导致其分数往往比较低。而企业职能部门的目标指标往往是弹性比较大,比较容易完成。把以上两类部门放在一起排名,就可能导致职能部门的排名靠前,而业务部门的排名靠后。在我所走访的企业当中,这也是很多经理人质疑考核公正性的一个重要问题。要解决这个问题,可以有两个方式:一是分不同的序列排序,职能部门与职能部门排序,业务部门与业务部门排序;二是考核指标区分难易度。

先打分,还是先排名——按事实还是按感觉来评价

蔡大叔为了平衡不同单位的关系,将动物们分为劳动序列和后勤娱乐序列,分开排名。这样动物们的意见少了很多。考核看起来是顺利地进行下去了,也产生了良好的效果。但到了年底,新问题又出现了。

年底考核是全年最重要的考核,也按照之前制订的方案来进行。蔡大叔年终要开总结大会,会议很顺利,胜利召开圆满结束。开完会,传统节目就是大家喝酒吃饲料。酒过三巡,饲料过五味之后,大家都有点晕晕乎乎。这可是蔡大叔了解基层情况的重要机会,吃饱喝足的时候,大家心情都不错,这时说的往往都是真话。蔡大叔自然不会放过这个机会。

蔡大叔最想了解的就是各个基层单位的绩效是如何操作的,于是他走到每一桌,和基层的动物们亲切地交流起来。

"年终考核,大家都是怎么操作的啊?"

看到领导来了,动物们纷纷凑上前来,因为平时和领导能说得上话的机会不多,大家七嘴八舌地汇报起来。

图 2-3

猪说:"我们猪圈是领导集体讨论决定谁是优秀,谁是差。"

狗说:"我们狗窝比较民主,采用狗之间互相打分。"

牛说:"我们两者都用了,领导开会加上互相评价。"

……

听到这些答案,蔡大叔酒醒了一半,脸色也变了。

狗队长看到蔡大叔的变化,凑上前问:"院长,不舒服?"

蔡大叔叹了口气说:"唉,没想到他们都是这样做的绩效。我花了这么大力气,给动物们制订考核标准,他们却没有按照标准打分、排名,就凭着感觉打分评价。"

狗队长说:"领导,您不是要个结果就可以了吗?"

"我就是期望按照事实打分评价,如果拍脑袋评价,我细化的这么多标准还有什么用?"

对打分、排名问题的研讨

张三丰:"我觉得这没有区别吧,反正要的就是最后一个结果。"

快乐阿福:"我觉得这样做有问题,具体是什么问题还没有想清楚。牛老师给个答案吧。"

老牛:"看到这个问题,你也许会问,这不是一回事吗?其实,这差异很大。先打分、再排名,就需要我们事先制定好评价标准,然后进行考核评价,再根据成绩进行绩效排名,换句话说,这样操作是以事实为基础。如果先排名,也就是先想好谁是优秀、良好,再打分,这完全是按照主观来评价,那么我们的目标牵引作用就失去了效果。"

快乐阿福:"听你这么一说,感觉确实是这么回事。看来应该是先打分、再排名。"

张三疯:"为什么部门领导会这么做?"

老牛:"我在做咨询问这个问题的时候,很多 HR 会毫不犹豫地告诉我,肯定是先打分、再排名。但是很不幸,这是 HR 自己的想法,在现实当中,很多领导都是先排名、再打分的。这样的操作动摇了整个绩效管理的基础。我和很多企业的中层交流过这个问题,很多部门领导都是先排名、再打分的。问他们为什么这么做。很多领导说,不是不愿意打分评价,而是如果按照考核标准打分,真正干得多、干得好的人分数低,干得少的人反而分数高。这就给我们 HR 提出一个很重要的问题,真要推行绩效排名,考核指标的设置、绩效合约的科学合理是非常重要的前提。脱离了考核指标的设计、绩效合约的优化,绩效排名也只能走形式了。"

张三疯:"指标设计?绩效合约?"

老牛马上贴出了一份绩效合同,如下表所示。

部门：_____ 岗位：物流总监 签订日期：_____ 有效期截止日期：_____

指标类型	指标名称	指标定义	指标计算公式	信息提者	指标数值 基本目标 basic target	指标数值 挑战目标 challenge	计分方式	实际值	权重	说明	得分
定量指标	生产计划完成率	实际生产指标完成情况	本期实际完成数量/（上期延误数量+本期计划数量）×100%	ERP	90%	100%	完成基本目标得80分，完成挑战目标得100分，最高分100分，最低分0分；实际得分按比率法乘以权重得出		10%	根据厂内生产形态的不同，划分为组装及拉铝喷涂线生产计划，根据组织架构分列为不同人员负责	0.00
	准时交货率(IFOT)	公司产品准时交付客户的状况	当期全数准时完成交货数/承诺当期交付的SKU数×100%	ERP	90%	97%	完成基本目标得80分，完成挑战目标得100分，最高分100分，最低分0分；实际得分按比率法乘以权重得出		26%	统计口径为：订单行。即SKU in full on time delivery	0.00
	库存周转率	公司库存物资的使用效率	总销售成本/月均库存水平×100%	ERP/财务部	4.5	5	完成基本目标得80分，完成挑战目标得100分，最高分100分，最低分0分；实际得分按比率法乘以权重得出		15%	存货包括：仓库所有处于存货状态的原物料库存和半成品、产成品和不合格品；车间调拨仓库存	0.00
	车间存货周转率	车间存货物资的周转情况	月度产值/月均库存×100%	财务部	2.5	3	完成基本目标得80分，完成挑战目标得100分，最高分100分，最低分0分；实际得分按比率法乘以权重得出		5%		0.00

（续表）

指标类型	指标名称	指标定义	指标计算公式	信息提者	指标数值 基本目标 basic target	指标数值 挑战目标 challenge	计分方式	实际值	权重	说明	得分
	呆滞物料库存金额	6个月没有周转的物料价值，同时包含即使短时间内没有周转但是将来没有需求的物料价值	累计计算（万元RMB）	ERP	450	350	完成基本目标得80分，完成挑战目标得100分，最高分100分，最低分0分；实际得分按比率乘以权重得出		5%	年度目标：2007年6月30日前降到200万元	5.00
	供应商准时交货率	供应商准时交货的状况	本期供应商准时送货的批次数量/公司下达的月送货批次数量×100%	ERP	85%	90%	完成基本目标得80分，完成挑战目标得100分，最高分100分，最低分0分；实际得分按比率乘以权重得出		10%		0.00
	来料批次合格率	合格批次占送货总批次的比例	合格批次/总送货批次×100%	ERP/质量部	95%	97%	完成基本目标得80分，完成挑战目标得100分，最高分100分，最低分0分；实际得分按比率乘以权重得出		5%	不包括新进入供应商或老供应商的新物料的前3个月的采购批量质量状况，时间从第一次供货开始起算	0.00
	生产工人计划内加班小时数	在生产计划编制中控制计划内加班的程度	∑生产月度每人计划内加班数/月度平均人数	人事部	18	20	完成基本目标得80分，完成挑战目标得100分，最高分100分，最低分0分；实际得分按比率乘以权重得出		0%	旺季目标36小时，淡季18小时	0.00

249

（续表）

指标类型	指标名称	指标定义	指标计算公式	信息提供者	指标数值 基本目标 basic target	指标数值 挑战目标 challenge	计分方式	实际值	权重	说明	得分
	清关及时率	5 日内及时完成清关手续的状况	本期进口货物及时清关批次次数/本期总进口批次×100%	PMC	75%	85%	完成基本目标得 80 分，完成挑战目标 100 分，最高分 100 分，最低分 0 分；实际得分按比率乘以权重得出		3%		0.00
	库存准确率	库存物资的准确状况	1－月盘点盈亏绝对值的总金额/本期盘点时刻总库存金额×100%	财务部	0.30%	0.10%	完成基本目标得 80 分，完成挑战目标 100 分，最高分 100 分，最低分 0 分；实际得分按比率乘以权重得出		5%		5.00
	物料配送准确及时率	本期针对生产领料单的数量与品种准确目及时配送物料的状况	本期按时目准确配送物料的批次数/本期生产领料单批次数量×100%	生产部	99%	100%	完成基本目标得 80 分，完成挑战目标 100 分，最高分 100 分，最低分 0 分；实际得分按比率乘以权重得出		5%		0.00
	成品出货异常	未按客户要求及时出装箱出货的状况	未按出口装箱单及时装柜或装的出错票数	进出口	0	0	每错一票扣 10 分，扣至 0 分为止		2%		2.00
	部门费用预算达成率	月度累计费用支出额不超过预算控制的程度	累计支出总额/累计预算总额×100%	财务部	100%	80%～90%	低于 50% 以上计算率 100% 以上为 0 分，以比率计算		2%	前提：按预算销售额在 3 000 万美元以上，23% 以上毛利率（含不可退增值税）	

第二章 绩效排名存在的问题

（续表）

指标类型	指标名称	指标定义	指标计算公式	信息提者	指标数值		计分方式				权重	说明	得分
					基本目标 basic target	挑战目标 challenge							
	部门安全	责任范围内的人身安全、财产安全、生产安全等一般安全事故与重大安全事故出现的次数	累计计算	安全部	0	0	年目标：特大事故为0，重大事故为2。(1)考核期无安全事故，此项不计分。(2)目标内事故：每出现一次一般事故，在总分中扣1分；重大事故，总分中扣5分；特大事故当月考分为0。(3)超目标发生：出现重大事故，当月考分为0				93%	一般事故：损失500元以上的事故；重大事故：人员因安全事故休息超过105个工作日以上或损失超过5 000元以上的事故；特大事故：工伤死亡1人以上，或直接财产损失在30万元以上的重大火灾事故	12.00
	指标名称	指标定义		信息提者			0分状态	60分状态	80分状态	100分状态			
定性指标	单损耗试点方案的推动	和财务部门一起把单损耗的试点方案整理出初稿		总监			提出手册的边角料余量和实际报废边角料（包含废粒子）的差异	提出手册的边角料余量和实际报废边角料（包含废粒子）的差异	整理出初步的单损耗方案	已向海关提出第一个手册的单损耗变更申请	5%	实际得分（只能填0、60、80、100中的一种选项）	0.00

(续表)

指标名称	指标定义	信息提者	0分状态	60分状态	80分状态	100分状态		实际得分（只能填0,60,80,100中的一种选项）	
各小部门组织架构及人员重新调整，人员定位及精简	因应对大组织架构调整，适时调整各小部门组织架构,工作职责及人员定岗。	总监		初稿完成	组织架构及人员、职责、定位及精简计划获得部门核准	组织架构及职责、人员定位及精简计划获得公司核准	5		12.00
							93%		0.00
被考核者签字	目标认可	上级签字							
	考核结果认可					KPI考核等分合计	2%		

宁波盖尔FPI评分表

部门：＿＿＿＿　岗位：＿＿＿＿

FPI名称	红区 要批评和反对的方面	绿区 应表扬和提倡的方面	信息提供部门	得分
研发物料准备及时性	研发物料准备不充分,没有及时提供给研发部		研发部	
信息提供及时	没按公司规定的时间提供信息,被其他部门投诉		相关部门	
数据上报准确	上报材料数据不准确,错误较多,产生不良影响		相关部门	

(续表)

FPI 名称	红区 要批评和反对的方面	绿区 应表扬和提倡的方面	信息提供部门	得分
团队建设	内部不和谐,员工报怨领导的管理方式,出现核心员工流失	内部员工关系和谐,士气高昂,团队观念强,部门绩效出色	CEO、CMO、CFO、HR 总监	
规章制度执行	规章制度执行不力,被上级或专业管理部门检查到的		公司领导、专业部门	
部门间合作	不积极配合其他部门工作,以致严重影响其工作进度与质量,投诉到 CEO 经证实		相关部门	
档案管理	没有按公司规定归档、定期清点、管理重要文档		行政部、总裁办	
部门资产管理	没有建立本部门的公司资产台账或发放记录,或没有定期清点,没有及时报告异常情况		财务部	
人员培养	没对下属进行及时的培训,并且后备人员的梯队建设不符合公司要求		CEO、CMO、CFO、HR 总监	
ISO 与 7S 工作	不积极配合 ISO 与 7S 工作,本部门制度、流程不完善,问题较多		相关专业管理部门与人员	
月报准确及时上交状况	未按要求及时、准确上报各类月报 1 次扣 1 分		相关部门	
FPI 合计得分				

被考核者签字		目标认可		上级签字		绩效考核总得分	
		考核结果认可					

快乐阿福:"这么复杂!"

张三疯:"这么多考核指标?!"

老牛:"我们先不讨论这个绩效合同设计的好坏,有关绩效合同的问题,我们以后再讨论。这里要讲的是,绩效合同是绩效管理重要的基础,绩效排名只是按照绩效合同进行评价之后,其结果的运用。"

张三疯:"看来绩效合同的编制很重要。"

老牛:"对,很多企业的 HR 往往忽略了绩效合同的编制,只是给各个部门发一张空白表格,由其自己去填写。由于绩效合同编制不合理,没法反映出员工工作的好坏,才导致出现很多企业经理人先排名、后打分的现象。"

快乐阿福:"如何编制绩效合同呢?"

老牛:"这个问题咱们以后再讲。"

总结

绩效排名是考核结果的运用方式,本身并不是一种考核方法。如果脱离了目标指标设计,绩效将变成纯粹为了发奖金的一种手段,而其目标牵引作用、改进作用将很难发挥出来。绩效合约的设计,是排名的一个重要基础。很多企业的 HR 由于专业性不足,往往忽略了绩效合约的编制,只是给各个部门发一张表格由其自己填写,而由于各个部门经理绩效的专业性不足,给员工制订的目标指标存在很多漏洞。这个问题,对于单个员工来说,和员工的历史绩效对比,往往问题不大,一旦存在横向对比,就会存在很多问题。所以,按照这样的绩效合同打分的结果,很难反映出员工的真实工作。因此,很多经理干脆不看绩效合同,凭着印象给员工排序,然后再去打分。

所以,企业在推行绩效排名时,要十分重视绩效合约的编制。

第三章　绩效合约

考核标准怎么制订

经过几个月的折腾之后，蔡大叔逐渐意识到，绩效排名的重点是绩效合约的编制。于是蔡大叔和狗队长开始给动物们制订绩效合约。但怎么制订绩效合约呢？蔡大叔没有经验，于是还是使用老办法——照猫画虎。蔡大叔找到了隔壁的姜大叔，向姜大叔取经。"老姜，你这里动物们的考核标准是如何制订的？"姜大叔一点也不保密，马上将自己的经验和盘托出。"很简单，干什么，就考核什么。根据每个动物干的活，从中找出考核标准。"

图 3-1

有了姜大叔的介绍，蔡大叔心里有点底了，他找来狗队长，与狗队长一起给动物们制订考核标准。下面是蔡大叔根据千里马的岗位职责找出的考核标准。

序 号	职 责	考核标准
1	参加蔡大叔组织的晨会	到会率100%
2	梳妆打扮	符合蔡大叔要求，一个不合格项扣2分
3	配合旅客拍照	旅客满意度100%
4	配合旅客拍照	拍照收入
……	……	
N	马圈卫生	责任范围内5S符合标准

每个动物都从其工作职责中找了好多标准，即便标准最少的宠物狗也都找了30条。有了标准，蔡大叔觉得这次绩效应该没问题了。

这样推行了两个月后，蔡大叔让狗队长去了解动物们的感受。

狗队长去了猪圈，听到动物们在议论考核标准。

"这都是搞的什么东西！"马圈的圈长说："全找些鸡毛蒜皮的事情来考核我们，一点重点都没有。"

猪圈的圈长也发牢骚说："这么多考核标准，我又管这么多头猪，每个都按照标准打分，可累死我了。"

"按照这个标准考核，动物们的分数一开始还有差别，到后来都遵守得很好，都是100分，那怎么排名？"

狗队长回去后，如实向蔡大叔汇报了动物们的议论。蔡大叔又犯难了，考核标准到底出了什么问题呢？

对考核标准的讨论

"大家觉得蔡大叔的考核标准有什么问题？"蔡老师问。

"干什么，就考核什么，按说应该没什么问题吧？我们公司以前就是这么做的，但实际操作中又感觉有问题，具体是什么我也说不清楚。"不死鸟说。

"你看，这是我们公司的考核方案。"不死鸟贴出了一份考核方案。

设备主管

序号	职责描述		可衡量指标
1	生产设备管理目标	执行设备管理制度,实现设备管理目标	1. 设备运行效率≥88% 2. 卷接设备运行效率≥92.5% 3. 包装设备运行效率≥86.5% 4. 卷包设备产能贡献率≥90% 5. 设备故障停机率≤1.9% 6. 设备完好率≥99% 一项不达标扣2分
2	固定资产管理	负责检查固定资产购置资料	检查转固资料完备情况,及时签署转固意见。检查漏项、延误1天扣1分
		负责检查固定资产调拨、闲置设备资料	无检查记录扣1分
		负责检查固定资产报废资料	无检查记录扣1分
		负责检查固定资产台账	无检查记录扣1分
		负责年终工厂固定资产盘点	在规定的时间内将盘点的结果和相关表格及时报送综合办汇总,准确、无缺失,每错漏1项扣1分,延误1天扣1分
3	生产用设备运行状况管理	对设备运行状况进行分析	每月20日前提交上月设备分析报告,分析符合实际,数据准确达100%,未按时提交扣1分
		对车间设备维护保养情况进行检查	每月设备集中检查不少于3次。每少1次扣1分
		参与设备维修费用预算管理	维修费用预算执行≤目标值。预算执行＞目标值扣1分
4	工程投资项目全周期过程管理	负责审核各项目立项、招投标及付款资料	经审核项目立项资料、招投标资料齐全,签字认可合同登记,资料不齐全扣1分
		负责项目实施监督管理	项目实施率≥96%(以项目数为核算指标)。项目实施率＜96%扣1分
		负责项目资金付款监督管理	计划执行率≥82%(以资金预算为核算指标)。计划执行率＜82%扣1分

(续表)

序号	职责描述		可衡量指标
5	工厂年度投资计划管理	年度投资计划审核	规定的时间内上报的项目，未按时或错漏报各扣1分
		年度投资调整计划审核	规定的时间内上报的项目，未按时或错漏报各扣1分
		工厂月度投资项目执行情况汇总填报	及时、准确填报，无缺失、漏项。未按时上报或错漏报扣1分
		工厂基建技改投资项目实施情况信息月报汇总填报	及时、准确填报，无缺失、漏项。未按时上报或错漏报扣1分
6	维修费预算管理	负责编制一、二、三车间、原料物资科季度维修费预算	预算及时编制、数据准确达100%，无缺失、漏项。未按时上报或错漏报扣1分
		资金付款管理	付款计划及时、准确达100%，无缺失、漏项。未按时上报或错漏报扣1分
7	零星维修合同管理	组织年度零星维修合同的签订	按时，不延误，否则扣3分
8	培训管理	审核部门编制季度培训计划	每季度审查一次季度计划，漏检查一次扣1分
9	制度建设	按照《标准化年度计划》完成制、修订工作	按时完成标准制、修订并送审，未按时完成1项扣1分
		负责督办设备，管理员对车间新增设备操作规程进行评审	评审意见规范，出现不规范、不正确1项扣1分

（续表）

序号	职责描述		可衡量指标
10	公文处理	填报外来文件办结情况	外来文件办结及时、准确达100%，无缺失、漏项。未按时上报或错漏报扣1分
		填报年度工作会议重点工作督办事项完成情况	工厂重大事项督办办结及时、准确达100%，无缺失、漏项。未按时上报或错漏报扣1分
		部门报告执行情况	部门报告执行情况及时、准确达100%，无缺失、漏项。未按时上报或错漏报扣1分
11	考勤管理	每月5号以前报送考勤表	报表准确、及时、无疏漏。未按时上报或错漏报扣1分
		每季度8号以前报送加班表	报表准确、及时、无疏漏。未按时上报或错漏报扣1分
		特殊情况处理	报表准确、及时、无疏漏。未按时上报或错漏报扣1分
12	安全管理	负责本职能办安全目标执行	准确、及时、无疏漏，未按期完成扣1分
		危险源辨识	组织本办人员对危险源辨识，要求准确、及时、无疏漏。未按期完成扣1分
		安全教育培训	准确、及时、无疏漏。未按期完成扣1分
		安全标准化工作的整改执行	准确、及时、无疏漏。未按期完成扣1分
13	其他工作	完成科务会安排的工作以及领导临时交办的工作	在规定时限，保质保量完成相关工作。延迟1天扣1分
		迎接行业、公司、工厂各类专项检查	对《通报》检查问题，按行业、公司、工厂检查通报各扣3分、2分、1分

张三疯："这样做绩效，我感觉会变成一场灾难，指标太多了。"

蔡老师："我同意，考核标准太多，就没有重点了。都考核，就是都不考核。"

Bobo想起了有一次和蔡老师一起做咨询的经历:"对,我们以前走访的一些企业,就是这个问题,考核标准大而全,没有重点。都是重点,也就意味着都不是重点。"

张三疯:"对,考核指标要找重点,而不是事无巨细都要考核。"

蔡老师:"这里不光是没有重点的问题,还隐藏了另外一个问题。"

张三疯:"什么问题?"

蔡老师:"这些都是从其日常琐碎工作中找出的考核标准,从某种意义上来说,很多工作只要细心就能够完成。最后导致的结果是,按照标准打分评价都是100分,激励和排名又很难操作。"

绩效标准的制订是推行绩效的一个非常重要的内容。但在制订考核标准的过程中,很多HR往往只是从员工的岗位职责里面,找出其考核标准。这样操作不是不行,只是容易产生以下三个问题。

①职责分得越细,考核标准也就越多,而考核标准一多,往往就没有重点。

②员工的成绩往往很难有差异性,这样的标准往往是细心、认真就能做到的,其结果就是大家都是100分,最后的绩效排名也很难操作。

③员工成绩可能很好,企业的目标没有实现。

标准少就可以了吗

听了动物们的议论,蔡大叔又开始调整考核方案。动物们的意见普遍是标准太多、没重点,考核结果没有多少差异性。针对这些意见,蔡大叔根据现有的考核标准,开始做减法。

例如下表是千里马之前的考核表。

序 号	职 责	考核标准
1	参加蔡大叔组织的晨会	到会率100%
2	梳妆打扮	符合蔡大叔要求,一个不合格项扣2分
3	配合游客拍照	游客满意度100%
4	配合游客拍照	拍照收入
……	……	
N	马圈卫生	责任范围内5S符合标准

本来,千里马的考核标准有N多条,狗队长建议保留"拍照收入"这一项就可以了,其他的全部去掉,找最重要的考核。其他动物也以此类推。

这下,蔡大叔觉得动物们应该满意了。

推行两个月后,蔡大叔组织中层干部(猪圈圈长等)开会,了解一下大家对考核标准的意见。

猪圈圈长说:"我们猪考核增肉量这个标准,我感觉效果很好,谁长肉多,谁的成绩就好,猪们现在就盯着自己的肉量。"

鸡窝的窝长说:"嗯,效果是不错,不过,我感觉又出现新问题了。比如,以前什么标准都考核的时候,谁哪项做得不好,我就扣分。现在只考核产蛋量,很多我安排的工作他们都不去做,这可怎么办?"

马圈圈长说:"对,我也有这个感觉。"

蔡大叔又犯难了,标准多了不好,少了也不好,怎样才能做到不多不少啊?

对标准少的讨论

"真是按下葫芦又起了瓢。指标多,没重点;指标少,又无法覆盖工作的所有内容,这让我们如何取舍?"张三疯说。

"蔡老师,您刚才不是说考核指标要少吗?怎么少也会出问题呢?"不

死鸟问道。

"好纠结呀，这真是个两难困境。"快乐阿福说。

"大多数刚开始推行绩效的企业，都会纠结于考核的指标是多还是少的问题。指标多，没有重点，往往要考核很多琐碎的工作；指标少，重点突出，但是没办法很好地覆盖工作内容，很多经理人会担心，除了考核指标以外的工作员工都不去做。这的确是个两难问题。"蔡老师说。

快乐阿福："看来要不多不少。"

张三疯："如何不多不少法？您有什么好办法。"

蔡老师："可以有个折中的方法。"

"折中？"张三疯说。

"对，我们可以把企业的业绩分成两类，一类是主要业绩，另外一类为基础业绩。"

"什么是主要业绩？"张三丰问。

"就是企业要重点关注的，比如工作的重点、企业的战略重点。主要业绩要求指标少，要重点突出。"

"那什么是基础业绩？"快乐阿福问。

"基础业绩就是大多数日常工作，这类业绩指标可以多些。"蔡老师说。

"主要业绩要求少，基础业绩要求多，那您前面说的问题依然存在呀。"张三疯说。

"没问题的，主要业绩采用重点管理，也就是用KPI的方式管理，基础业绩采用只管异常、不管正常的方式。"

"哈哈，又来了很多新概念，那如何操作呢？"快乐阿福问。

"关于操作问题，后面的章节会有论述。"

指标多，还是指标少，这是一个矛盾。既然矛盾，现实中的做法就是

折中,将指标分为两类,重点工作重点管理,基础工作也要兼顾。这也是我在大多数企业看到的操作模式。

什么是 KPI

苦苦思索了几个晚上,蔡大叔想出了一个既不多也不少的方案,将动物们的考核标准都分成了两类:关键业绩指标和基础业绩指标。但是,哪些才是关键业绩指标呢?狗队长向蔡大叔提议:"院长您养这么多动物,目的就是为了赚钱,您就以他们赚钱的多少来作为他们的关键业绩指标吧。"

"你举例说说?"蔡大叔说。

"比如,千里马的主要工作是配合游客拍照,那就考核拍照的收入;猪圈的猪就是长肉等着被杀,肉越多,卖的钱就越多,就可以考核卖猪肉的收入。"

"那么你们考核什么呢?"蔡大叔问狗队长。

"我们就考核所有狗每个月所花费的费用,费用越低,您的利润就越高。"狗队长说。

蔡大叔觉得有道理。于是,千里马的考核标准表改为如下所示。

关键业绩	拍照收入	完成目标得 100 分
基础业绩指标	参加会议	缺席一次扣 1 分
	梳妆打扮	符合蔡大叔要求,一个不合格项扣 2 分
	配合游客拍照	游客满意度 100%,被投诉一次扣 2 分
	……	……
	5S	责任范围内 5S 符合标准,一项不合格扣 2 分

因为吃过前面几次亏,这回蔡大叔学聪明了。方案虽然是蔡大叔自己制订的,但是,蔡大叔让狗队长公布方案,说方案是狗队长制订的。方案

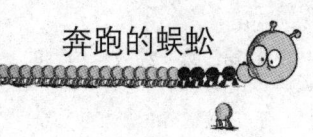

一出台,动物们纷纷来蔡大叔这里投诉,说狗队长制订得不合理。

主要意见如下所示。

驮马反映:"驮马干活累,收入低;千里马拍照,干活不累,收入高,都一样考核,不好平衡。"

猪反映:"猪肉这两年在跌价,我们产肉量倒是年年增长,但是,收入的增长不多。"

鸡反映:"鸡蛋这几年遇到 H7N9,不好卖,考核鸡蛋收入不公平。"

奶牛反映:"我们都考核收入指标,很难完成,狗考核费用,很容易实现,不公平。"

黄牛反映:"这些关键业绩指标是怎么找出来的?为什么这些才是关键业绩指标,而别的不是?"

到底什么是关键业绩?关键业绩该从哪里找?蔡大叔又犯难了!

对 KPI 的讨论

"对呀,我们公司以前也曾经遇到过这样的讨论。"张三疯说。

"到底哪些是关键业绩指标,哪些不是?不同的部门考核什么关键业绩指标才合适呢?"不死鸟问道。

"关键业绩指标应该如何制订呢?"不死鸟追问道。

蔡老师:"你一下子问得太深,我们来一个一个讨论。"

"首先说说什么是关键业绩指标。所谓关键业绩指标,第一层含义就是以事实为基础的考核办法。"

"什么是以事实为基础?"不死鸟问道。

"以事实为基础,就是我们常说的客观考核标准。比如销售收入就是个客观存在的事实;成本,也是个客观存在的事实。所有的 KPI 都是以事实为基础的。"蔡老师说。

"蔡老师,你说的事实,难道就是量化?这个我也懂得,但是有些部门,尤其是职能部门,没有这么多量化标准呀!"张三疯说。

"你说得对,职能部门的指标是不如业务部门的容易量化。就拿人力资源部来说,你推行了一个绩效制度建设,这个就没法量化,但这也是一个事实,关于职能部门的考核,我们以后会讨论。"蔡老师对张三疯解释道。

"所以,你看到,大多数企业的绩效合同,只要是考核KPI的,任何指标后面都会加一栏:信息提供者或数据来源。"蔡老师马上贴出了一份空白的绩效合同。

考核大类	考核指标	权重	指标说明	目标值	数据来源
关键绩效指标	财务类				
	…				
	客户类				
	…				
	内部营运类				
	学习与发展类				
	…				

"任何关键业绩指标,都需要搜集数据吗?"不死鸟问。

"对,第一,任何关键业绩指标都需要搜集数据。第二,KPI是以企业的发展战略为导向的考核体系。"蔡老师继续解释。

"战略?现在啥东西都喜欢忽悠个战略,什么叫做战略导向?"张三疯问道。

"你问得很好。这个战略导向,说直接点,就是企业在不同的阶段,其发展方向、业务模式和所遇到的问题会不一样,那么,现阶段企业需要什么,战略的重点是什么,就考核什么。"蔡老师解释道。

"还是不懂,哈哈哈。"张三疯说。

"举个例子,经常有人在培训中问我:我们这个部门,适合用什么指标考核呢。我觉得这个问题本身就有问题,因为,这是以静态的观点来看待考核指标的设计。比如,销售部最常见的指标是销售收入,你们是否见过有些公司不考核销售部销售收入的?"蔡老师问道。

不死鸟:"不会吧,再差的公司也会考核销售收入的。"

蔡老师:"我就见过,曾经去过一家公司,他们的销售部门就不考核销售收入,因为他们的产品是供不应求的,这个时候考核收入根本没有意义。"

不死鸟:"对,这个时候考核销售收入,考核结果也是 100 分,没有意义的。"

"所以说,KPI 是以战略导向的,每年公司的重点不同、策略不同,考核指标是每年都需要修订的。如何根据公司的战略制定 KPI,这个话题以后再谈。"

"KPI 的第三层含义是 KPI 要符合绩效管理循环。"蔡老师说。

不死鸟:"什么是符合绩效管理循环?"

"我们知道,绩效管理有四个阶段——目标计划、辅导、考核、改进。KPI 是符合这个循环的。"蔡老师说。

张三疯:"求详解。"

"前面章节,我给你们贴出了一个公司物流经理的绩效合同,那就是目标计划阶段的工作,考核期初,上级和下级要定目标,定指标,过程当中,上级有个辅导监控的过程,考核的期末,上级要按照目标指标的完成情况,打分评价;光是打分评价是不够的,还要根据目标的完成情况,提出下一阶段的改进措施。"蔡老师一边说,一边贴出了一些资料。"

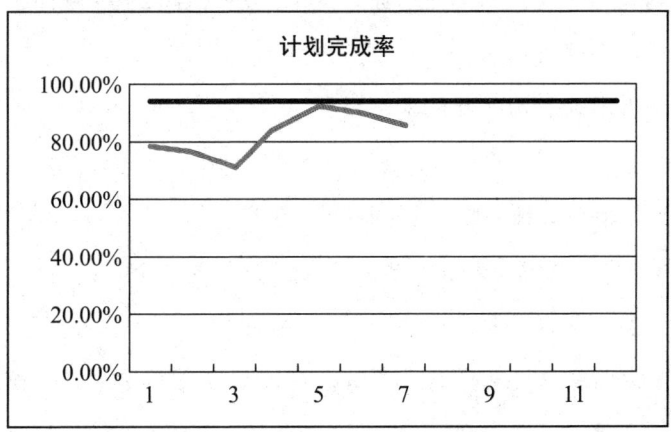

指标名称	目标	实际完成	问题分析	下一步改进建议
生产计划完成率	95%	79%		
IFOT（按产品数量）	95%	87%		
供应商准时交货率	100%	100%		
来料批次合格率	100%	88%		
In-bound lead time	100%	42%		
库存准确率	100%	93%		
物料配送及时率	95%	95%		
成品出货异常率	<0.02%	0.03%		

"听你这么说，我大概懂了。"张三疯说。

关键业绩指标考核——KPI，是企业经常使用的一种考核方式。KPI有三层含义：一是以事实为基础。任何指标都需要搜集数据、证据。这就意味着KPI是一种以相对客观的标准为核心的考核办法；二是以战略为导向。任何KPI指标的设置都是和公司战略相关的，这也就意味着KPI具有动态性，企业在不同的发展阶段所面临的问题是不同的；三是符合绩效管理循环。也就是说考核的期初，上级和下级需要制订绩效合约；考核期

间，上级需要对下级进行辅导；考核期末，按照绩效合约评价打分，并且制订下一周期的改进计划。

推行KPI所面临的问题包括下列各项。

- KPI指标怎么找？哪些是，哪些不是？
- KPI的指标应该如何定义？所谓定义，就是每个指标应该如何计算，什么算，什么不算呢？
- KPI指标需要搜集信息，那么，应该如何搜集信息、数据呢？这里面需要注意什么问题？
- KPI指标的目标值应该如何制订？
- 每个KPI指标应该如何换算成分数？
- 创新性工作的KPI应该如何制订？
- 职能部门的KPI应该如何制订？
- 每个考核指标的权重应该如何设计？
- 如何考核KPI的急功近利问题？
- KPI的考核结果应该如何与奖金挂钩？

……